島嶼 DNA

陳耀昌——著

目錄

推薦序

知性的解放與捆綁　孫大川　009

「博大精深」看陳耀昌醫師　謝金河　013

為台灣身世解謎　吳典蓉　016

作者小語（上）　020

台灣人的基因密碼

台灣人的疾病人類學初探　024

台灣帶給世界的禮物　035

東方有佳人　遺世而獨立 042
都是梅花鹿惹的禍 050
鼻咽癌密碼 057
談福佬人的父系：閩南人 063
由鼻咽癌看台灣原住民 070
那些來自中南半島高地的台灣人祖先 074
台灣人的荷蘭基因 080
周杰倫的基因密碼 085
台灣人的「歐緣」 090
「今日拜鬼？」 096
「甲」：台灣的荷蘭遺跡 100
在荷蘭尋找福爾摩沙 102
台灣人的阿拉伯血緣 106
鄭成功的DNA密碼 110
新的第五族群 118

台灣史翻案篇

錯亂的台灣民間歷史記憶 126
鄭成功是刺面自殺而死？ 134
三太子與鄭成功 144
陳澤與陳永華 149
大眾廟與大將廟 158
八寶公主廟 165
建構台灣英雄史觀 175

建構法醫制度篇

法醫十一年 184
「建立台灣健全之法醫師培訓和進用制度」建言書 206
林滴娟．葉盈蘭．法醫所 217
醫學院設法醫部　政府應扮推手 220
台灣需要科技部 223

科技管理學南韓 227

幹細胞篇

幹細胞的逐夢之旅 232
胚胎幹細胞覺迷錄 244
當幹細胞「種瓠仔生菜瓜」 250
賽揚獎投手&幹細胞醫療風波 255
敢的人捧去吃 259
苦幹實幹幹細胞 263
幹細胞「山中傳奇」啟示錄 267
一夜神奇狂漲的幹細胞公司 273
保存臍帶血是政府的責任 276
蘋果掉下來：細胞的自殺基因 281
迎接細胞治療新時代 286

醫學與社會篇

臨終・人權・KPI 292
非洲醫師啟示錄 295
臨終的醫學與哲學 302
「自殺協助尊嚴死」公投的成熟民主 309
拔管的授權・垂死的尊嚴 316
是訂做「健康寶寶」，不是訂做「救人寶寶」 323
CEO的健康也該透明化 327
賈伯斯的病與死 332
一場生技規範的戰爭 336
超人時代的生技魅影 340
科學界的女神卡卡 346
進化弄人 349
現代提燈女郎 355

雷射醫療船隊下南洋 360
病歷電子化的美麗與哀愁 367
「病歷中文化」不應是「全有或全無」 372
幽門桿菌啟示錄 378
美體小舖的大志 382
同位素・輻射屋・癌 385
從反核到反反核的勇氣與偏見 391
小心！核廢料就在你身邊 397
數位醫療時代　台灣的機會 403
解決少子化的唯一祕方 408
利用「台灣多樣性」特色發展觀光 414
「不法良品」收購中心 420
必麒麟街頭的獨白 425
3D台灣 429

密特朗、杜爾、凱瑞——健康政治倫理學 432
李顯龍、王鼎昌、胡笙——健康、政治與天命 435
蕾蒂齊雅妃vs.雅子妃 438
科學・政治・大同 441
向胡錦濤先生進一言 444
先從「大麻醫藥化」做起 447
Let's Go Dutch 450

後記

向台灣的無名英雄世代致敬 456

作者小語（下） 462

推薦序一

知性的解放與捆綁

孫大川

有一種感受先吐為快：閱讀陳耀昌醫師的雜文，給人輕鬆、明朗又充滿知性解放的愉悅感。這是成長以來，我少有的閱讀經驗。

戰後的台灣，因著兩岸和國際情勢的牽扯，對內對外都處在極端扭曲的狀態，從思想意識、法政外交、教育文化到歷史認知，充滿矛盾、壓抑和虛偽。一九七〇年代初冷戰解凍，我們退出聯合國，經濟的發展和社會力的釋放，台灣在動盪中衝撞體制，遂有民主政治的演變：解嚴、兩岸開放、修憲及總統直選。在這一段新的變局中，從中央到地方的頻繁選舉，是一切改革最重要的推手；但選舉背後群眾運動的能量，卻不完全來自民主的信念，更多來自族群的動員和選票的考量；這便是一九九〇年代之後，台灣族群分裂、藍綠對決、政黨惡鬥的現實。這些現實反映在媒體和網路上，許多公共議題愈來愈難以有理性辯論的空間。綜合言之，一九四五年至今七十年間，無論是前半段或後半段，台灣整體社會環境雖然有所不同，但都處在某種相同的反智氛圍中。不需要理性，也不需要辯論，我們簡化一切；腦袋只有是非題沒有選擇題，我們根本沒有耐心、興趣和時間去分析問題。「知識」的力量讓渡給被綁架、被操縱的民意，台灣早已成為一個有理說不清的社會。

陳醫師的學思背景和社會實踐經歷，使他有條件突破此一反智環境。耀昌兄在醫學、科技方面的專業名聲我早有耳聞，但真正認識他卻是在「紅衫軍」結束之後。那一天，突然接到他的電話，表示有人推薦我以社會公正人士的名義，協助監督運動過後剩餘捐款的處理。開過一次會，記憶中有施明德、姚立明、許木柱等人；之後，我沒有再直接參與工作，後續情況不得而知。不過，因此和陳醫師成了好朋友。幾次餐敘，發現他交遊廣闊，深入產官學各界；除醫學專業外，他熱愛台灣、擁抱群眾；曾是民進黨員，擔任過國大代表；退出民進黨後，又成了紅黨的核心人物。即便如此，政治染缸並沒有讓他成為一個非理性、無腦袋的糊塗蛋，相反地，學術和政治參與之經驗，引領他跳脫台灣長期以來的反智環境，為我們提供一個健康、可以呼吸、有門、有窗的主體性建構道路。從《生技魅影》、《福爾摩沙三族記》，到今天出版的《島嶼DNA》，耀昌兄一次又一次證明，謙遜的求知熱情，使他在政治、社會紅塵打滾的種種誘惑中，始終得以保持清醒和自由。

作為一個傑出的血液科醫師，無論自己介入怎樣的政治漩渦，對知識的尊重是耀昌兄立論、行動的阿基米德點。他以嚴格的學術態度，提出骨髓移植、幹細胞研究、醫療環境改革以及法醫制度、科技部設立等等議題和積極主張，這當中毫無藍綠的算計。他雖然有強烈的本土認同，卻結合史料、大眾信仰、民俗傳說以及基因密碼的對校，證實台灣多元豐富的血脈連結及其延續：

從南島民族、中原漢族、荷蘭西班牙人、滿族、日本人、阿拉伯人到台灣原住民，陳醫師讓我們認清所謂四大族群的分法，是何等狹隘、貧乏；台灣主體性論述，可以有更遼闊的視野與胸襟，不必淪為政治意識形態之俘虜。

這樣的族群理解，當然也影響陳醫師的台灣史觀。在他寫《福爾摩沙三族記》的時候，已經展現了他對漢族中心史觀的否定。而今，他更藉考古學、歷史語言學、細菌人類學、人口學等等科學材料，重繪了台灣的地理廣度和歷史縱深。論及歷史人物，他對鄭成功情有獨鍾，還準備寫有關於鄭氏家族的小說。有趣的是，陳醫師以他的醫學專業，判定鄭成功是刺面自殺的，並從心裡分析的角度，指出三太子信仰和鄭成功的關係，使我們對這位「民族英雄」悲劇的一生，有更深刻的認識。耀昌兄對台灣文史掌故和歷史人物保有高度的興趣，他看廟、踏查遺址、閱讀文獻，認為台灣需要建構一個英雄史觀，使我們的年輕人能碰觸到有血有肉的人格典型。文學與史學的結合，因而成了陳醫師寫作另一個明顯的風格，和他的科學理性竟如此和諧相融、天衣無縫。理解到台灣族群的多元以及錯綜複雜的歷史，陳醫師提議可以把「英雄」的想法改一改，建立「台灣感念祠」，他說：

「只要對台灣社會有大奉獻、有大貢獻，在『身後』仍被台灣民眾長久感動與追念的，不論是哪一國籍（更不論『族群』）、哪一世代，都可以入祠……這些被感念者的事蹟，就可以豐富台灣的歷史，滋潤台灣人的心靈，更重要的，可以促進台灣的族群融合，提升台灣的幸福。」

同樣主張台灣史的獨特性，陳醫師和那些政客們的觀點何其不同，簡直有天壤之別。

前不久在陳醫師宴請的退休餐會上，他談到未來生活的規劃，研究、寫作和社會關懷依然是其生命的主軸；好奇心和旺盛的求知欲，洋溢在整個餐會上，彷彿他又要邁向另一個知性解放之旅。台灣需要這樣的胸襟和大氣！

本文作者為前原民會主委孫大川

推薦序二

「博大精深」看陳耀昌醫師

謝金河

在《財訊》雙周刊閱讀陳耀昌醫師的專欄，是很細膩也是很愉快的享受，因為他總是能從很特殊的角度，提供我們知識的線索。

從〇二年以來，耀昌兄在《財訊》雙周刊寫專欄，他總能用最淺顯的語言透析很深奧的學理內涵。印象最深刻的是二〇一〇年他在《財訊》發表的〈周杰倫的基因密碼〉，我看到這個標題，立刻閱讀此文，才知才華洋溢的周杰倫有歐洲血統，還有僵直性脊椎炎。

還有一篇是〈賽揚獎投手＆幹細胞醫療風波〉，我是美國職棒大聯盟球迷，看到賽揚獎老投手柯隆（Bartolo Colon）東山再起，本來就感到好奇，這位一九九七年站上大聯盟舞台的老投手，〇九年手臂多傷，本來以為從此結束投手生涯，後來卻從洋基到運動家，到現在落腳大都會，這位一九七三年出生的老投手今年已四十一歲，但投球威力不減，耀昌兄最後揭開謎底是柯隆接受「自體幹細胞治療」。

耀昌兄擔任台大醫院血液及腫瘤醫師三十多年，是台灣骨髓移植先驅，也是幹細胞研究的開拓者。他在《財訊》的專欄中寫了很多有關幹細胞移植的文章。像是他寫的〈幹細胞「山中傳奇」啟示錄〉，記錄了諾貝爾獎得主山中伸弥把成熟纖維細胞變為類似胚胎幹細胞。

我印象最深刻的是，陳耀昌醫師也注意生技產業的股價的反應，在台灣生技股還沒有狂熱之前，他就寫了一篇〈一夜神奇狂漲的幹細胞公司〉，細數 Osiris 這一家成體幹細胞治療公司，一夜之間狂漲一四五％的傳奇。

幹細胞是十分專業且難懂的領域，但耀昌兄總能透過他的神來之筆，把很多專業且難懂的知識，讓人一看就懂，這是耀昌兄最大的本事。

但是更令我驚嘆的是耀昌兄對台灣史的精通研究，我看他寫〈三太子與鄭成功〉，深入探索電音三太子風靡全台，成為「台味」代表。這個「台味」的由來，耀昌兄從十七世紀漢人移民台灣，從閩南文化談到廟宇信仰，令人拍案稱奇。

這篇文章在二〇一〇年的《財訊》發表時，我就發現耀昌兄對台灣史用力很深，沒想到一年後，他就出版《福爾摩沙三族記》，耀昌兄意外發現他有個荷蘭女性的遠親，意外追出一段珍貴的家族史。他還原了十七世紀大航海時代台灣多元種族的互動，他把三個完全不同的家族在台灣的交會及命運，譜成了動人的歷史篇章，以一個醫師，對台灣的歷史用力之深，實在令人敬佩不已。

我用「博大精深」來形容耀昌兄。首先是他的知識廣博，鮮少人能及，除了醫學專業，耀昌兄對社會運動關注，對台灣史用力很深，都是他人所不及。耀昌兄身上充滿熱力，對社會關懷更是熱情，除了介入社運政治，人權關懷，耀昌兄在他專業領域，包括骨髓移植，法醫制度及幹細胞治療，他都扮演播種先行者角色。

他這一生活得精彩，這本新書是耀昌兄的作品集，也是他退休之際對自己半生的交代，《財訊》能與耀昌兄結緣，我們十分珍惜，也期待耀昌兄在退休後，優游自在，有更多「驚人」作品發表！

本文作者為財信傳媒董事長謝金河

推薦序三

為台灣身世解謎

吳典蓉

陳耀昌醫師喜歡為歷史翻案，一本《福爾摩沙三族記》，寫活了台灣在大航海時代的精彩故事，在陳醫師筆下，台灣不再是個悒鬱、悲情的所在，那時還很年輕的福爾摩沙一出場，就活躍於世界史，而且是世界史的要角。

陳耀昌在晨星曉月陪伴下，寫出這些曾被後代政權刻意壓抑、後人無心遺忘的史詩篇章，矢志要「為台灣留下歷史，為歷史記下台灣」。

如果《福爾摩沙三族記》是搶救我們遺忘的歷史，那麼，這本《島嶼DNA》，講的同樣是台灣的故事，但我們茫然不知，因為這些是深埋在我們血液中、暗藏在我們的基因密碼中的古老故事。

就像陳耀昌最佩服的作家賈德．戴蒙（Jared Diamond），本是醫學院教授，二十歲就「平行」發展出第二個研究生涯，研究南島文化，到五十多歲又發展出環境歷史的第三種研究領域。

同樣的，陳耀昌醫師也「平行」發展出不少研究興趣，台灣史當然是其一，即使是醫學本科，陳耀昌也能悠遊越界，從醫學橫跨到人類學，再輔以歷史，一個立體的世界就此卓然成形。

〈幽門桿菌啟示錄〉中提到，幽門桿菌的發現，本身就是個醫學上有趣的故事，一直到一九七九年，兩位澳洲科學家才發現，消化性潰瘍是幽門螺旋桿菌造成的，會在家族間傳染，這是一大顛覆，原來，消化性潰瘍是一種傳染病，和生活形態，或緊張過勞都沒有關係。

這些我們大都知道了，我們不清楚的是，幽門桿菌造就了「細菌人類學」。因為，六萬年前，人類在走出非洲之前就已感染幽門桿菌，兩者幾乎是相依為命的好朋友，一起遷徙，一面變異，因此人類如何地理分布，幽門桿菌也跟著如何地理分布。

〈東方有佳人　遺世而獨立〉就鋪陳出，我們的原住民老祖宗從非洲出走後的大遷徙路線。人類的祖先走出非洲，一支往北向歐洲遷徙，另一支則向中亞移動，進入黃河流域，最後這些帶有東亞型幽門桿菌的古早人類向東南遷移到了台灣，成為第一批到達台灣的人類。台灣以東，是大海洋，已無陸地路線可以遷徙，於是這些人類定居下來，成為台灣十六族原住民的共同祖先，而台灣也成為東非人類地球大遷徙的陸地終點站。

上述是他自別人的研究延伸融合而來，更可貴的則是他的原創觀點，例如鼻咽癌密碼。

原住民身世解謎，同樣的，閩南人也不只是「居住福建南部」的南方漢人，〈鼻咽癌密碼〉中提到，全世界八〇%的鼻咽癌病人集中在廣東、福建、廣西及台灣，陳耀昌的推論是，這些都是當年的「百越」之地，二千三百年來，百越民族雖然被漢化而消失了，從風俗、相貌、姓氏都看不出來，但是卻留下了一種全世界其他民族都沒有的疾病，那就是鼻咽癌。

陳耀昌認為，鼻咽癌是百越民族的密碼，如果此說成立，台灣人的鼻咽癌現象，顯示了台灣人的「唐山公」，除了漢族血統，竟然還背負著已經消失的百越血緣。

更奇妙的是，越南當年也是所謂的百越之南，當現在至少一成五的台灣之子，他們的母親來自越南時，我們又在另一個時空，碰到另一群背負著百越血統的人。

陳醫師專攻血液學，選擇骨髓移植作為終生事業，並完成台灣首例骨髓移植。此一專業領域讓他注意到〈台灣人的荷蘭基因〉。一九九五年左右，日本的骨髓登錄庫才募集了差不多六萬人，就有七成五的日本人可在耳中找到ＨＬＡ（人類白血球抗原）相符合者。相較之下，台灣那時骨髓登錄庫已經將近十萬人，但只有六成台灣人可以找到ＨＬＡ相符的捐髓者。陳耀昌形容，台灣人的血統真的很「混」。

有趣的是，陳耀昌從醫師專業注意到台灣人種血緣的複雜性與多樣性，最終還是回歸台灣史，「凡走過的必留下痕跡」，孤立封閉的台灣其實只是想像，血液說明了我們不知道的台灣多元故事，《福爾摩沙三族記》也許就是在此視角下誕生。

從疾病看歷史，從一個細胞也可以了解到社會、甚至哲理。老年人得淋巴癌，總可以和平共存一段時間，這是因為成熟的淋巴細胞死得太慢，〈蘋果掉下來〉指出，這是人類的「凋亡基因」因突變而失去調控功能，這群「老而不死」的細胞愈積愈多，就成為癌症。而「凋亡基因」的原文 apoptosis，apo 是 apple（蘋果）之意；ptosis 則是掉下來（falling）；apoptosis 正是「蘋果熟了，就掉下來」。

陳耀昌除了讚嘆生物體之神奇，神奇到會在自己的細胞內安裝「自殺基因」，他的體悟是，蘋果熟了，就掉下來。那麼，人老了，就非凋亡不可，這是大自然鐵律。但反觀現代科技，似乎正逆向而行。

也許，這正是陳耀昌的老派人文醫師風範，雖是研究幹細胞治療的先行者，但「幹細胞」系列所收集的專欄，每一篇念茲在茲的就是新科技的倫理命題，也是少數點出幹細胞在臨床應用有罩門，對社會現況不一定正面的迷思。這些保留意見，在以商業利益導向的一片叫好聲中，成了關鍵的「minority report」。

〈超人時代的生技魅影〉正是憂心，生醫科技已可以讓人變成超人，偏偏生醫科技專家往往人文素養相對不足，這些也許是電影的最佳素材，但終有一天會造就人類的悲劇，陳耀昌力倡ELSI：任何先進科技計畫須有三至五％預算用於談新科技對倫理（Ethical）、法律（Legal）與社會（Social）之影響（Impacts）。

好一個老派人文醫師，這本書誠如陳耀昌所言，是對自己半生的交代；對讀者而言，則是一次閱讀的享受，就讓這位老派醫師不帶偏見的、帶領我們進入另一個台灣世界吧！

本文作者為專欄作家吳典蓉

作者小語（上）

二〇一四年五月，台大醫院同事告訴我，七月二十六日要幫我辦「歡送宴」，我才猛然想到應該在退休之際出版一本書，來作為對自己半生的交代。

我的中、小學教育，是鼓勵學生要當「有志之士」，要能「經世致用」。在大學時代，我的role model 是胡適之、傅斯年這種開創社會新局的播種先行者，或羅素、愛因斯坦那種具真知灼見，對人類社會充滿關懷的智者。因此我長久以來，以先行者自勉，期能為台灣醫療或社會開拓新領域，注入新觀念。

我二十五歲服完兵役，進入社會，迄今正好四十年。在學術圈中，我在台灣的骨髓移植、法醫制度、幹細胞治療，都扮演了播種先行者的角色；也一本關懷社會的初衷，介入社運政治、人權關懷；更高興台灣史小說《福爾摩沙三族記》廣受好評。回首半生，也算無愧於先人、社會及國家了。有愧的是對家人，付出太不夠。

這本書不同於前輩教授退休時習以出版的自傳或論文，而收集了數十篇過去發表於雜誌、報章專欄的文章，可說都是我對台灣社會的觀察及建言。我自己很喜歡顛覆台灣人血緣及翻案台灣歷史的兩個單元。在「法醫」的單元內，我放進了一些我親身參與的制定《法醫師法》和創立「台大法醫學研究所」過程中的文件，應具歷史價值。為了 update，我在五個單元之前都新寫了引言。

感謝孫大川、謝金河、吳典蓉為我作序，特別是大川兄與金河兄都是眾所皆知的大忙人，真是銘感於心。感謝印刻張發行人，願意在極倉促之中為我出版這本書。也感謝《財訊》曾嬿卿、《非凡新聞 e 周刊》李美惠，讓我可以在財經雜誌專欄不限題材，天馬行空。最後感謝十多年來的兩位助理陳佳慧與廖祺財，總能在最後一分鐘幫我把文稿搞定。

台灣人的基因密碼

台灣人的疾病人類學初探

這個單元的幾篇文章，我要強調的，是以台灣人的疾病和DNA來證明台灣人的多樣性。

我對台灣居民的血緣產生興趣，是在二〇〇六年開始構思《福爾摩沙三族記》時，發現台灣的開拓史包含了三個很不一樣的族群。統治階級的荷蘭人屬歐洲白人；現今台灣人口主流的大明漳、泉移民，屬於亞洲蒙古種南方漢人；而台灣原住民，《福爾摩沙三族記》的平埔西拉雅人，則應該和台灣高山原住民一樣屬於大洋洲南島語族。換句話說，台灣開拓史是由歐洲人、亞洲人和大洋洲人不同的三大洲族群共同寫下的歷史，這是世界史上獨一無二的，也由此開始了台灣人種的多樣性。因此在《福爾摩沙三族記》中，我力求摒除以漢人本位觀點來看台灣史。

台灣的歷史實在奇妙。周圍的閩越、日本、琉球，甚至越南，都已歷經朝代更迭千年以上，而台灣卻一直到一六〇〇年左右，才有漢人、日本人及荷蘭人到訪。台灣也是全球歷史上極少數沒有被大戰爭洗禮過的土地。我一位朋友說：「台灣是世界各國中，陸地下冤魂最少、歷史上戰爭最少的謐靜土。」但台灣的主權卻從此長期落入外來者之手中。而不同的統治者又帶來不同的移民族群，因此造成極複雜極多樣性的台灣人基因內涵。現代台灣人幾乎都是混種，但又有其脈絡可尋，這也是我對台灣人DNA密碼產生興趣的原因。

我因為本身學醫，又正好對HLA（人類白血球抗原）已經摸了四十年，我生涯的第一篇論文就是〈台灣甲狀腺亢進病人的HLA分析〉。因此自二〇〇五年左右，我試圖以HLA、DNA或其他生物指標來分析祖先來源，竟無意中切入了台灣人的疾病人類學領域。

本單元各文是我以業餘興趣研究所得。在嚴謹的學術領域中，我無意也無法申請專題研究去做實證。但我寫這一系列的文章，搜尋之用心，分析之謹慎，其實不下於我寫本行醫學論文。某些深思後提出假說或理論，自認頗有價值。有幾篇若能補上一些實驗室佐證，其實可以登上不錯的國際期刊。不過我的重點，不在建立自己的數據，而在融會貫通他人資料，告訴台灣及世界，台灣不是單純漢人世界，而是一個民族的大熔爐，混種的程度，遠遠超乎我們自己的想像。但混雜之中，卻具獨特性。「多樣而獨特」是我想到的對台灣最好的形容詞。

台灣的「多樣而獨特」，不只在族群與文化，也在山、海及其他生物。這真令人著迷。

小小台灣，卻擁有可說是全球最大的地理高度落差。三千公尺以上的高山有二百多座。而東部海岸竟由二千公尺高山直下數千公尺海底，這是全球最壯觀的海陸落差之一，讓十六世紀的葡萄牙船員驚豔而喊出「Ilha Formosa」。玉山不僅是東亞最高峰，也是全球所有島嶼、半島與次大陸的最高峰。旅遊者由三千多公尺高山至平地，半天內觀遍寒帶、溫帶、熱帶各種林相，吃遍各種水果、蔬菜，再加上到處有峽谷、溪流、瀑布、湖泊、溫泉地熱。難怪一位法國學者嫉妒的說：「你們台灣美得讓我崩潰。」

台灣的海岸線及海域，更是充滿了驚奇，也是一日覽盡。沙岸、岩岸、懸崖、峭壁、珊瑚礁，加上淺灘、深海、大洋、河口濕地、海上活火山，各種不同的海陸生態、海洋世界。十九世紀來台的西方生物學者，愛死台灣了。郇和、萬巴德在台灣短短幾年，就分別成為世界級的生物大師及寄生蟲大師。二〇〇七年，台灣的海洋研究者一口氣發表了近百種美麗的深海生物，也都是台灣獨有。

所以我不但要強調台灣人種的多樣性，也想進一步去揭露其獨特性。我將台灣人的疾病基因，配合台灣人祖先的歷史，找出六個台灣人密碼（見表一）。

這六個密碼，大致概括了台灣祖先的大部分族群。因為不少台灣人可以同時擁有多種密碼，於是六種密碼的組合就非常眾多而有趣了。

一、南島語族密碼，或幽門桿菌DNA毛利型：存在於台灣人高山原住民及南島語族胃部之中，但不存在

一、	南島語族密碼：HpMAORI（幽門桿菌毛利型）
二、	百越密碼：HLA-A33-B58-DRB03DQB1（鼻咽癌）
三、	西歐血緣密碼：HLA-B2705（僵直性脊椎炎）
四、	中南半島高地密碼：海洋性貧血
五、	阿拉伯密碼：葬禮習俗
六、	日本血緣密碼：HILV-I（人類T細胞白血球病毒第一型）

表一　六個台灣人基因密碼

於周圍的漢人、韓國人、日本人、中南半島族群。此顯示台灣高山原住民是南島語族祖先。

二、百越密碼或鼻咽癌密碼：HLA人類白血球的一個 haplotype（半套體）HLA-A33-B58-DRB03DQB1，是百越人之特徵，也與鼻咽癌有關。這代表台灣人有百越人種血緣。

三、西洋血緣密碼 HLA-B2705，或僵直性脊椎炎密碼，我戲稱之為「周杰倫密碼」。台灣人口有百分之一有 HLA-B2705，有 HLA-B2705 表示為西歐或北歐白人後裔（但沒有不表示不是）。

四、海洋性貧血的基因突變，或中南半島高地密碼：古代中南半島高地人種為了應付瘧疾而產生的基因突變，何以出現在約七至八％台灣人的血液中，但不見於高山原住民，相當有趣，有待未來研究。隨著東南亞新娘與台灣第五族群的增加，可能會帶來更多的海洋性貧血發生率及更特殊的突變點。

五、阿拉伯密碼：台灣有阿拉伯血緣者，絕非罕見。但我對阿拉伯人的疾病和HLA沒有太深的了解。也許將來醫學研究發現某些阿拉伯人的特殊HLA亞型後，可以用來做這方面的驗斷。

六、日本血緣密碼：HTLV-I（人類T細胞白血球病毒第一型）。這是一種起源於日本的病毒，台灣的 HTLV-I 發生率，大異韓國和中國。我大膽猜測有可能是鄭成功的日本人母親經由鄭成功而帶到台灣來的，因此，我戲稱之「鄭成功密碼」。當然還有後來的種種因素，詳見該文。

台灣是一個移民社會，大部分台灣人是移民者與本土原住民混血的子孫。我依照外來人種移民台灣的歷史，把台灣人的血緣形成過程，整理如（表二）。

台系漢人因為母系極不同於南方漢人，父系亦有諸多差異，因此，不論是福佬或客家，相較於大陸人，可說是漢族血緣最少的漢人（表三）。

也許有眼尖的讀者會發現，為什麼獨缺台灣人母系祖先中最重要的平埔的DNA密碼？最主要的原因是，台灣的平埔族幾乎都已經和外來移民混種了。高山原住民的族別已經由九族變十六族，而台灣不論政府或民間，對平埔的族群卻一直只是學術研究及旅遊懷古，而未能落實在實際的社會認同或文化傳承的層面上。

我不禁想起現在正在力爭恢復原住民身分的西拉雅族人萬淑娟，夫婿萬益嘉與前荷蘭代表胡浩德所寫的一首歌〈西拉雅，妳去了何處？〉的歌詞，可以代表台灣平埔自十七世紀迄今的坎坷命運，那是台灣平埔後人的心中吶喊，平埔祖先的悲愴哀吟：

詞／胡浩德・曲／萬益嘉

西拉雅啊！西拉雅，妳去了何處？

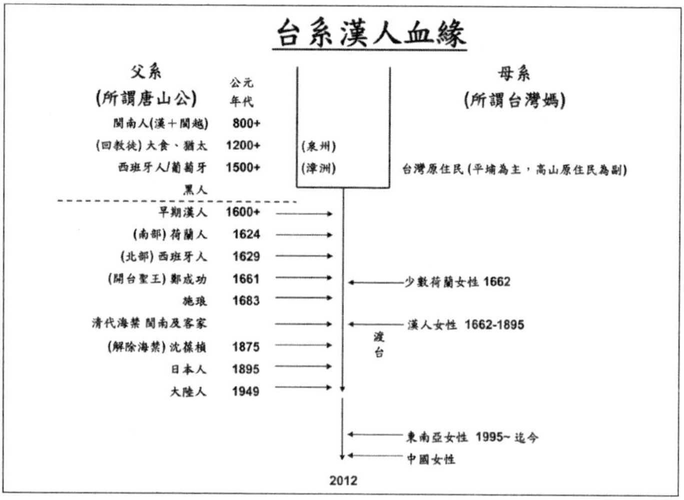

表二

數個世紀前在大員守護。
荷人來據，南明接續。
清人承繼，日人更替。
自豪於她的大地而拒絕逃離。
而終究，她不再自由。

與他族相互融合是她唯一的選擇。
少數的聲音堅持著無瑕的血緣。
文化無法招架於前來的侵入者，
而終究她遺失了名字。

西拉雅啊，西拉雅，妳去了何處？
無數個世紀在大員守護。

歡慶的生活已然不再。
他們凋零了，或只是隱蔽了？
部落的輝煌可能不再。

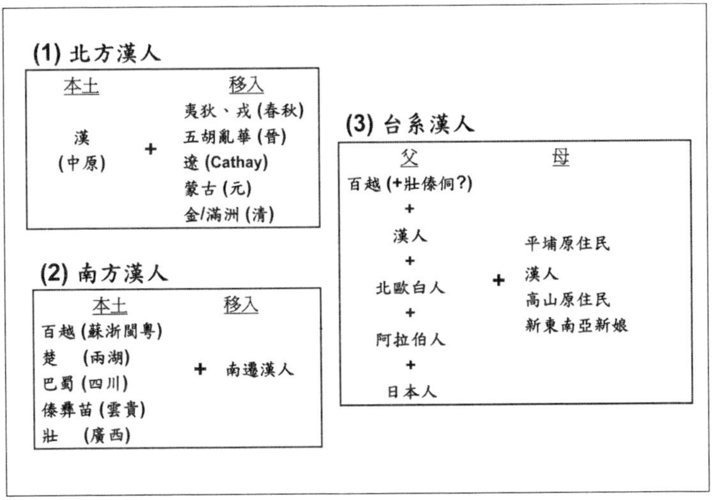

表三

而終究，誰知道她去了何處？
然而力量與智慧使她存活
她做了退讓以保護她的生命。
靈魂的認同依然清晰地響徹她的心扉。
而終究，她無懼地再次昂揚高飛。

西拉雅啊，西拉雅，妳去了何處？
無數個世紀在大員守護。

西拉雅人現在就團結起身向前行！
讓文化重振如往昔
讓全西拉雅人主張他們的身分，
而終究，她將為其自由喝采！

西拉雅啊，西拉雅，妳去了何處？
妳（她）從未離散
讓世界知道！

是的，西拉雅以及其他平埔原住民的DNA都混雜在許多「台灣人」的血液中。例如，出身台南左鎮的名歷史學家李弘祺，尊翁是西拉雅頭人。我家的神主牌上，我的曾祖母名為「番婆」，表示我可能有十六分之一的平埔血緣。我也看過不少目前一百歲左右的女性名為「番婆」，包括一位出身艋舺的吳姓生醫大老之母（**應屬凱達格蘭族**）。她們大抵出生於平埔族快速消失的十九世紀末到二十世紀初。同樣的，有一些現在大約一百歲左右的男性，取名「加禮」（**屏東某縣長及原籍高雄之藝術家政務委員之先人**）或「番王」（**前基隆市長林番王及義美高家之先人**）者，也顯示了他們的平埔身分。「加禮」者，閩南語之「傀儡」也。我們現在看清朝的台灣輿圖，南部中央山脈大武山一帶稱為「傀儡山」，山中原住民就是「傀儡番」，尊重的寫法就是「加禮」。

但問題是：如何以科學方法去證明呢？因為目前能確定為純粹或近純粹平埔族實在太少，所以難收集到足夠的樣本去分析。

我在〈台灣人的荷蘭基因〉中提到 HLA-B2704，雖然這僅限於南部西拉雅族及中部巴宰族的研究，我相信，有 HLA-B2704 者表示可能有台灣平埔祖先。

以DNA之鑑斷而言，以Y染色體去查詢父系來源是一個方法。目前已知 O-M119 常見於南島語族，R-U106則表示有荷蘭父系血統。但同樣的，在缺乏平埔血液樣本，缺乏檢驗實證之下，我只能推測，台灣男性若有 O-M119 基因者為南島語族後裔。大家所熟知的粒腺體DNA、mtDNA 均由母親遺傳而來，也許可以鑑定母系，但我缺少研究，不敢妄言。

另外一個可能的研究途徑，是我第二篇文章所提到的幽門桿菌DNA亞型。我的假說如下：

一、已知：十八、十九世紀漳泉移民胃裡的幽門桿菌是東亞亞型，而當時的台灣東部原住民是毛利亞型。

二、假設：當時的平埔原住民的幽門桿菌是毛利亞型。

三、推論：所以現在漳泉移民與平埔原住民所生的後代，其胃裡幽門桿菌應兼有毛利亞型及東亞亞型？

這其實是一個不錯的本土人類學研究題目。

我很喜歡說，台灣人大都是南方漢人＋XYZ的混種。《福爾摩沙三族記》出版以後，不少讀者或朋友帶著驚喜神情告訴我，他發現自己或親戚原來混有歐洲人的血；也許更多的是不自知。有一位僵直性脊椎炎患者，一口標準北京音，籍貫則寫著山東，我好奇問她，母親是哪裡人？果然是台南安平，而且也有僵直性脊椎炎。一九四九年的大陸移民也有不少北方漢人，所以現在台灣居民也有北方漢人＋XYZ。

又如前立法委員林忠正的遠祖是宋元年間渡海而來的大食阿拉伯人，在泉州落地生根，混了南方漢人血緣（見〈**台灣人的阿拉伯血緣**〉）。更妙的是吳乃仁、吳乃德，雖是親兄弟，但兩人長相截然不同。吳乃德似傳統漢人，而吳乃仁則極像是南亞南印度或錫蘭人氏，這也是當年泉州常見的外客。這是基因的外露或表現型（epigenetic 或 phenotype）的絕佳例證。

又如前陸委會主委陳明通長相特殊，是台中平埔巴宰族。影星湯蘭花的洋人長相，又出身阿里山鄒族，不免讓人聯想到荷蘭人逃向諸羅山的故事。陳定南也很特別，在「人類基因體計畫」完成人類DNA定序之後，《國家地理雜誌》找了六、七位台灣名人做DNA定序尋源。因陳定南的DNA有特殊的M-16（Y染色體）而被認為有非洲黑人血緣。這到底是來自遠古的東非祖先，還是來自鄭成功軍中的黑人火鎗部隊，還是那時路過的葡萄牙船隻中的非洲船員，有待進一步分析。

總之，台灣人的血緣分析，充滿了驚奇，絕非大家想像的「炎黃子孫」那麼單純。

有人問我：「你研究這些東西幹什麼，這樣會不會加深台灣的族群問題？」我的回答是：非也，人民（citizen）才是構成國家的要件，但族群（race）不是。相反的，我是要證明台灣人的混種。台灣人的特色就是混種，這些特殊的DNA標誌，一則與疾病有關聯，二則讓我們知道我們都是混種，不應有族群沙文主義。

我最喜歡東華大學民族學院童春發院長的「台灣族群長幼子論」：「原住民是台灣的長子，你們閩南人是次子，客家人是老三，以及一九四九以後的大陸移民，都來到這塊土地……我們長子能力不夠，結果地方愈來愈小……但是大家都是台灣這個家族的成員，都是一家人。」

童院長講這番話時，我正坐在他的面前，心中非常震撼。我如此記下這一段相遇與對談：

「我望著他黝黑的大臉，輪廓分明的五官，壯闊卻不高的身材，明亮卻略帶憂鬱的眼神。我認識的排灣族，很多都是這樣的長相。他這個『原住民長子說』震撼了我。多麼包容的心胸，多麼謙抑的思維，多麼讓人感動的『台灣族群長幼子論』。除了『原民』，只要是抱著同舟共濟心態的『移民』，而非壓榨利益的『殖民』心態，或路過、旅人的『難民』心態，在這個美麗的島上，大家一開始或許自成部落，再混種而成多元族群，最終則所有大小族群都團結在台灣這個大家族的旗幟下。」

台灣帶給世界的禮物

我最敬佩的作家「鑽石先生」賈德．戴蒙（Jared Diamond）是美國UCLA（加州大學洛杉磯分校）教授，以《槍炮、病菌與鋼鐵》一書榮獲一九九八年普立茲獎，最近又出版了鉅著《大崩壞：人類社會的明天？》。兩書在台灣都有譯本，我在飛航旅途中看《大崩壞》，空姐很好奇問我，這本書是不是很有趣，因為她看到許多台灣旅客在看。他的書其實一點也不有趣，是很嚴肅的科普書，但會帶給粉絲們很大的震撼與讀後的滿足感。

首先是，世界上怎麼會有如此有學問的人。從新幾內亞土語、南非洲土語、台灣原住民考古與語言、甚至中國古籍，他全都非常在行。作為一個語言學家，他已算很了不起的；而且，他似乎遍遊全球各古文明之處及太平洋島嶼，懂得南美馬雅與印加、非洲、大洋洲的歷史、經濟與人類學；也專精最現代的進化論、人類基因、動物生理，以「上通天文，下知地理」不足以形容，《西遊記》中孫悟空說的「上知五千年，中知五千年，下知五千年」差可比擬。其次，我自認對台灣史稍有涉獵，而他的書中，談台灣的大坌坑文化，談台灣原住民與南島語族的關係，讓我真覺得無比渺小與慚愧。書看到一半，我才注意到作者竟是與我同行的醫學院教授，是UCLA的生理學教授，寫過像《第三種猩猩：人類的身世及未來》這樣比較「正統」醫學類的書；也撰文寫過《物種差別：人類睪丸大小之差異》這樣純粹生理學與社會學之評論。戴蒙的學問之廣、創意之多，真是一顆閃閃發光的「鑽石」。

戴蒙是猶太人，一九三七年生。他生於波士頓，父親是醫師，母親是教師、音樂家、語言學家。一九五八年哈佛畢業，一九六一年劍橋大學生理學博士。他的第一個生涯研究領域專得嚇人：「細胞膜生物物理」。從一九六二至一九六六年，他又回到哈佛當研究員。六六年，年方三十，他已是UCLA的醫學院生理學教授。而他二十多歲時，就「平行」發展出他的第二個研究生涯。他多次到新幾內亞及附近小島，由研究鳥類的進化進而對整個南島文化、語言及文明的興衰產生興趣。此所以他在《槍炮、病菌與鋼鐵》一書第一頁就以新幾內亞起始，以及他的多篇論文都是以大洋洲島嶼為背景。到了五十多歲，戴蒙又逐漸發展出第三種研究領域——環境歷史，於是他現在也是UCLA的地理學教授及環境健康科學教授，而「環境健康科學」根本就是戴蒙研發出來的新的跨領域。

他的學術成就非凡，在《自然》、《科學》等頂尖科學雜誌發表了二、三十篇論文。他也早已當選美國科學院院士。他得到的國際大獎還包括美國國家科學獎、泰勒環境貢獻獎、日本國際環境和諧獎，以及兩度的英國科普獎。戴蒙顯然也是超級棒球迷，在他的書中，談到多明尼加，竟寫出目前所有大聯盟中出身多明尼加的球員名單一覽表。

戴蒙的興趣非常廣泛，而其成就來自他對興趣議題的行動力與研究功力。例如他對新幾內亞有興趣，就實地居留，深入研究，融會貫通，再逐漸擴散，自創學說。我覺得西方人在「廣」與

「深」方面，確實比東方人厲害。到西方留學過的學者，都會有以下印象：老外在高中畢業時，不過爾爾，但大學時大都比台灣大學生認真；在初入研究所階段，所懂的與我們大概差不多，但總覺得他們「悟力」不如我們。

可是老外一旦開始深入一個主題研究，他們的基礎之扎實、用心之深刻、思慮之細密以及想像之豐富，使他們可以創新、融會，而成一家之言，東方研究者只有少數能達到這種境界。例如戴蒙就融會他對現代醫學的了解，加入歷史、人類學、語言學而創造了所謂「環境歷史學」。台灣的教育目標，太重升學考試，忽視了邏輯的訓練（因為入學考試多是選擇題與填充題）、缺乏縝密的觀察（因為只要求所謂「標準答案」）、抑制興趣的奔放（因為太功利主義），否則以國人的聰慧，在「創新」的成就應不止於此。

從戴蒙的著作，我們看到了台灣在世界史上扮演了遠比我們台灣人所了解的更重要角色。這個角色，不是當今大多數台灣人父系的漢民族，而是大多數台灣人母系的原住民所拓展出來的重大事蹟。

戴蒙早在他一九九七年的《槍炮、病菌與鋼鐵》一書，就有專章說明台灣原住民在一四九二年，歐洲開始殖民美洲，印歐語系開始擴張以前，南島語系（約有一千二百種語言）是世界上分布最廣的語族。東起南美復活節島，西至非洲馬達加斯加，真正縱橫四海二萬六千公里，其源頭都是台灣原住民。在二〇〇〇年，他更在世界排名第一的科學雜誌《自然》（二〇〇〇年二月十七日）上，發表了一篇〈台灣帶給世界的禮物〉（Taiwan's Gift to The World），再進一步闡述這個過程（見下圖）。我輩身為台灣人，實不可不知。他的文章事實上有大部分是根據R. Blust於一九九九年在台灣中央研究院語言所發表的一篇論文。

Blust的研究分析顯示：南島語系大約可以分為十個亞系，這十個亞系中有九個亞系（只包含二十六種語言）在台灣原住民都可以找到；而第十個亞系就是其他與台灣原住民無關者，涵蓋馬達加斯加至東玻里尼西亞的一一七四種語言。戴蒙說，過去只知道南島語系中有多種只限於台灣原住民使用，但他很訝異研究的結果，比例竟如此之高。十個南島語亞系中，有九個集中在台灣，表示台灣是南島語系的原

Taiwan's gift to the world

Jared M. Diamond

Study of the giant Austronesian language family tells us a great deal about the history of Pacific peoples and boatbuilding, as well as about Aboriginal Australia.

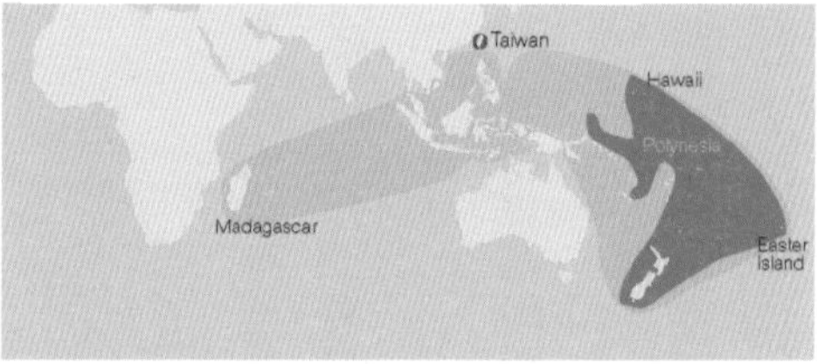

Figure 1 **The geographical span of Austronesian languages. This language family encompasses all languages spoken on all Pacific islands from Sumatra in the west to Easter Island in the east, except for the Papuan languages of New Guinea and a few adjacent islands. They are also spoken in Madagascar and in mainland Malaysia. From the work[2] discussed here, it turns out that of the ten subgroups of Austronesian languages, nine are confined to Taiwan (red circle), and that all Austronesian languages outside Taiwan belong to the tenth subgroup (green), which includes Polynesian languages (dark green; only a few of the hundreds of Polynesian islands are shown here). (Redrawn from ref. 1.)**

這是戴蒙在2000年2月17日，發表於《自然》的文章刊頭及圖表。《自然》甚少刊登這種回顧性綜論，又附有小標題，似有「定論」的意味。
小標題是：「大南島語系之研究告訴我們許多有關太平洋居民、船舶建造，以及澳洲原住民的歷史。」
圖說：此語系涵蓋西自蘇門答臘，東至復活節島之地，甚至包括馬達加斯加及馬來西亞本島，唯一例外為新幾內亞之巴布亞語系。淺色部分為九個亞系，皆可在台灣原住民找到；深色部分表示為玻里尼西亞，屬於第十個亞系（詳見本文）。

鄉。由於南島語在台灣已經說了幾千年，因此有顯著的分化歧異。其他的南島語，西起馬達加斯加，東至復活節島上的，都是台灣出發的祖先群使用的語言在後來才衍生出來的。

除了語言之外，台灣的大坌坑文化遺址出土的一件石器，使台灣和後來的泛太平洋島嶼文化聯繫在一起，就是樹皮布打棒（見《槍》書三七六頁）。大坌坑文化出現於台灣後，源自大坌坑文化的文明大約在一千年之內逐漸散播到整個南島語族的分布範圍。而由玻里尼西亞考古出來的初民農業社會所用的鍋盆，也再度證明這些工具都源自台灣原住民。有人懷疑，台灣花東的巨石文化與復活節島上的巨石文化，也許有些關聯，因此有關復活節島巨石，其實不必硬要想到「外太空祖先」去。而復活節島文明何以由盛而衰，在戴蒙新作《大崩壞》中也有很好的解釋。

戴蒙的研究裡，凸顯了一個要點。過去六十年，台灣古文明出土之後，大多數華人考古學家的重點，往往只是往西思考「這些古文化和中國大陸有何關係」。而其實台灣原住民的發展方向是往東往南，對覆蓋全球近四分之一面積的海洋島嶼產生莫大的影響，所以西方人的研究方向反倒是「台灣古文明對世界做了哪些貢獻」。雙方的視野與方向實在相差不可以道里計。這一方面是過去「漢族沙文主義」下的盲點，也是台灣地圖之所以要以台灣為中心，而不是依附在亞洲大陸東南一隅的理由之一；二方面是過去台灣考古及人類學家對南島區域不論語言、文化所知均太有限了；三是大概覺得這些都是彈丸小島、落後地區，所以缺乏深入研究的動機。結果有關台灣古文明如何貢獻於全世界，反而是洋人老外，像上述的 Blust（美國）以及 Bellwood（澳洲）等人研究出來，再由戴蒙來替台灣發揚光大之，這真是本土學者應該慚愧之處。這個現象自十年前漸有改善，政府及學者已開始放眼於台灣附近鄰國島嶼的田野調查，希望不久能迎頭趕上。

台灣的政府、學者與人民應該慚愧之處還多著呢！首先，台灣出土的古文化，幾乎大半不被珍惜。卑南遺址、惠來遺址等為推土機大量破壞，全世界的考古學家、人類學家不知喪失了多少寶貴的資料。如上述所言，一件大坌坑文化的遺物就可以把台灣原住民農業文化與整個南島語族農業文化連接起來，這真是無價之寶。而台灣過去在懵懵然之中不知已喪失多少與世界其他文化相聯繫的無價之寶，可惜啊，可惜。

台灣下一個應該建造的博物院，不應該是「嘉義亞洲博物院」或「台中古根漢東方博物館」。政府應該鄭重考慮在原住民原鄉的東岸建造一棟比現在「卑南博物館」更國際級的「南島文化博物館」，把台灣考古出來的珍貴物件，配合上在玻里尼西亞、美拉尼西亞等南島地區考古出來的農、漁、運輸等物件，並列出來，讓世人知道台灣先住民對全世界的偉大貢獻。讓台北有炫耀台灣父系文化的故宮博物院，台東或花蓮有展示台灣母系文化的南島博物館，相互輝映。讓我們自豪於父系唐山文化之際，也同時來了解及紀念母系原住民在五千多年前至二千年前的那一頁輝煌、燦爛以及幾乎無遠弗屆，全人類最早、也最偉大的海洋開拓史。

台灣早在西元前三三〇〇年以前（早於漢族的炎黃時代），先民已憑著當年世界上最好的造船技術，駕一葉之扁舟，邁向無際的太平洋，成為人類有史以來最早也最大的海洋民族，而且仗著農漁業文化優勢，取代了當地原來之土著。戴蒙說，大部分玻里尼西亞島嶼幾千年前都是「台灣殖民地」。「海洋台灣」不是自明鄭時代才開始的。而如今，台灣距離成為一個海洋國家，努力與認知實在都非常不足，有愧於祖先。讓我們由認識及保護台灣古文明開始，進而建立「台灣與南島古文明世界級博物館」，讓國人得以恢復遠眺南太平洋海域的宏觀視野，維護台灣的海洋資源、海洋領土，發展海洋科技、海洋產業，重新建立二十一世紀的「海洋台灣」。

——本文發表於二〇〇六年六月《財訊》雜誌

台東巨石遺址公園所展出「都蘭遺址」之巨石，代表台灣東海岸古原住民之巨石文化（包括單石、岩棺、石壁、石輪等），可以上溯二千多年以上。照片遠處就是卑南族的聖山——都蘭山。（陳耀昌攝，2014年11月）

東方有佳人　遺世而獨立

最近，媒體都刊有一條南島語族祖先來自台灣原住民的消息：

「根據紐西蘭科學家發表的區域語言研究，當今的玻里尼西亞人源於台灣，他們約五千二百年前從台灣出發，遷徙至菲律賓，最後再往東進入太平洋。」

這是引述自二〇〇九年一月二十三日的《科學》期刊中，有關這個「台灣原住民是南島語族始祖」的文章。這篇紐西蘭奧克蘭大學的 R.D. Gray 以語言分析做進一步證實的文章只是其一。我個人覺得更有趣、更有意義的是另一篇柏林大學 Y. Moodley 等發表的人類學研究。兩篇文章殊途同歸，同一結論：「南島語族的祖先，來自台灣原住民」。

我在〈台灣帶給世界的禮物〉已提到，人類學家在二十世紀末期就已經自語言分析證明，台灣是東自復活節島，西到馬達加斯加等南島民族的祖先。最近更由Y染色體及粒腺體DNA研究有更進一步的證實。而這個最新的「細菌人類學」的結果分析，比用語言及人類本身的各種DNA分析法要清楚多了，因為幽門桿菌DNA之排序一目了然，在分析及解讀上乾脆利落。

所以台灣原住民在人類學上的地位，愈來愈重要。由細菌及語言人類學均證明，他們是人類在六萬年前自東非外遷後的一個既「終極」又「原味」的特殊族群。「終極」是指台灣原住民可說是人類自東非遷徙出來的「陸地終極」族群與「海洋起始」族群；原味是指他們來到台灣一萬多年，遺世而獨立，直到十六世紀偶有漢人、日本遊民，乃至荷蘭人有計畫到來前，台灣沒有新移民到來，所以他們既老牌又原味。不管後來因多山地形而演化成九族也好，十四族也好，以細菌人類學、DNA及語言的觀點來看，他們都是同一族，與全球其他非亞歐人種完全不同的一族。

什麼是細菌人類學？就從幽門桿菌說起吧。幽門桿菌本身也是細菌界的一項傳奇。幽門桿菌幾萬年來一直和人類長相左右，是人類的「忠實伴侶細菌」，大約有五〇%的人類在胃中感染此種細菌。幽門桿菌會引發胃潰瘍，甚至胃癌。然而百年來，不知有多少病理醫師在顯微鏡下「看到」這種細菌，但從無人注意。一直到一九七九年才為澳洲的兩位醫師 Robin Warren 及 Barry Marshall 所發現及培養，兩人也因此得了二〇〇五年諾貝爾醫學獎（請參見〈幽門桿菌啟示錄〉）。

目前已經發現有多種幽門桿菌的亞型，主要依地域而定，非洲、歐洲、亞洲都有不同亞型。幽門桿菌有一千五百五十個基因，不同亞型其基因的差別可以高達六%。然而有趣的是，這幾種亞型的遠祖，和人類一樣，始於東非。六萬年前，人類在走出非洲之前就已感染幽門桿菌，兩者幾乎是相依為命的好朋友，一起遷徙，一面變異，因此人類如何地理分布，幽門桿菌也跟著如何地理分布。

人類大約在六萬年前，帶著最原型的幽門桿菌，越過現在的加薩走廊，走出非洲。而後分成兩條路線，一支往北向歐洲遷徙，另一支則向亞洲經過現在的伊拉克、伊朗，往中亞移動。歐洲那一方向的幽門桿菌的變異，不在本文研究之內。走向西部亞洲的人類所帶的幽門桿菌（hp）之亞型稱為 hpSahul。hpSahul 之基因變異與非洲原型相差最少，所以是最早，約在三萬二千年前所出現在亞洲的第一種幽門桿菌亞型。

而研究發現，遠在蘇門答臘、爪哇、婆羅洲、峇里、新幾內亞、澳洲次大陸及澳洲南方島嶼塔斯曼尼亞的原住民，均屬於這個亞型。所以，可以推測在冰河時期晚期（一萬二千年至四萬三千年前），因為海平面甚低，澳洲、新幾內亞、塔斯曼尼亞這些地區應該是連結在一起，考古界稱之為莎活（Sahul）陸棚（連接巽他與澳洲）。莎活陸棚與馬來半島、蘇門答臘、婆羅洲、爪哇、峇里合成的另一巽他（Sundaland）大陸板塊之間，可能只是一些甚淺的海溝。所以以上這些區域居民均帶有 hpSahul（莎活亞型）之幽門桿菌。

帶有莎活亞型幽門桿菌的老祖宗，除了一小支留在莎活陸棚外，還有更多的人向中亞遷移。這時 hpSahul 的幽門桿菌產生突變成為第二種亞型「中亞型」（CentralAsia）或 hpAsia2，時約兩萬七千年前。現在中亞地區，包括中南半島西部的緬甸、泰國西半部、馬來半島小部分，均屬於這個幽門桿菌「中亞型」。

帶著「中亞型」hpAsia2 的人類約在二萬五千年前，進入現在的黃河流域及蒙古草原，這時再度產生變型，成為第三種亞型「東亞亞型」hpEAsia。現在的日本、韓國、中國漢族、琉球的大部分、廣東、越南、高棉、馬來半島的大部分，均屬於這種幽門桿菌「東亞亞型」（所以現今

> 台灣福佬及客家祖先的古代中國東南百越及其他民族應也屬於這種亞型）。

大約在一萬五、六千年前，人類向東北橫渡白令海峽，先到北美洲，再逐步移向中、南美洲，成為美洲印地安人。他們的幽門桿菌進一步變型，稱為另一種亞型「美洲印地安亞型」hspAmerind。

在更早的一萬七、八千年前，這些帶有東亞型幽門桿菌的古早人類向東南遷移到了台灣，成為第一批到達台灣的人類。台灣東邊是大海洋，已無陸地路線可以遷徙。於是這些人類定居下來，成為台灣原住民的共同祖先，而台灣也成為東非人類地球大遷徙的陸地終點站。大約一萬年前，台灣先住民胃裡的幽門桿菌「東亞型」再次出現變異——其實是我們已知的幽門桿菌的最後一次基因大變化，成為「毛利亞型」hspMaori，因為是在紐西蘭原住民的毛利人（屬於玻里尼西亞種）身上先發現的，故以名之。

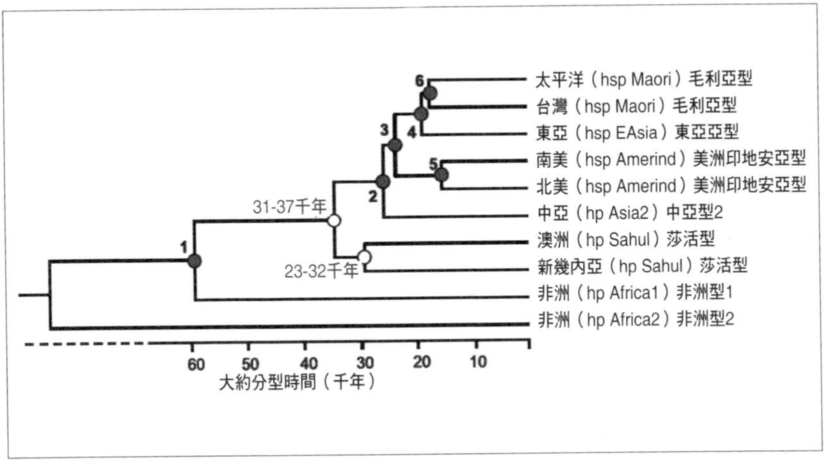

幽門桿菌DNA從東非型→莎活大陸型→中亞型。
中亞型再分出美洲亞型和東亞亞型。
東亞亞型又分出毛利亞型（台灣及太平洋亞型）。（本圖改編自2009年*Science*雜誌）

這次，科學家事實上是逆流而行。他們先在玻里尼西亞之底部紐西蘭找到新的變異「毛利亞型」，然後一路而上，發現玻里尼西亞、美拉尼西亞（新幾內亞除外）居民也都屬之。最後，賓果！證實地圖上最頂端的台灣原住民，果然也是這種幽門桿菌「毛利型」。因此在語言及細菌學上，雙雙證實台灣原住民與南島語族的密切關係。

依考據，菲律賓是台灣到玻里尼西亞的中途站，但顯然台灣原住民可能人數太少，並未完全「占領」菲律賓，或者他們喜歡航海與探險，所以繼續航向大海。以細菌人類學的眼光而言，菲律賓住民的來源呈現多元，約二五％的中亞型，約二〇％的毛利型，而有五五％左右是其他型，應該與占領過菲律賓的

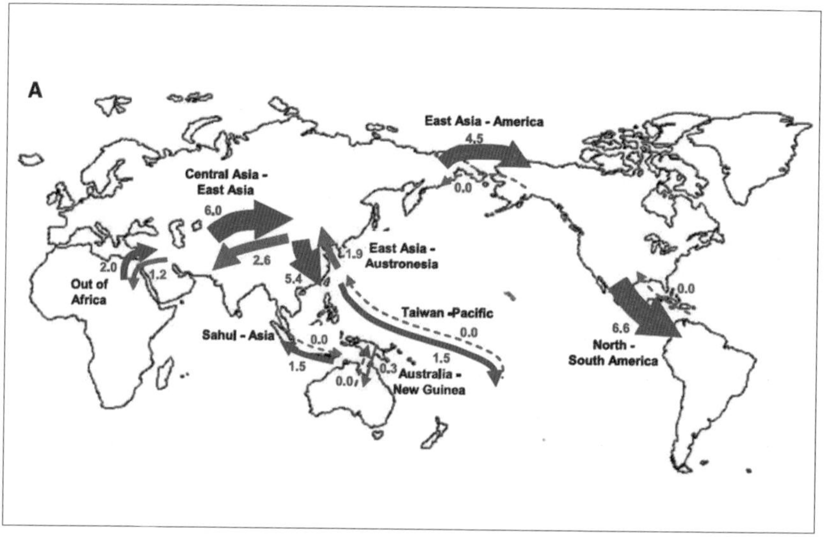

幽門桿菌全球遷移及突變圖
人類約在二萬五千年前，進入現在的黃河流域及蒙古草原，這時幽門桿菌產生變型，成為東亞亞型。現在的日本、韓國、中國漢族、琉球的大部分、廣東、越南、高棉、馬來半島的大部分，均屬於這種幽門桿菌「東亞亞型」（所以現今台灣閩南及客家祖先的古代中國東南百越民族應也屬於這種亞型）。（圖片來源：2009年*Science*雜誌）

西班牙人及美國人有關。

所以，依細菌學的研究，人類自東非出走後，台灣算是人類陸地之旅的終點站。人類遷徙到台灣的時刻可能比遷徙到美洲稍晚。包括各種DNA的研究，均證明台灣原住民各族與漢人相差幾近南轅北轍，但各族間又同中有異，確實各有明顯差異。

五千二百年前，有些台灣東岸原住民出走海洋，成為地球上有史以來第一個海洋民族，並逐步遷徙，成為廣大南島語族的祖先，演化成東到復活節島，西到馬達加斯加之間各島同中有異的語言、習俗及社會文化。

Gray 的語言研究指出，有證據顯示南島語系與壯侗語系（Tai-Kadai或稱傣佧岱）的布央語（Buyang）有關，在

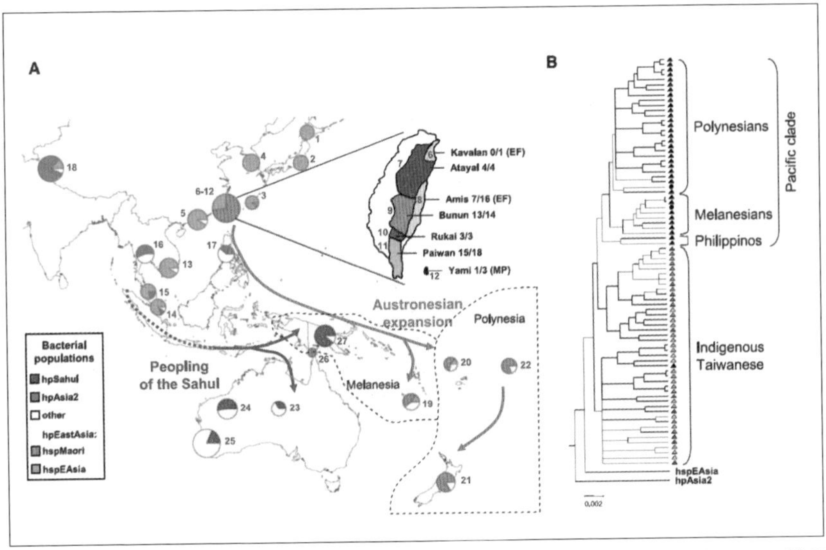

在台灣高山原住民的研究，證明其幽門桿菌為毛利亞型（泰雅4/4、布農13/14、魯凱3/3、排灣15/18）。有趣的是阿美7/16、雅美（達悟）1/3，顯然這兩族非「純本土台灣原住民」（與我在鼻咽癌研究之結論相似，見73頁）。
右小圖則顯示台灣原住民與菲律賓、美拉尼西亞、玻里尼西亞島民之親疏關係。
（圖片來源：2009年*Science*雜誌）

三十三組布央語同源詞中，有十八組可追溯到古南島語。壯侗語系包括中國境內的侗族、壯族、傣族，以及東南亞的泰國語和緬甸撣邦語，而布央語是中國廣西壯族語言。

我有一個大膽推測。古時期，台灣與大陸淺海相隔。一萬多年前，人類之某一隊伍，走到了大陸東南，有一支跨過淺海來到台灣，另一支在其後萬年，反逐步西徙到了雲南，成了布央語族。而遷徙到台灣的遠古人類，在語言上保留了原有的一些布央語詞，但胃裡的幽門桿菌也許為了適應新環境及新食物，乃由「東亞型」變異成「毛利型」。由於台灣與亞洲大陸之終於分離，此後萬年，也許偶有海上難民或遊民，就是少有移民。要到一六二四年荷蘭人來台

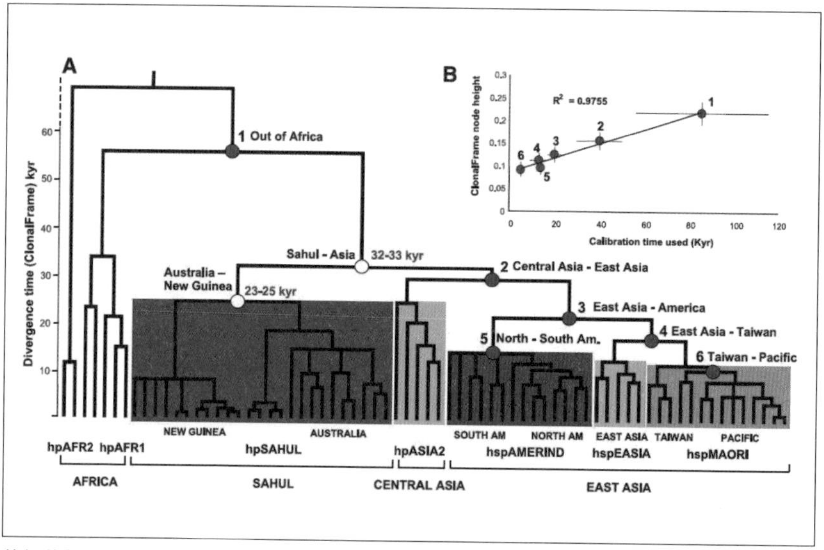

依細菌學的研究，人類自東非出走後，台灣算是人類陸地之旅的終點站。人類遷徙到台灣的時刻可能比遷徙到美洲稍晚。包括各種DNA的研究，均證明台灣原住民各族與漢人相差幾近南轅北轍，但各族間又同中有異，確實各有明顯差異。台灣平埔族是否也是毛利型，還是東亞型，迄今未有研究探討。如果是閩南人和平埔的後代，會是什麼型，也是足堪玩味。（圖片來源：2009年*Science*雜誌）

後，始大規模招募漳泉漢族移民，中間竟是萬年空檔。

這使我想起李延年的歌：「北方有佳人，遺世而獨立，一顧傾人城，再顧傾人國，寧不知傾城與傾國，佳人難再得」。

台灣原住民真是人類學家眼中在東方世界遺世獨立，傾城傾國的佳人。可是在十八世紀以後，原住民在他們萬年祖地的台灣反而備受擠壓，再加上漢移民強大的同化力量，已經快要「佳人難再得」了。這個島上所有古代原住民的一針一瓦，都是人類文明史上的瑰寶。過去由於台灣新漢族的無知，已經破壞了太多無比珍貴的原住民遺跡。往者已矣，所謂「有唐山公，無唐山媽」的台灣新漢族，應該深切反省並亡羊補牢。有個想法，我在〇六年六月已談過的，但絕對值得再度呼籲：政府應該在原住民原鄉的台東或花蓮建造一棟比現在「卑南博物館」更宏觀完整的「南島文化博物館」，收集台灣與南島語族的考古文物，連同科學研究證據一併展列出來，定能獨步及轟動全球，並讓世人知道台灣先住民對全世界的偉大貢獻。

——本文之精簡版發表於二〇〇九年三月《財訊》雜誌，本文為完整版

都是梅花鹿惹的禍

念台灣史，我們發現一件很有意思的事：第一批大舉移民來台灣的漢人，其實是來當「外勞」——荷蘭東印度公司的外勞。

荷蘭東印度公司於一六二四年來到福爾摩沙，建了熱蘭遮城。當時已生活在此地的漢人移民依在地原住民發音，稱此地為大員，荷蘭人拼為Tayouan。

荷蘭人來到大員，後來逐步開拓台灣西南平原。據荷蘭人的估計，台灣西南部大約只有十萬原住民。至於東台灣，一直到同治年間仍屬「化外之地」，並無人口資料。

一六二四年，荷蘭人來到台灣西南平原時，大員四周的原住民是平埔的西拉雅族。據一六三九年荷人的報告，西拉雅諸社，麻豆社有成年人三千人左右，蕭壠社（佳里）二千六百人、目加溜灣（善化）一千多人，新港社（新市）一千出頭，大目降（新化）約一千人，這些是比較大的村落，其他村落則是數百人之譜。因此，我們約可推測當今台南縣境內的平埔原住民人口，大約只有一、二萬人，而這還算是人口密度較高的西南平原。

那時福爾摩沙西岸的人口結構大約是：粗估平埔族十萬出頭（一六五〇年，福爾摩沙全島向荷人歸順的土番，有三一五部落，六萬八六七五人）；比荷蘭人早到的大員漢人移民至少一千五百人；荷蘭人初期約一千人，後期約一千八百人。要開墾台灣，這樣的人力顯然不足。

一六二六年，西班牙也據有北台灣雞籠、淡水之間。西班牙人在一六四二年雞籠大戰敗北後離台。他們沒有留下人口的估計資料。但據荷蘭人的情報，一六二九年西班牙人在北台灣的兵力，大約是二百名西班牙人和四百名菲律賓人。後來荷蘭人打敗西班牙人，這些「菲勞」並未隨西班牙人撤退，而是流落台灣。

換句話說，第一批來台灣的菲律賓外勞，其實早在三百八十年前。西班牙人也同樣面臨台灣原住民人口太少的問題，但他們和荷蘭不同，因為西班牙人早在一五七一年便建立馬尼拉為菲律賓首府。和巴達維亞比起來，馬尼拉離台灣近得多，而且西班牙據呂宋島已久，用菲律賓原住民很順手。

荷蘭則新據爪哇不久，一六二七年自巴達維亞到福爾摩沙的第一位荷蘭教士干休士說，巴達維亞的原住民已經都信了伊斯蘭教，不願改信基督教。荷蘭人顯然對他們不敢太信任，再加上兩地距離太遠，所以荷蘭就近鼓勵海峽對岸大明人民移民台灣，作為勞動力。正好此時大明國內饑荒加民變，於是有了第一波漢人來台的移民潮（稍早顏思齊帶來北港的三千漢人，比較像海盜群，而不是純移民？）。

漢人移民到台灣，在荷蘭人眼中，就是「外勞」。到了一六五二年郭懷一事件時，西南平原的漢人已有二萬人，這個數目可能已經超過當地原住民。荷蘭軍隊一千五百左右，對大量來台的漢人勞工，又愛又怕，於是籠絡原住民而對漢人採高壓手段。其實，當年不管哪個政府，對外勞都是苛刻的。比較一下美國在十九世紀末對華人勞工，二十世紀末台灣對泰勞等，我們不能以今日的標準去苛責當年的荷蘭。

郭懷一事件，其實就是台灣歷史上第一次「外勞暴動」。荷蘭東印度公司的作法是討好原住民，對原住民不課稅，但對漢人移民則不論經商買賣或開墾都課以重稅。漢人被剝削得受不了，於是「外勞頭子」郭懷一領導暴動。結果原住民站在荷蘭人那邊，郭懷一就是被新港社所殺。而為什麼原住民會站在荷蘭人這邊？平心而論，荷蘭人對漢人勞工很苛刻，但對原住民還不錯，開墾耕作，辦教會學校，又創造「新港文」，確實裨益原住民社會。

雖然荷蘭來台初期的一六三五至三七年間對平埔族也曾武力征伐，但一六四一年後，就罕有屠殺事件。另外平埔族戰士也有因荷蘭人帶來的疫病而死的，但不多，蕭壠社約二百名，麻豆社約三百名死於天花。

當時自東亞到南洋群島，台灣幾乎是人口最稀少的「荒島」。台灣原住民的人口密度，竟明顯少於其他以燒墾農業營生的南洋諸島。從荷蘭人遺留的統計數字，推敲台灣西南平原人口每平方公里竟才十人左右。而菲律賓、婆羅洲、印尼每平方公里高於二十人，新幾內亞有些地區甚至五十人以上。

為什麼福爾摩沙這麼肥沃的土地，原住民人口卻如此稀少，而必須讓殖民政府招來外勞及鼓勵移民呢？這是影響後來台灣人口結構及社會發展的重要關鍵，也是令我不解之處。

歐洲訪客包括一六二三年的荷蘭上尉雷朋及一六二七年的干休士牧師，都形容台灣原住民身材高大、健康。既然平埔男性高大健康，品質優秀，不是應該人口成長很快，如馬爾薩斯所說的「成幾何級數增加」嗎？

歐洲人認為平埔男性高大健康是因為有充分的動物蛋白，那時的福爾摩沙西岸有不計其數的鹿群，由地名「鹿港」、「鹿耳門」，可見鹿在原住民心目中的地位。即使到了一六六〇年，鹿群已經銳減，德國人赫伯特依然記下「此地有數量龐大到不可思議的鹿隻」。

因為有大量梅花鹿，所以雖然台灣西南平原平埔族有絕佳的耕種環境，但野鹿要比農作物用途多，鹿肉好吃又有營養，反而讓這些平埔族長久停留在狩獵時代。

然而，人類必須由狩獵進入農業時期，人口才會開始大量增加。因為開始農耕後，人不必去和野獸爭鬥，弱者可以生存下來；然後，人口多，人際關係複雜，才會開始建立文書制度，演進為農業社會文明。

但因台灣平埔族仍然停留在狩獵時代，男人爭為「勇士」，於是「獵頭文化」、「獵頭儀式」遂大行其道。各族壯士之間彼此獵頭，青壯傷亡，平均壽命減短，人口增殖大受影響。

第一位踏上台灣並寫下遊記的漢人，是福建人陳第。一六〇三年，他寫了《東番記》。他正是到大員灣，記載此地區的原住民西拉雅人，「性好勇，喜鬥」，「所斬首，剔肉存骨，懸之門，其門懸骷髏多者，稱壯士」。

雷朋亦記載「獵首文化」：「大量的敵人頭顱……以馬尾的形式綁在一起，日夜燃著營火！這是他們凱旋後（向神）貢獻的處所」。一個社的人口才一、二千人，「大量」的頭顱，表示

「被獵頭」的比例不會太少。

干休士牧師也如此描寫：「他們捧著頭顱，繞著全村遊行……村民奉為英豪」。西拉雅的男性可能以割下一個頭顱的成年禮儀式，來完成男性的成長。這等於是成長一個壯丁，就要殺掉另一個壯丁，人口焉得成長？

各村落還相互攻伐。干休士牧師一六二八年致柯恩總督函說：「麻豆人和目加溜灣人是新港人的死對頭。假如不是荷蘭人用大約一百名火槍手幫忙擊退麻豆和目加溜灣人，他們早就將新港村燒毀夷平，殺光村人了」。馬偕醫師回憶錄內也提到平埔族的嗜殺及獵頭。

因此鹿群與平埔原住民的關係非常微妙。如果平埔原住民人口增加到一個程度，鹿群就無法充分供應原住民所需；而原住民的獵頭文化，正好使原住民的人口維持近乎「恆定」，也讓原住民不必進入農業社會，於是鹿群數目及平埔原住民數目，很可能就因此數百年甚至數千年來，維持這樣的大自然原始生態平衡，這也算是一種「弱肉強食，適者生存」。直到荷蘭人和漢人相繼來台，這樣的平衡才被打破，而一打破，對雙方而言，都是噩夢的來臨；大約一百年，鹿群滅絕，平埔族也跡近消失。

我推測當年平埔男性有相當高比例死於獵頭文化，而且都是青壯人口，因此平埔族人口一定有嚴重的男、女失衡，適婚女性一定多於男性，正好成了漢人羅漢腳之妻（見下頁圖）。

所以台灣原住民雖然得天獨厚，有世界各處原住民所沒有的大量梅花鹿，因此生活容易，但反而造成兩個不利結果：一是不利標準農業社會的形成；二是因獵鹿而產生好勇鬥狠的習性，並進一步延伸為「獵頭儀式」，崇尚「獵頭壯士」，也因此容易引起村落相伐及群族的慢性自殺。使得平埔族人口無法增加。於是荷、鄭以前的台灣成為整個東亞地區人口密度最小，進入農業社會最晚的島嶼，事實上，有荷蘭的占領及漢人的移民，才使台灣進入農業社會。因此西、荷占領福爾摩沙時，兩國必須由外引進勞動人口來開墾。

郭懷一領導「外勞暴動」時，西南平原的「外勞」漢人已有二萬人，已接近當地之平埔人口數。鄭氏政權建立，閩南漢族至少有十萬人加入台灣，這個第二波漢人移民潮，漢人數目一舉超過原住民人口，再加上長期男漢族女平埔的婚姻，於是平埔人口很快被稀釋及漢化。

這與拉丁美洲原住民之少數化過程大大不同。中、南美洲在十五世紀西班牙人入侵時，已有七、八千萬人口，但因西方的槍炮及疫病而幾乎滅絕，現今僅餘瓜地馬拉、祕魯、玻利維亞及巴拉圭的人口還存有較多印地安原住民。

排灣族望嘉社的大型骨架。頭骨架通常設於頭目家屋前，或部落入口處之遮蔭處。（照片來源：日本學者森丑之助之《原住民攝影集》，感謝遠流出版公司提供）

台灣的外來者包括荷蘭、明鄭及清代漢人移民，對平埔不無殺戮；但平埔族之成為少數族群，外來的屠殺與疫病只是次要，最主要是本身基本人口太少。於是短短數十年，平埔族就被外勞及移民稀釋，成了今日只有平埔血統而沒有真正平埔族的狀況。而平埔原住民基本人口之所以太少，則是「梅花鹿惹的禍」。

——本文發表於二〇〇七年九月《財訊》雜誌

鼻咽癌密碼

二十多年前，李登輝的獨子李憲文因罹患鼻咽癌不幸英年早逝。當年的政治觀察家普遍認為，如果沒有這件事，蔣經國後來會不會拔擢李登輝為接班人，不無疑問。李憲文的鼻咽癌有可能改變了台灣的歷史。而如果鼻咽癌真如部分科學家所言，與ＥＢ病毒脫不了干係，那麼，也許可以誇張的說，ＥＢ病毒改變了台灣的歷史。

罹患鼻咽癌的台灣名人還真不少：五十年前彭明敏在台大的好朋友，台籍青年才俊劉慶瑞教授，二十多歲就罹患鼻咽癌，郭婉容明知如此，仍毅然下嫁，女兒就是當今立法委員劉憶如；其他患者還有：名棒球教練李瑞麟、台大牙科主任，也是陳幸妤在台大的老師陳坤智、寫《嫁妝一牛車》的鄉土作家王禎和等。

然而，我們很少聽說國外哪位名人是鼻咽癌患者——因為鼻咽癌可說是台灣的特產癌症。鼻咽癌很少見於歐美白人、非洲黑人，即使在亞洲，印度人、阿拉伯人甚至台灣鄰居的日本人、韓國人，也都很少見。全世界八〇％的鼻咽癌發生在華南地區的中國人，以及港澳、新加坡、台灣、東南亞這一帶的華人移民，其中又以廣東人發生率最高。根據統計，男性每十萬人口每年罹患鼻咽癌的人數，日本是〇．二七人、美國〇．六三人、廣東三十人左右、廣東人居多的香港人約二十五人、新加坡約二十人、洛杉磯的華人約十五人、台灣約八人、上海約五人。國內最近之統計，每年約一千二百人發病，男女之比約為三比一，鼻咽癌是男性癌症死亡原因的第六位，女性癌症死亡原因的第九位。因為廣東裔發生率最高，所以廣東、香港與東南亞僑民習慣稱之為「廣東癌」。

在本書295頁另篇〈非洲醫師啟示錄〉中我提到，一九五八年，英國醫師博積德在非洲發現一種特殊的兒童頭頸部淋巴瘤，而後艾普斯坦於腫瘤樣本培養液中發現EB病毒，當初以為是致癌病毒，但經過縝密研究，結論是可能只是「相關病毒」或「過客病毒」（passenger virus）。

雖然如此，科學家還不死心，希望能自其他腫瘤找到EB病毒，而鼻咽癌正好符合這個條件：一、也是頭頸部腫瘤；二、也具流行病學的區域性特色；三、在組織中也見有許多淋巴球浸潤。更巧的是，科學家偶然發現鼻咽癌病人的血清對EB病毒抗原產生很強的反應，於是在七〇年代，日本京都大學的微生物專家來台灣研究鼻咽癌與EB病毒的關係。有此經驗累積，他們後來在HTLV-I病毒的研究中，駕輕就熟，成績輝煌，獨步全球（參見110頁〈鄭成功的DNA密碼〉）。

先談結論。目前醫界認為鼻咽癌的成因是：特殊族群基因，加上EB病毒的寄生，以及環境因素，如某些飲食（醃漬品、發酵品）或空氣汙染。

本文要討論的，則是這個特殊族群的遺傳基因。這是上述病因唯一最肯定的因素。請看：

一、病人集中廣東、福建、廣西及台灣。即使移居美國的第二代華裔也比當地白人多七倍。新加坡 Shanmugaratnum 等的研究指出，福建籍每十萬人口，每年發生鼻咽癌男性為一四・一人，女性為四・七人；祖籍潮州（客家）者，男性一八・三人，女性六・二人；廣東籍男性二九・一人，女性一一人。台灣的統計是：台灣人為七至八人，客家人則稍多於閩南人。

二、台大醫院的報告，有雙胞胎兄弟都得鼻咽癌，也有鼻咽癌病人的九個子女當中五個亦是鼻咽癌患者，雖然彼此已不住在一起。如果一等親當中有人得鼻咽癌，其罹患鼻咽癌的危險性是常人的一九・二倍。倒是很少看到夫妻檔都得鼻咽癌。這些現象支持鼻咽癌可能與遺傳有關，而和感染無關。

這個「特殊族群」的分布，讓我看出一些玄機。

讓時光倒流，回到春秋末期。

那時中原的晉、齊、宋、衛、魯，都是最純的漢族，最西的秦，也許有攙雜一些西戎的血液，但仍以漢民族為主。現在這些土地上的人民都不是會發生鼻咽癌的族群。那時的楚國不被視為中原民族，但楚國的腹地，包括郢都所在的湖北、巫山雲雨的三峽一帶以及屈原投河的汨羅江（湖南北部），現在也看不到鼻咽癌。換句話說，戰國七雄，俱與鼻咽癌無關。鼻咽癌發生的地區，始於吳王夫差的太湖流域，越王句踐的浙江北部，愈往南發生率愈高。當年的「吳越世仇」，除了地緣衝突外，我懷疑也應算是廣義中原文化氣息較濃的吳國（由季札的故事可以證實）和南方蠻族「百越」最北部的越國，兩個不同文化的民族之爭。後來我們把「吳越」連在一起講成習慣，以為他們文化相近，這是大錯特錯。當年以漢民族的眼光，吳國是旁支，越國是異族，是盤據在漢民族各國之外，「交阯至會稽七、八千里」，當今浙江、福建、廣東、廣西的「百」種「越」族最北的一支。所以西施、文種、范蠡應是百越異族，不是漢民族。而「越南」之所以得名，是因為他們是「百越最南」（見66頁圖）。

如果再細分，百越最北的，就是今日浙江北部的越國；今日的浙南，出產火腿的金華及甌江流域（金甌女中之得名）稱為「甌越」；再往南，今日福建的越族，則為「閩越」（此所以福建稱閩）；更往南，今日之廣東，後來稱為「南越」（「粵」即「越」）；再到廣西，則為百越族及壯族雜處之地。

這些「百越」之地，在秦始皇滅六國之前，是獨立的，並不屬於漢民族。直到秦始皇死前五年的西元前二一四年，大將趙佗等越過南嶺，平定嶺南的百越，於是漢族勢力進入。西漢初年趙佗更在今之廣東建國為「南越」。百越漸被漢化，連名稱都不見了（見67頁圖）。

二千三百年來，百越民族雖然被漢化而消失，從風俗、相貌、姓氏都看不出來了，但是卻留下了一種全世界其他民族都沒有的疾病，那就是鼻咽癌。鼻咽癌在中國的分布，正是「交阯至會稽」之沿海，與當年百越之地完全相符合。中國大陸之外的此病好發之地，表示是百越族後裔移居海外之地。鼻咽癌北起太湖流域一帶，當年的甌越，今之浙江，每十萬人口每年有五人罹病；當年的閩越（福建），是十四人；當年的南越（廣東），則約有三十人，特別是廣州，番禺一帶，是發生率最高的地區；今之廣西壯族，也有濃厚的百越族血緣，自然也有不少發病人口。所以我認為鼻咽癌是百越民族的密碼。而百越地區之所以愈往北鼻咽癌發生率愈低，雖有可能是先天基因之故，也有可能是當今居民之漢族成分愈北愈深，愈南愈淺之故。

台灣鼻咽癌發生率每十萬人口約七至八人，比福建少，比浙江高。台灣的河洛族主要是福建來的，客家族大約是廣東來的，鼻咽癌的發生率又反應了這個事實——台灣的客家人，其發生率比河洛人稍高。台灣人的鼻咽癌現象，顯示了台灣人的「唐山公」，除了漢族血統，還帶有濃厚的百越血緣。

從下圖中，可以發現，中國除東南沿海省份外，內陸的四川出現奇特的島狀的鼻咽癌盛行區，頗為獨特。四川何以有鼻咽癌？因為四川是巴、蜀原住民，以及後來秦及三國的中原漢人之後代。我起初也不解，後來我到成都，居民告訴我，因為明末張獻忠在四川大屠殺，於是清初把大批廣東、廣西居民強迫遷徙，所謂「兩廣添四川」，所以當地居民不乏帶有百越血統者，也因此有鼻咽癌。

故而廣東人以及廣東客家人會有鼻咽癌，主要來自母系的百越血緣；台灣人會有鼻咽癌，則主要是父系的百越血

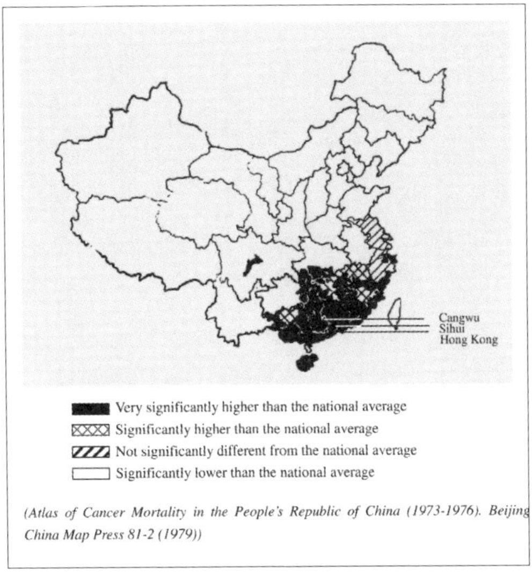

(Atlas of Cancer Mortality in the People's Republic of China (1973-1976). Beijing China Map Press 81-2 (1979))

中華人民共和國鼻咽癌分布圖1993～1976。
中國東南沿海鼻咽癌盛行區，與66頁圖越族（YÜE）之地或67頁圖斜線部分大半重疊。請注意四川出現奇特獨立島狀的鼻咽癌盛行區。（摘自1979年出版之*Altas of Cancer Mortality in People's Republic of China*）

緣，與母系血緣較無關係。兩個族群同有鼻咽癌，但疾病緣由有微妙的不同。

再回到李登輝。近幾年來一直有傳言說李登輝的生父不是李金龍，因為體型不像，而可能是日本人。如果我沒有記錯，大約在七至十年前，有一位李氏家族，好像是李憲文的堂兄弟，也罹患鼻咽癌，可見李家有鼻咽癌致癌基因，而且係來自父系，不是母系。換句話說，李登輝家族的父系祖先應有百越血緣。如果李登輝的生父是日本人，他和李憲文就不會有百越血緣，所以李憲文就不太可能得鼻咽癌。而既然李憲文不幸得了鼻咽癌，就反證李登輝的父親不是日本人。這是我的推測。

——本文發表於二〇〇六年五月《財訊》雜誌

後記

鼻咽癌基因等於百越基因的科學證據，請詳見70頁文〈由鼻咽癌看台灣原住民〉。但先綜合如下：

1. 美國國家癌症研究院（NCI）在台灣的研究，發現帶有 HLA-A3303-B5801-DRB10301-DQB10201-DPB10401之半套體者之鼻咽癌發生率較高（*JNCI* 2002, vol 94, No 23, p1780）。
2. 台灣林媽利醫師發現 HLA-A33-B58-DRB103-DQB102 之半套體者代表古代百越民族之殘存基因（*Tissue Antigen* 2001, vol 57, p192）。
3. NCI發現的「鼻咽癌基因」與林媽利的「百越基因」，基因組合竟完全相同。
4. 所以「百越」民族好發鼻咽癌，已有初步遺傳學上之證據。

談福佬人的父系：閩南人

台灣福佬人尋根，常偏重母系的探討，對父系則心不在焉，「反正就是閩南人」，而誤以為「閩南」兩字純為一地理名詞，代表「福建南部人」。

我們這一輩台灣人常常自覺「中國史」讀了很多。但其實我們中、小學時念的是中國帝王興衰「中原史」，對「地方史」的了解少得可憐。以「福建」來說吧，記憶中，第一次在教科書中讀到與福建相關的歷史是：「西元九〇九年，王審知自立為閩王」。然後就是南明的福王在福州即位，以及鄭芝龍、鄭成功父子的事蹟了。

我們對福建或閩南人其實了解甚少。有趣的是，一般學者對客家人反而著墨較多，有許多專書；對「閩南人」一詞，理所當然就是「居住福建南部」的南方漢人。殊不知，「閩南人」是漢人中的一個特殊族群。與其他漢人族群比較，我認為至少有下列三個特點：

一、被遺忘的人類學內涵（母系百越＋父系漢人之後裔）。

二、盛唐中原文化傳承（古語、古樂）。

三、異於傳統漢人的開放性格（海洋化、具國際觀與不怕遷徙）。

閩南人的意義不只是「福建南部人」

以正統的中原漢人觀點，中原以北固是夷狄，而南方則沿海「自會稽至交阯」的百越也是南蠻異族。此外，長江流域為楚人天下。楚人是否為漢民族，一直有爭議，我認為不是。四川原住民為三星堆文化的主人，西南的雲貴則為苗傜人種，皆非漢族。

中原漢人一向高傲，認為異族就不是人，而是禽獸或異類。於是有從「虫」的，如「蜀」（即使三星堆文明不遜於中原），如「閩」；有從獸的，如「猶太」，如「英猗猁」，如羌族（從「羊」）。另有雖視之為「人」，但鄙視之，於是Huns成了匈「奴」，鮮族成了鮮「卑」，圖博成了吐「蕃」，土耳其成為突「厥」。由福建的「閩」，就知道中原漢人視福建為異族之地。「閩」字有虫，因為閩越之人以「蛇」為圖騰。

閩南原為百越之地

春秋戰國時代，最南方的漢族國家，叫作「吳」，而吳國之南，是「越」。但是「吳」是周王室所封，「越」則是種族名稱，不是地名。春秋諸國的國名都是周天子親戚或臣子分封之地的名稱。

那時的百越之地不是周王室的領域或分封之地。我們現在看到的越國人「句踐」、「文種」、「范蠡」，我猜都只是名，而不冠姓氏。吳國姬姓，但我們不知越王句踐姓什麼。句踐不姓句，也不姓越。現在百家姓雖有「越」，但我們幾乎沒有見過。這和由周王分封的秦、韓、趙、魏、鄭、陳、蔡、宋、吳等後來封國之名都成為子民姓氏不同。我相信百越之族沒有姓氏只有名，像台灣原住民或阿拉伯人一樣。

越族，是別於中原漢族，而居於今之浙江、福建、廣東、廣西及越南北部的族群。越人比漢人稍矮，眼睛不是漢人的丹鳳眼，而較大較圓。這正是現在北方漢人和南方漢人的寫照。所以「吳越世仇」不同於春秋戰國其他國家的漢人兄弟鬩牆，而是你死我活的種族戰爭。句踐的越國，因為位在百越之最北，與吳國接壤，所以漢化也最早，如此，才被中原民族記載入漢族的歷史。句踐、西施、范蠡都不是漢人，而是「百越人」。

「百越」之百，言其多支，在浙江有「甌越」，在福建有「閩越」，在廣東、廣西有「南越」（「粵」即「越」）。今之越南北部也是越人之地，我在越南河內的博物館就看到用漢字書寫的「大越王國」。所以「越南」的「越」，其來有自。越南北部住民和廣東、福建、浙江以及台灣居民一樣，都具有濃厚的百越血緣。所以來自越南北方的越南新娘，其血緣也與泛稱的台灣人相去不遠。

在浙江的百越，也就是句踐的越國，後來為楚國所滅，成了楚國的一部分，算是被漢化最早的百越分支。

廣東、廣西和越北的越族漢化也比福建越族早。秦滅六國（西元前二二一年）之後，不久

（西元前二一九年）越過南嶺征服今廣東、廣西、交阯（越南北部）的南方越族。秦亡後，西元前二〇三年，本是秦國將領的趙佗自立為王，號「南越武帝」，南方的越族之國也。趙佗本來就是漢人，又有秦朝時派去的漢人駐軍，所以早有大批漢人移民。南越國一直到西元前一一一年漢武帝之時，才併入西漢版圖。

福建人的母系是百越　父系是漢人

百越中漢化最晚的，則是福建的「閩越」。閩越雖於西元前二二一年也被秦始皇入侵，廢了閩越王無諸，置「閩中郡」。但後來無諸力助劉邦打敗項羽，劉邦再封無諸為「閩越王」。於是「閩越」復國，雖是漢的屬國，但不是屬地。漢武帝時（西元前一一〇年），無諸後代余善造反，被漢武帝派軍入閩擊潰，位在現今福州的都城焚毀。此後，漢文化及漢人統治體制才正式進入福建，但限於閩北的閩江一帶，而不及於閩南，閩南仍為大漢皇朝的「化外之地」。但「百越」一詞從此消失在漢人典籍。

戰國時代之中原漢族疆域圖。當時自今江蘇起的東南沿海，為YÜE（越）族之地，與巴、蜀（今四川）皆不是漢族的地域。

一九五八年，福建武夷山市「閩越古城」出土，長八六〇公尺，寬五五〇公尺，總面積四十八萬平方公尺，是百越文化遺址，不屬漢文化。

西元二〇六年，吳國孫權在閩地設「建安郡」。西晉的司馬炎於二八二年將建安郡分為建安、晉安兩郡。建安郡治設立今福州，「福建」之名由此而來。而「晉安」則逐漸演變為今之泉州「晉江」。閩南地區雖然在西晉時設郡，但要到五胡亂華後的東晉才真正開發。

最早有全球化觀念的漢人

五胡亂華（三〇四至四三九年），東晉南遷，「八姓入閩」，而這八姓就是指林、黃、陳、鄭、詹、邱、何、胡。八姓入閩在原先「閩越」的都城之地建立「福州」。所以福州大姓，林（林則徐、林覺民、林徽音），陳

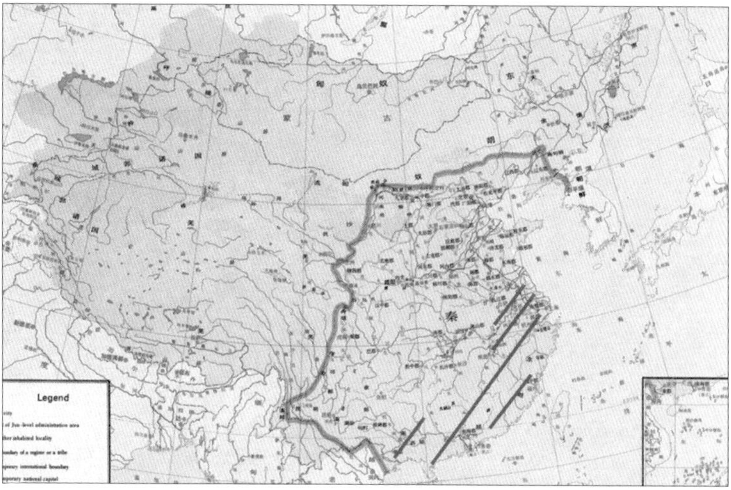

秦始皇統一中原後的西元前214年，百越民族方被漢族征服，成為秦帝國的一部分（斜線部分）。「越」或「百越」的名稱乃自中國歷史上消失。倖存之最南方的越族所建立的越南，保留了「越」的音、字。（本文兩圖承蒙汪榮祖教授提供）

（陳寶琛、陳冲），黃，鄭（鄭南榕）占一半以上。泉州之地，初步開發在晉朝，「晉江」之名由此而來。但因偏南，漢人來得少，要到隋文帝開皇九年（五八九年），才設立「泉州」。宋元年間，泉州已是名城大港。至於更南方的漳州，則要一直等到唐高宗時代，河南固始的鷹揚將軍陳元光領軍南下平亂，並於六八九年設置「漳州」，比泉州整整慢了一百年。後來這些軍隊落籍漳州，陳元光被尊為「開漳聖王」。那時漳州大概是殘餘越族的最後棲息之地，雖然早已沒有「越」的稱呼了。也因此，漳州、泉州保留了最多的唐朝文化，包括唐音與南管等等。

泉州在南宋及元朝時，是東亞第一大港；漳州則是明朝末年，世界大航海時代之時，東方第一大港。因此兩地人民有不少人當了水手，遠渡重洋，見過世面，於是成了漢人中最親水，最有國際觀，最不怕遷徙的族群。中國海岸線那麼長，何以海外僑民大部分為閩粵人士，其理在此。而台灣人繼承了這個基因，於是「一只皮箱走天下」，台灣中小企業及台商的冒險精神，由此而來。

鄭芝龍因為被一九五〇年代的「反攻大陸」派打成漢奸，所以現在歷史地位非常不堪。其實他只是投降（或是談判時被綁架？），並未如洪承疇及三藩反過來倒打大明，也未如范文程為清人獻策，說漢奸似乎太過。反倒是當年高唱「反攻大陸」者，如今有不少家族在大陸大玩權錢遊戲，不亦樂乎。

其實我常說，閩南泉州出身的鄭芝龍可說是明清之際最具有全球化眼光及執行力的華人。他會多國語言，信了洋教（天主教），自己娶了日本姑娘，女兒則嫁給了葡萄牙人。家中有小教堂，但不排斥家鄉父老的道教或佛教，這是他聰明靈活的地方。泉州修開元寺，他捐大錢，泉州修龍山寺，他也捐大錢。現在台灣的開元寺與龍山寺都是名剎古寺，當然和他有關。他的海商集團，縱橫東海、台灣海峽及南中國海，除了貿易生財外，西、葡、荷船隻都得向他繳過路費。不幸後來清兵來了，大環境改變了，他首要目標其實是保全他的海商集團，而不是去當什麼「三省提督」。可惜來自東北內陸冰雪之地的土包子貝勒博洛，沒有海洋觀及國際觀，不懂得成全鄭芝龍的宿願，竟然把他綁到北京去。後來清廷竟為了阻擋鄭成功和鄭經，更變本加厲，實施海禁。如果大清皇帝讓鄭氏家族保有海商團隊，和西、葡、荷抗衡，今日南海局勢將是另一番局面。

今之台商，其實也承續了這個閩南基因。過去一只皮箱走天下，成功創立台灣中小企業，而今迫於大環境，只好戰戰兢兢去對岸富貴險中求的台商，像極了當年的鄭芝龍。懷古思今，令人低吟不已。

由鼻咽癌看台灣原住民

二〇〇六年，我寫了一篇〈鼻咽癌密碼〉，提到我的推論，我認為現在鼻咽癌最多的中國大陸東南沿海廣東、福建、廣西等地，是古代越族居住之地，所以目前這些地方及海外如台灣及東南亞如新加坡、馬來西亞、印尼等，及美國之華人移民之罹患鼻咽癌者，可以推測這些人應該是被漢化了的古代百越民族的後裔。很幸運的，後來我找到了科學證據來支持我的推論。

二〇〇二年，美國國家癌症研究院的 Allan Hildesheim 等及台大醫學院陳建仁等，在台灣所做鼻咽癌病人與ＨＬＡ（人類白血球抗原）的相關性研究中，發現帶有 HLA-A3303-B5801-DRB10301-DQB10201-DPB10401 的半套體（haplotype）者，其鼻咽癌的發生率是沒有這個半套體的二・六倍（*JNCI* 2002, vol 94, No 23, p1780）。

而在二〇〇一年馬偕醫院的林媽利醫師等在 *Tissue Antigen* 的一篇文章表示，發現台灣閩南居民有六・三%帶有A33-B58-DRB103-DQB102這個基因，林醫師認為這個基因代表古代百越民族所留下來的基因標誌（百越密碼）。

兩相比較，Bingo！這兩個基因，果然是二而為一，對號入座，一絲不差，也就是說，「百越密碼」就是「鼻咽癌密碼」，表示我的推論具有科學支持！

在二〇〇六年的文章中，我認為台灣閩南因父系具明顯百越血緣，因而好發鼻咽癌；相反的，客家人因父系是北方漢人，應不具鼻咽癌基因，但因母系明顯是南方百越血緣，故客家族群的鼻咽癌患者，主要是遺傳自母系基因。

而台灣原住民，我原來的假設是因為他們不是來自百越族，所以他們不屬於鼻咽癌之好發族群，卻不料後來我真正接觸到台灣原住民的鼻咽癌統計資料時，有出乎意料的發現。

有關台灣原住民的鼻咽癌發生率，我找到了三篇報告：

一、一九九七年花蓮慈濟醫院耳鼻喉科陳培榕主任的統計報告；二、二〇〇二年衛生署原住民鼻咽癌發生率統計；三、一九九四年高雄醫學院葛應欽教授發表的原住民癌症發生率統計。綜合出來的結論卻出乎我意料：台灣原住民的鼻咽癌發生率，有些族群竟然比台系漢人的閩客族群高！

一、布農族和排灣族的鼻咽癌發生率奇高，是台灣閩客的二至三倍左右，無論男女皆然。魯凱族及卑南，雖然也許未若布農族之高，也高於台系漢人，大約是漢人的一・五至二倍之間。

二、相反的，泰雅族、阿美族鼻咽癌發生率大約是台系漢人的一半左右或更少，特別是阿美族明顯較少。

有趣的是，以地理分布來看，正好是北少、南多。也就是中央山脈北半部的泰雅及東海岸偏北的阿美，發生率比台系漢人少，特別是阿美族。而中央山脈南半部的布農、魯凱及東海岸偏南的卑南、排灣，鼻咽癌發生率比台系漢人高。

目前科學家一致認為，六、七萬年前，人類出走非洲後，有一支沿喜馬拉雅山南麓由印度次大陸進入中南半島，再由越南北部往北推進到大陸東南沿海，這就是百越的祖先；另一支則繼續北上到黃河流域，成為北方純種漢人始祖。

因此，我們可以有假設如下：約二萬年前，一位百越祖先產生ＤＮＡ變異，出現了A3303-B5801-DRB103-DQB102 的基因突變。此突變基因一方面代表百越族群的特別標誌基因，另一方面則成為鼻咽癌之好發基因。

再大約數千年後，一群帶有此突變基因的百越民族繼續跨過當時的台灣海峽或地峽，到了台灣西部平原，其後裔因故自西部平原向東部山區，就是當今的台灣平埔及高山原住民。

再一段時間之後，源自百越的台灣原住民則又發生幽門桿菌由東亞型變成毛利型。然後，這些人又成為南島語族的起源。此幽門桿菌之突變因此不見於留在大陸的原百越族群。

百越族與台灣先住民的淵源，除了由鼻咽癌基因可以來做佐證之外，還有Y染色體突變點M119 的佐證。美國的 Spencer Wells 在二〇〇六年國家地理學會中報告，台灣先住民男性人口中，出現 M119 突變點的頻率達到五〇％或更多，而 M119 正是今傣侗或古百越之特點。

那為什麼布農、排灣、魯凱原住民的鼻咽癌發生率比台灣漢人高，甚至比廣東漢人高？理由是這些布農、排灣、魯凱身上的鼻咽癌基因，比起台灣福佬或客家而言，受到北方漢人基因的稀釋程度較少。那為什麼阿美、泰雅等的鼻咽癌發生率較少？特別是阿美。可能的理由是也許阿美與古代百越比較沒有淵源，是另外的族群人口遷徙而來，也就是台灣原住民多元論。

林媽利醫師的報告：屬於 MNs 系統的 Mi III 稀有血型，在阿美族有八八％，達悟三四％，卑南二一％，但布農、魯凱、排灣是零。哈哈，又是布農、魯凱與排灣 vs. 阿美，豈偶然哉！第二個 Bingo！此亦顯示，布農、排灣、魯凱應是同源，阿美族則另有來源。

為了證實以上的假說，我們可以做一些研究以補足下列空白：

一、證明布農、排灣等族群的鼻咽癌病人也帶有「百越標誌基因或鼻咽癌好發基因（A3303-B5801-DRB103-DQB102）」。

二、證明布農、排灣等族群的正常人中，帶有「百越標誌基因」的頻率，不亞於台系漢人的六・三％。

最壞的狀況是，如果布農、排灣原住民鼻咽癌較高，是因為其特殊環境、飲食或其他因素，而非遺傳基因所致，那以上假說就完全不成立，淪為空談。台灣的原住民同中有異，其來源一直未有明確定論。我很高興，因為鼻咽癌這條線索，似乎讓我們有了更新的認識。

——本文發表於二〇一〇年十二月《財訊》雜誌，原標題為「台灣原住民的鼻咽癌密碼」

那些來自中南半島高地的台灣人祖先

最近比爾‧蓋茲在他的部落格上發表「全球殺死人類最多的動物排名榜」，第一名是最不起眼的小蚊子，第二名是人，第三名是蛇。由蚊子散布的瘧疾每年導致全球七十二萬五千人死亡，其中九〇％在非洲。第二名是人類本身，每年四十七萬五千人死於戰爭或謀殺。第三名是蛇，每年五萬人。

七十二萬五千條人命只是一年，如果以人類歷史的幾萬年來說，蚊子不知已經殺死過幾億人類。我們可以想像，自幾萬年前至大約一百年前人類終於能有效治療瘧疾的漫長年代，瘧疾真是人類老祖宗的天敵，關係到種族存亡。人類為了對抗瘧疾的威脅，就發揮了達爾文進化論中「優勝劣敗，適者生存」的最高準則。居住於瘧疾地區的人類，就產生紅血球內的血紅素基因突變，讓變異紅血球較不會被瘧疾原蟲破壞。於是他雖然付出了輕度貧血的代價，但從此即使被蚊子叮了，也被瘧疾原蟲感染了，但不會致命。此基因突變並且代代相傳子孫，形成「優勢人種」。

這種貧血首先在地中海沿岸居民身上發現，故俗稱地中海貧血，學術名稱為海洋性貧血（Thalassemia）。如果第十三對染色體帶有由祖宗傳下的突變基因，就讓你成為 β 型地中海型貧血或海洋性貧血的帶因者；或者你的第十六對染色體帶有突變點，就成為 α 型海洋性貧血。

而由各種不同的血紅素基因變化亞型，也就可視為人類遷徙的指標。

妙的是，全球各地的瘧疾肆虐地區，自歐洲地中海沿岸，非洲撒哈拉沙漠以南，到中東、印度，然後到中南半島北部高地，包括中國的雲貴高原，每個區域的人類祖先，雖然不約而同都進行了這樣的紅血球「進化」，但卻各自發展出當地人種的獨特基因突變點，於是就產生了許多海洋性貧血的亞型。

依現在眼光來看，純種漢人是指漢朝以前，生活在黃河流域中原地區的所謂炎黃子孫。這地區沒有瘧疾，所以純種漢人不需要有紅血球的基因突變來保護自己。亙古以來，西南地域當今雲貴高原，是中土人士心目中的「瘴癘之地」。瘴癘，是指各種當時不明原因的傳染病。以今人看來，就是蚊蟲散布的瘧疾、黃熱病、登革熱，而以瘧疾為大宗。而中南半島北部山地及雲南就是全世界人口帶有地中海貧血突變基因發生率最高的地方（圖一、圖二）。這地區雖然分屬中國（雲南）、緬北、泰北、寮北、越北等不同國家，其實種族上頗為一致。在中國為擺夷（一九六〇以後改稱「傣族」），在泰北為泰人，在緬甸為撣族（撣邦），在寮國為佬族（佬撾），其實皆屬同一種族。

人類血紅素有α、β二條血紅素鏈，在α鏈基因發生DNA突變的，稱為α型海洋性貧血，β型之命名原理同之。以泰國而言，全國有四〇%左右的人帶有海洋性貧血基因，其中一五至三〇%帶有α型基因變異，一五至二〇%的人有β型變異，這是全國性統計。而泰北傣人之比率可達六〇%以上。其中有一種血紅素E的β型變異，更可說是傣族所特有，但也見於東北

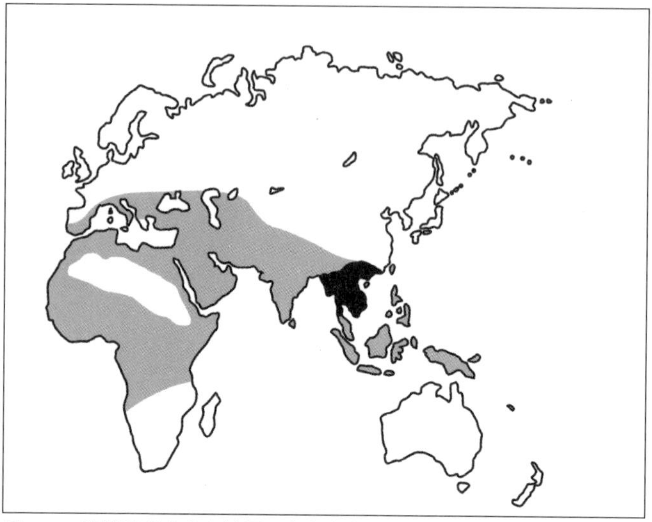

圖一　α海洋性貧血分布簡圖，中南半島高地（國家）為高發生率區域，台灣約有5%人口帶有α型海洋性貧血基因。

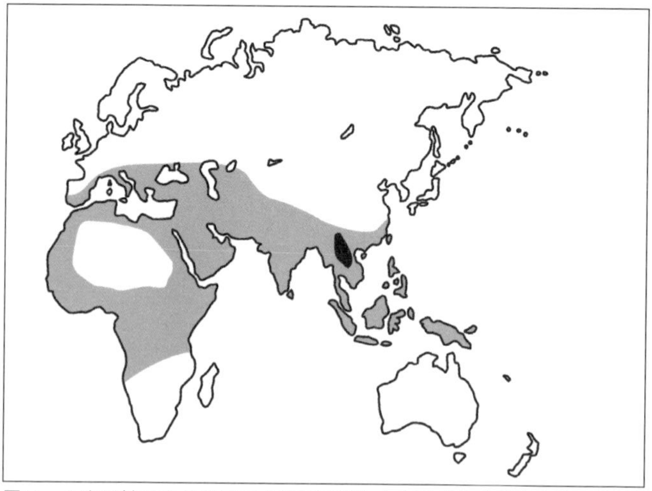

圖二　β海洋性貧血分布簡圖（深色區域為中南半島高地特有之血紅素E盛行區域，主要為高地之中、南、西三區）。台灣有2%至3%人口帶有β型海洋性貧血基因，但血紅素E並不見於台灣。

印度省份（見圖一、圖二）。

在民國早年，對大陸民族之描述大約是很粗略的漢、滿、蒙、回、藏的五族共和，再加上貴州的苗族，雲南之語焉不清的擺夷等少數民族。中共建國後，對西南少數民族有了更進一步的了解。較重要的在廣西有壯（僮）族，貴州有苗族及布依族，雲南有南部的傣族，北部的彝族。另外有湘西的土家族，位於貴州、廣西、雲南之間的侗族，以及在廣西、湖南、雲南及越南北部的傜族。這些鄰近傣族的少數民族位在中南半島高地周圍，相信多少也有瘧疾，因此理論上也都有地中海型貧血，但無確定資料可查。

這種海洋性貧血的流行病學調查是相當花錢的，台灣資料比較齊全。台灣人口大約七至八%帶有海洋性貧血基因，其中約五%左右為 α 型，約二‧五%為 β 型。其中客家人帶有 α 型突變因子的，比福佬人要多一些。有趣的是，所謂九族或十六族的高山原住民並沒有地中海貧血基因。中國大陸廣東、廣西近來才有流行病學發生率調查，我得自中國南方醫院兒科李春富教授的資料如下：廣東省不分潮州、客家或珠江三角洲，全省人口九%有 α 亞型，二‧八%有 β 型。廣西 α 型高達一八%，β 型數據不明，可能不多。至於福建及雲南、貴州我只查到一些小型實驗室報告，屬於已知帶有海洋性貧血基因父母之高危險型懷孕去做基因調查的亞型報告，而沒有全省的發生率調查，更沒有該省內不同族群的流行病學資料。

概括而言，在台灣，帶有 α 型或 β 型海洋性貧血突變基因者，表示有雲貴高原或中南半島的「瘴癘之地」的居民祖宗，而他們絕非漢人。傣人應有不少人帶有α型及β型變異。我所好奇的是廣西壯族。廣西另有研究資料顯示，有一四％α型變異，β型顯然少得多。我推測α型海洋性貧血愈西愈多，就像圖一及圖二所顯示的，雲南傣族至少有一五至二五％左右，到了廣西一二至一五％，到了廣東九％，香港五至六％，到了台灣也是五至六％，而客家居多（因為客家大都來自廣東）。β型也是一樣，由西而東漸少。

四川是另一個有趣的例子。四川地中海型貧血及鼻咽癌均不算太罕見，但四川古代原住民，發展出三星堆文化的巴人或蜀人，或後來秦漢時入蜀的中原漢人都不應具有這兩種病。我的看法是，明末張獻忠在四川「殺殺殺殺殺殺殺」大屠殺之後，四川人口稀少，於是清初把部分廣東廣西居民強遷四川，「兩廣添四川」，正好解釋何以四川人有這兩種東南沿海的疾病。鄧小平就是由廣東客家變成四川客家的一例。

台灣高山原住民並無地中海貧血基因，但平埔則不得而知。除了泰國以外，我查過一篇來自越南的調查報告，表示越南全國不同地區有一・五至二五％的地中海貧血發生率，五十位病人中，三十一人為血紅素E，其中六人具華人血統（傣族華人？）。但此文章的樣本以北越為多，顯然全國資料不全。

台灣二千三百萬人口中，有七至八％或一百七十萬人口有地中海型貧血，代表至少一百七十萬個台灣人有來自中南半島北部高地的祖先，有可能是傣或侗或壯族，而正巧這三族與百越人種較有淵源，在語言上也皆屬於侗台語族之壯傣語支，語言學上與台灣的高山原住民有關聯。至於苗族及彝族，我認為關聯性較少，因為他們在偏北之內陸，也無語言上與台灣原住民之關聯。

——本文發表於二〇一四年六月《財訊》雜誌

台灣人的荷蘭基因

因歷史的淵源，台灣成為南島語族原住民、高加索白人荷蘭種，以及東亞蒙古種漢人，分別代表大洋洲、歐洲、亞洲三大不同人種的融合之地，這在世界上可說是絕無僅有，台灣人真的很「混」！

一九九五年左右，日本的骨髓登錄庫才募集了差不多六萬人，就有七成五的日本人可在其中找到ＨＬＡ（人類白血球抗原）相符合者。相較之下，台灣那時骨髓登錄庫已經將近十萬人，但只有六成台灣人可以找到ＨＬＡ相符的捐髓者；要等後來台灣的骨髓庫募集了二十多萬人時，成功率才達到七成。

這說明了台灣人種血緣的複雜性與多樣性。台灣的四大族群，若依來台的歷史順序來說，原南島語族的原住民、十七世紀後開始來台的閩南語族、稍後的客家語族，以及一九四九年前後來台過去稱為「外省人」，涵蓋江南、江北漢人甚至滿、蒙、回、藏的混合族群。而自十多年前，開始有新的第五族群，就是東南亞外籍新娘之子，特別是越南。

台灣不僅血緣多樣，長相也具多樣性。例如民進黨大老吳乃仁、吳乃德兄弟就長得完全不同，弟弟是漢人模樣，哥哥則頗像南亞人。

而前立委經濟學者林忠正，如果留小鬍子，穿上阿拉伯白袍，像不像八世紀回教白衣大食的人物？以當今掌權者而言，金溥聰與關中是滿族，而總統馬英九的姓氏也令人充滿想像。

馬英九或許是漢朝伏波將軍馬援之後；但如果是新疆馬氏或雲南馬家之後，都應該是回族，不屬漢族。「馬」姓之來源，本來就是「穆罕默德（Mohammed）」之「穆（Mu）」的漢語化。馬英九的「五官俊秀」，也許正因為他有漢人以外的血統。

除了華人政權外，台灣先後被荷蘭人統治三十七年，日本人統治五十一年。因此，常見有些台灣人帶有日本血統，但因長相無啥特殊，故外界常不察，例如前總統府祕書長廖了以，祖母是日本人，媽媽也是日本人，所以他的血緣非常日本。

荷裔台人知多少？

台灣人中偶爾可見到長相似西方人的鬈髮、紅髮、高鼻等，顯見其祖先有高加索白人血統（如明星湯蘭花），所以除上述五大族群，應加上「高加索白人後裔」這一個第六小族群。以台灣史而言，一六二四年到六二年間據台的荷蘭人，當然是台灣這土地最早也最多的高加索白人。何況當時荷蘭有效治理之地的人口才十多萬人，一千人的荷蘭人，也算占有〇・五％以上了。所以荷蘭駐台代表胡浩德說：台灣有我的親人。「凡走過的，必留下痕跡」，更何況長達三十七年，而荷裔台人知多少？

反而在一六六二年到一九五〇年之間，除極少數像馬偕那樣娶台灣人為妻的傳教士外，台灣女子和西方男子成婚生子的，少之又少。而當年在台灣的荷蘭人，男性遠多於女性，因此，台灣人若帶有荷蘭血統者，來自父系的成分要高於母系；但鄭成功攻台時，確有少數荷蘭女子被迫嫁給漢人。

那麼，我們有沒有科學方法，來驗證哪些人具有高加索白人血統？

我發現人類第六對染色體上的白血球抗原中的 HLA-B27 基因，可以是一個有趣的標誌。

HLA的全名是人類白血球抗原。人類的紅血球只有 ABH 三種抗原，而組成A、B、O、AB四種血型，白血球則有幾十種抗原，以及數以萬種不同的白血球血型組合HLA圖。而特定白血球抗原的頻率，在各民族

HLA:人類白血球抗原(白血球血型)

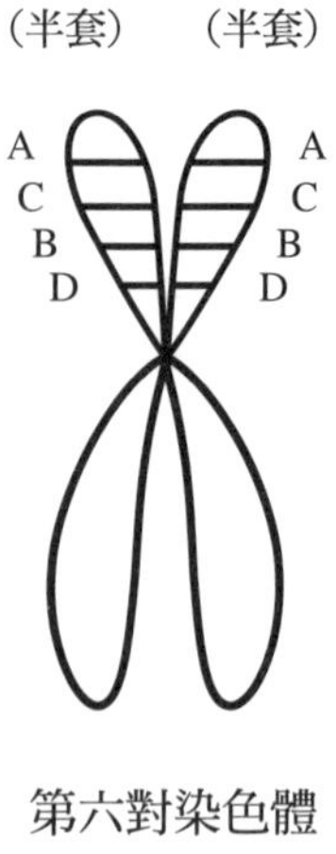

Class I	
HLA-A	767種
HLA-B	1178種
HLA-C	439種
Class II	
DR	618種
DP	133種
DQ	96種

HLA是Human Leukocyte Antigens（人類白血球抗原）的簡稱，有A、B、C、D（又包括DR、DP、DQ）等位點。若以紅血球的A、B、O抗原而言，HLA相當於白血球的血型，但更代表人體組織相容性（histocompatibility）。人類的免疫拒斥作用，來自人與人之中HLA之不同。

差異甚大。例如台灣原住民之HLA抗原分布與漢人明顯不同，而近於南島語族；台灣閩南及客家的HLA抗原分布，與中國北方漢人甚為不同，而與南方漢人較接近；日、韓則較近於北方漢人。

南方漢人，特別是沿海自浙江到廣西，包括台灣，有古代百越族的血緣；較內陸的南方漢人則有苗族、壯族等等少數民族的基因。所以北方與南方的漢人甚為不同。

像鴻海郭台銘是山西人氏，屬北方漢人，所以郭先生之弟在台灣骨髓庫找不到HLA相合者，而在中國北部則找到了一個；有趣的是在歐洲也找到了一位，我猜這一位大概是祖先隨蒙古人遠征歐洲而落地生根者。

B27是白人血統密碼？

HLA抗原中的B27，白種人大約八％帶有此基因，其中最多的是北歐人種，瑞典北部可達二〇％以上，愈往東，到了羅馬尼亞五％，保加利亞只有二％，猶太人一．八％。而怪的是，阿拉斯加Yupik是一三％，美洲印地安原住民也有八．六％，而藏族有七％，蒙古人只有一．五％，非洲人約四％，北方漢人約一．二％，日本人則是〇．一％到〇．五％。

中國南方漢人大約二％帶有B27基因，但不少研究者包括林媽利醫師均指出，台灣福佬人的B27發生率高達五％。而據林醫師的研究，客家只有〇．五％左右。何以如此，其原因值得探討。

更有趣的是，台灣原住民的 HLA-B27 發生率，各族之間相差甚大，例如台中地區的平埔巴宰海族可達一〇．九％，與荷蘭人關係最密切的西拉雅是六．九％，但東部的阿美族則只有一％。陸委會前主委陳明通正是巴宰海族人。

於是，出現一些有趣的問題，台灣福佬人 HLA-B27 發生率比中國南方漢人高也比客家人多，是因為荷蘭祖先留下的基因密碼？還是母系平埔族的影響？西部平埔族的 HLA-B27 頻率比東岸原住民要高出許多，有荷蘭人的影響嗎，還是天生？

這個問題，隨著科學家對 HLA-B27 亞型的揭密，出現了令人莞爾的答案，且待下回分解。

——本文發表於二〇一〇年三月《財訊》雜誌，原標題為「HLA-B27密碼」

周杰倫的基因密碼

台灣的小天王周杰倫當年不用當兵，因為他患有「僵直性脊椎炎」。換句話說，他年紀輕輕的，就「龍骨」發炎。因此，別看他又唱又跳又拍電影，他應該是寡人有疾，寡人背痛。然而，這個診斷書也洩漏了一個天機。首先，他應該有個 HLA-B27 基因，因為 HLA-B27 幾乎是診斷僵直性脊椎炎的唯一標準。其次，我大膽臆測他的祖先中有白人或原住民血統，因為他出身淡水。這一帶在十七世紀前期西班牙人和荷蘭人前後統治了三十多年，荷蘭人建有安東尼堡（今紅毛城），長期駐有軍隊。

HLA-B2705 亞型，來自歐洲

HLA-B27 最特別的是它與某些自體免疫性疾病的相關性，特別是僵直性脊椎炎。這種病並不多見，而有這個病的人，絕大多數帶有 HLA-B27 基因；然而帶有 B27 基因的，卻又不一定會出現僵直性脊椎炎。

在〈台灣人的荷蘭基因〉一文，我提到西歐及北歐白種人（包括荷蘭）約有七至八％帶有

HLA-B27，高於亞洲黃種人的二%。而台灣的原住民屬於南島語族玻里尼西亞種，HLA-B27 的分布倒是在各亞族之間頗有出入，西部平埔如巴宰海、西拉雅甚高（七至一一%），高山原住民如阿美族等則低（一至二%）。至於台灣系漢人帶有 HLA-B27 基因者在五%左右，明顯高於一般亞洲人及中國漢人（二%左右）。

大約在二〇〇〇年左右，醫界又發展出新的解析方法，可以把 HLA-B27 再細分成 2701 至 2710 十種亞型。其中之 B-2705 及 B-2704 亞型，與僵直性脊椎炎相關。有趣的發現是，歐洲白人幾乎都是 2705 亞型，而 2704 亞型則最常出現於南島語族，但也在亞洲藏人出現。

HLA-B2705 亞型可說是西方型。在荷蘭、比利時有七至八%，愈向東或向南逐漸減少，例如芬蘭六．一%、克羅埃西亞三．七%、法國東南二．三%、保加利亞一．八%，其他如北印度因屬亞利安種，故亦為 B2705。意外的是，阿拉斯加 Yupik 及印地安人雖然應該是起源於亞洲，卻反而 HLA-B2705 的陽性率高達一一．五及八．六%。

HLA-B2704 亞型可說是東方型。自歐洲進入亞洲後，就由 2705 亞型獨大漸漸變為 2704 亞型獨大。全世界 2704 型最多的是巴布亞新幾內亞的 Karimui 高地住民，達二三．五%。台灣原住民包括巴宰海（一〇．九%）與西拉雅人（六．九%）也屬高比率，其他西藏人（七%）、漢人（一至二%）、代表古代百越的廣東人（二%）、泰國人（二%）、菲律賓原住民（一%）、中國內蒙（一．五%），都是 B2704 亞型，顯然 HLA-B2704 是屬於東方人的基因，但分布甚為特殊。

三軍總醫院的周昌德和慈濟大學的陳叔倬曾合作了一個台灣僵直性脊椎炎病人 HLA-B27 亞

型研究，發表於二○○三年的《風濕病雜誌》（*J. Rheumatology*），結果很有啟示作用。

研究包括台灣漢人一二九位 HLA-B27 陽性者，其中有僵直性脊椎炎的八十二人中，七十七位（九四%）為 2704，但有五位（六%）為 2705 亞型，至於沒有脊椎炎的四十七位健康漢人，四十位（八五%）為 2704，而有七位（一五%）為白人型的 2705。研究中的台灣高山原住民，自泰雅、排灣至雅美，則一○○%為 2704

HLA-B2704	
巴布亞新幾內亞高地	22.5%
台灣巴宰海	10.9%
巴布亞西谷	9.1%
西藏	7.0%
台灣西拉雅	6.9%
比利時吉普賽	4.5%
新喀里多尼亞（澳洲東岸、新幾內亞與紐西蘭之間之島嶼）	3.9%
中國廣州	2.5%
印度孟買	2.5%
泰國	2.0%
中國內蒙	1.5%
南方漢人	1.2%
台灣阿美	1.0%

HLA-B2705	
斯堪地那維亞	24%
美國阿拉斯加 Yupik	11.6%
印地安人	8.6%
比利時（荷蘭）	7.1%
芬蘭	6.1%
南愛爾蘭	4.2%
克羅埃西亞	3.7%
捷克	2.8%
法國東南	2.3%
以色列猶太	1.6%
庫德	1.7%
北方漢人	1.5%
南方漢人	1.5%
日本	1%

HLA-B27抗原在不同人種之分布圖。分布甚為特異，幾乎只在北歐、西歐白人、亞洲藏人，及南島語族之巴布亞新幾內亞、台灣原住民較為明顯。HLA-B27抗原最特別的是它與自體免疫性疾病之相關性。HLA-B27幾乎是診斷僵直性脊椎炎的唯一必要條件。目前醫界可以把HLA-B27再分為2701至2710至少十種亞型，而HLA-B2704幾乎只存在於亞洲。不論2704或2705亞型，均與僵直性脊椎炎有關。

型。而如上所述，台灣平埔原住民包括巴宰海及西拉雅，也絕大多數屬於亞洲人的2704亞型。

周、陳在另一篇八七七位台灣漢人的HLA研究中，有四十九位（五．六％）帶有HLA-B27，高於中國南方漢族二％。這個結果，與各家如林媽利等、陳光和等及下述Gonzales-Roces等的報告都很相近。

台灣混種，全球罕見

有關台灣HLA-B27亞型的研究，另有一個國際型研究可供參考。由Gonzales-Roces等在一九九七年發表於*Tissue Antigens*四十七期，台灣居民有五％左右為B27陽性，其中有八一％是B2704，一九％是B2705。

綜合以上幾個研究，台灣漢人HLA-B27陽性者有五％左右，幾可確定，遠高於其他地區的漢人。而其中約一五至二〇％為B2705，約八〇至八五％為B2704。這個「混種」現象，全球罕見，非常有趣。

將B27亞型研究綜合起來，我認為有如下結論：

一、台灣西部平埔與巴布亞新幾內亞，是B2704的高集中區。但只在西部巴宰海、西拉雅等平埔證實其陽性率高，其他如凱達格蘭、噶瑪蘭等平埔，因現存人口太少，事實上已極難達到有效採樣數，故難以有結論。至於東部高山原住民則B27比率不高，二％左右，且均為B2704，與南方漢人相似。

二、台灣福佬漢人可說是漢人中唯一出現 2705 之族群，福佬漢人約一％帶有 B2705 基因（全部五％ HLA-B27 陽性者，其中一五至二〇％為 B2705）。因為荷蘭人是 B2705，所以不論平埔或漢人，若有 B2705 者，應可推測是由十七世紀時荷蘭祖先而來。「凡走過的，必留下痕跡」。

三、同理，台灣福佬漢人有五％為 B27 陽性，其中八〇至八五％為 B2704，故福佬漢人有四％帶有 B2704 基因，其實也明顯高於南方漢人或台灣客家人之一至二％。這應該也是早期閩南移民大量與西部原住民女性通婚的結果；也就是「有唐山公，無唐山嬤」的另一見證。我也因此推論，由於客家移民來台較晚，與平埔原住民的通婚應已不如閩南漢人普遍，故 B2704 未有明顯增加。

那麼如何去證明周杰倫是否有個西方白人祖宗呢？很簡單，請他吐個口水，萃取其中的 DNA，去做 HLA-B27 之基因亞型檢測即可。如果真的是 B-2705 亞型，那就可以叫聲「賓果」了。

——本文發表於二〇一〇年五月《財訊》雜誌

台灣人的「歐緣」

最近器官移植的新聞在媒體上很火紅。很有趣的，像腎、肝、心臟等移植，配對條件是紅血球的血型要符合。而儘管全球人類千百種，但血型就是A、B、O、AB那四種。

早期的骨髓移植一直不能成功。到了一九六〇年代，才知道骨髓的配對條件是白血球的血型要符合。而白血球的血型，要到一九五八年才由法國人Jean Dausset發現（獲得一九八〇年諾貝爾獎），即所謂的HLA基因系統。HLA系統就是人類辨別「我」與「非我」（敵人）的通關基因密碼。通關密碼自然不能太簡單，不是一個，而至少有八個主要基因密碼，我戲稱說這是白血球的「八字」，於是人類的HLA基因組合乃數以萬計。

HLA中的B8和B2705 是只有白人才有的基因密碼

一九六〇年代，科學家就發現HLA系統和某些免疫疾病相關。所謂「免疫疾病」，絕大多數不是免疫力不足，而是免疫力過度或失調。人類除了年老力衰、營養不良或癌症治療患者，或愛滋患者，很少會有免疫力不全。我們所說的免疫疾病，十之八九是「自體免疫」疾病，是自己的免疫系統（武裝部隊）攻打自己，製造內亂，所以免疫力過強不是什麼好事。

奇怪的是，所謂「自體免疫疾病」患者，十之八九是年輕女性，真的是「天妒紅顏」，例如紅斑性狼瘡、過敏性紫斑、甲狀腺炎等。何以如此，原因不明。

然而，七四年我在服兵役時，卻自己診斷出有甲狀腺機能亢進，去做甲狀腺檢查時，果然是「萬紅叢中一點綠」。後來當了住院醫師，就自行去向皮膚科的鄧昭雄教授學習一些免疫學實驗及研究。那時ＨＬＡ的研究在國內正起步，而且很貴，做一個人的 HLA-ABC 就要五千元，而我當時月薪還不到一萬元。

那時內科甲狀腺陳芳武教授的門診長龍，絕對是全院之冠。大家公認台灣甲狀腺機能亢進發生率比西方白人多。那時醫界已了解到 HLA-B27 與僵直性脊椎炎息息相關，而國外也有報告 HLA-B8 者易罹患自體免疫性甲狀腺炎，於是我們進行了大概是國內第一個ＨＬＡ與疾病關係的研究。

結果很意外，所有的檢體，包括病人及健康控制組，一共近百名，無人有 HLA-B8。而國外報告，白人（例如荷蘭人）可以高達一〇％。於是我體會到，ＨＬＡ的頻率在不同人種可以有如此大的差距，也才知道 HLA-B8 是典型白人生物標誌。

台灣約一百萬人有「歐緣」

最近，我對台灣居民的「歐緣」（歐洲人血緣）產生濃厚興趣，因為台灣最早期開拓史可說是來自三個不同洲的族群，原住民（屬大洋洲南島語族）、漢人（亞洲黃種人），以及荷蘭人（歐洲白種人）共同努力的成果。這三個族群的相遇、互動與聯姻，在世界史上幾近獨一無二，而且三個族群的ＨＬＡ系統也有明顯差異。而凡走過的，必留下痕跡。

台灣人的荷蘭或西方白人祖先

台灣人的荷蘭或西方白人祖先，在一六二四至一六六二年的荷蘭時代，有兩個來源。首先是祖先為荷蘭男性，這又包括兩類。

第一類為在承平時期的荷蘭男性與平埔女性通婚或不婚而生子，其後代留在台灣者。例如一六五〇至一六六一年在大員教會登記的一百九十件婚姻，其中福爾摩沙原住民六十二件，女性占六十件（唐培德《荷蘭東印度公司治下的台歐跨族群婚姻》）。換句話說，那時在台的荷蘭東印度公司西歐白人有三分之一是娶福爾摩沙女子為妻。

第二類是鄭成功攻台時，來不及逃出的荷蘭男性。他們往高山逃亡，往北的到諸羅山鄒族部落，往南的到南台灣大武山的魯凱族或排灣族。前任荷蘭代表胡浩德（93頁上圖）就印證了這個說法（93頁下圖）。

第二個來源是祖先為荷蘭女性者。鄭成功攻台，以迅雷不及掩耳之勢登陸赤崁一帶，普羅

胡浩德代表在2009年荷蘭國慶晚宴上，做魯凱族頭目打扮。他非常熱中台灣的荷蘭研究及平埔族研究。著有《真情台灣》一書。

1/16荷蘭血統

泰雅少年 棕髮白膚

【記者王慧瑛／新竹縣報導】新竹縣尖石鄉國一生黃劭傑是泰雅族人，但金髮、碧眼、白皮膚，老是被問「你是外國人嗎？」出生時曾被懷疑「是不是抱錯小孩」，查族譜才發現他母親張佩珍的外曾祖父是荷蘭人，他有十六分之一荷蘭血統。

張佩珍說，她有八分之一荷蘭血統，兒子只有十六分之一，長得卻不像泰雅族人，「隔了幾代之出現洋人面孔，遺傳很奧妙！」黃劭傑說，很多人以為他是混血兒，還有人見面就對他說英文，他告訴對方「我是有荷蘭人血統的泰雅族人」，對方一臉驚訝。

黃劭傑的父親黃福田說，兒子出生時他嚇了一跳，「怎麼頭髮是金黃色的，皮膚超白，眼珠是咖啡色帶藍色？」和他黝黑膚色差很大，部落族人也很訝異，「怎麼原住民會生出洋娃娃？」「可能抱錯孩子！」

黃福田笑說，他和妻子從國小就是同學，一路看得很緊，妻子絕對不可能交其他男友，「這個孩子一定是我的，不會錯」，夫妻倆翻查族譜，揭開謎底。

黃劭傑的外婆劉翠翠說，她爺爺是荷蘭人，被泰雅族人收養，取泰雅族名「斗撒」，在武漢部落成家，過世後葬在尖石。劉翠翠說，外孫一出生，很多部落老人都說「很像斗撒！」張佩珍為紀念外曾祖父，兒子的泰雅族名也叫「斗撒」。

黃劭傑說，學校檢查服裝儀容時，老師以為他金棕色頭髮是染的，他告訴老師「這是天生的」，老師一臉詫異；同學羨慕他不必染髮就有亮眼髮色，白皙皮膚更讓女同學羨慕。

署立竹東醫院醫師蘇柏文說，男童有十六分之一荷蘭人血統，隱性基因可能隔代遺傳。

黃劭傑有1/16荷蘭血統，一出生就是金頭髮、白皮膚，但父母都是道地泰雅族人（上圖，王慧瑛攝）；如今他讀國一，和妹妹黃心潔（下圖左）站在一起，他的髮色及膚色都較淡。

圖／記者王慧瑛翻攝

這則發表於2011年3月29日《聯合報》的新聞，桃園龍潭泰雅族武漢部落也有荷蘭人逃亡至此，被原住民收容，改名，娶親，生子的留傳事蹟，顯示當年荷蘭男性的逃亡比我們想像的更遠。新聞中說，外婆的爺爺是荷蘭人（所以可能是十八世紀初），應該是記憶的陷阱。人類常把甚久以前之事，認為是最近不久所發生。依台灣歷史而言，十八世紀初不可能有荷蘭男子流落台灣高山為原住民收養，應該是爺爺的爺爺……男童的荷蘭血統也不可能是1/16。但我們因此可見基因隔代又隔代遺傳之威力。

岷遮城及散居西拉雅村社的荷蘭人家族，有二、三百人被俘。鄭成功殺了一部分，放了一部分（一六六二年隨船回巴達維亞），因了一部分（一六八三年施琅來台後才釋放回巴達維亞）。其他有數十位荷蘭女眷，或為妾（見於史者至少有鄭成功本人和將領馬信。我相信尚有未見記載者）或為奴。這些荷蘭女性的後裔，大約是鄭氏部隊的漢人將領之後。

研究分析結果，現在台灣居民約有一百萬人有歐洲人的血緣。這個數目連我自己都嚇一跳。惟因年代久遠，大約已稀釋為一千零二十四分之一（第十代）至四千零九十六分之一（第十二代）。

到最近，我們仍然常在報上念到台灣居民（好像原住民居多）出現紅髮碧眼等洋人特徵者（93頁下圖）。同樣的，研究也顯示，台灣的福佬具有 HLA-B27 及 HLA-B2705 的比率比中國南方漢人要高得多（見〈周杰倫的基因密碼〉）。

因為 HLA-B2705 和 HLA-B8一樣，都起源於歐洲白人，因此，我相信帶有 HLA-B8 和 HLA-

HLA-B8	
南愛爾蘭	18.2%
澳洲新南威爾斯	17.3%
北愛爾蘭	16.2%
比利時	12.6%
芬蘭	8.9%
羅馬尼亞	7.3%
沙烏地阿拉伯	7.1%
烏干達	6.2%
肯亞	4.6%
突尼西亞	4.6%
南葡萄牙	2.0%
保加利亞	1.8%
印度北德里	1.7%
中國北方漢人	1.4%
台灣西拉雅	1.0%

HLA-B8抗原之人種分布表。HLA-B8與HLA-2705都是西歐、北歐白人最多見，西亞阿拉伯半島及東非並不罕見，但幾乎不見於東亞各人種。

B2705 的台灣人，大概都有一位荷蘭或歐洲人的遠祖。就好像林媽利醫師說，台灣福佬八五%有平埔血緣；我也非常渴望知道，台灣福佬有多少百分比有歐洲人血緣。

我想到，台灣居民 **HLA-B8** 的頻率可以是個切入點。在台大醫院的二一五七人中，**HLA-B8** 有〇・三七%。假定這些帶 **HLA-B8** 者代表有白人血緣，則台灣人約有三・七%（0.37%÷10%）有「歐緣」。

有趣的是西拉雅族約一%有 **HLA-B8**，表示西拉雅族約一〇%（1%÷10%）有「歐緣」。

若以 **HLA-B27** 來分析，台大醫院的二一五七人中，**HLA-B27** 有三・五七%，但未做 **HLA-B2704、2705** 的亞型研究。三・五七%比我在〈周杰倫的基因密碼〉中所言接近五%稍低，但台大系列的樣本數較大，方法也較先進，所以我採用台大的資料。而過去台灣居民的研究，2704 占五分之四，**2705** 占五分之一，若以 3.57%×1/5=0.7%，而荷蘭人 **HLA-B27** 約八%。所以若 8%×**X**=10.7%，則 **X**=8.7%。

綜合上述兩者，台灣人約三・七%至八・七%（中間數為六・二%）有歐洲人血緣。而我推測福佬會稍高，南台灣居民又略高。即使僅以福佬人口為二千三百萬之七〇%或一千六百萬人計，再乘上六・二%，則台灣約一百萬人具有「歐緣」。

又，這些白人血緣的來源，會有少數是十八世紀以後的，因此實際上與荷蘭據台時期有關的百分比，可能稍低，但已無傷大雅了。

「今日拜鬼？」

有一則流傳很廣，白色恐怖時期的不是笑話的笑話：

在當年，十月三十一日是放假的。一位台籍充員兵興匆匆要離營時，偶然用台語向同袍問了一句：「今仔日拜幾？」正好輔導長在側，聽到有人竟敢說「今天拜鬼」，於是以「侮辱領袖」的罪名被送往軍事法庭，冤枉關了好幾年。如果這位大兵是用中文或台語問：「今天星期幾？」就沒有這樣的飛來橫禍了。

這也正是我這篇文章要討論的重點。大概很少有人注意到，台語幾乎都不說：「今天星期三」，而說「今日禮拜三」；不說「今天星期天」，而說「今日禮拜日」。可是台灣的基督教徒，即使全盛時期也不超過五％，也不見得每逢星期日會去做禮拜，有可能讓幾乎全台灣的福佬人包括和尚、尼姑都說：「今日禮拜日」，「今日禮拜幾？」。而據我所知，客家話少說「禮拜幾」，而是說「星期幾」。

那麼，「禮拜幾」的用法，始於何時？

一九四五年以前，台灣人不說中文，只有台語。當一九四五年的國軍部隊及接收官員來台，他們問「今日星期幾」時，相信台灣福佬已經通用「今日禮拜幾」了，所以沒有去學「外省人」

的用詞。

現代基督教傳入台灣南部是一八六五年的馬雅各醫師，北部是一八七二年的馬偕醫師。而自一八九五年開始，台灣就由日本統治。日本人不說「星期天」，也不說「禮拜日」，而是日曜日。日本人使用的是七曜日。那麼，來台的基督教士有可能在一八六五至一八九五的短短三十年間，讓整個台灣都講「今日禮拜日」、「今天禮拜幾」嗎？因為基本上，大概必須有相當百分比的台灣人每逢星期日就去虔誠做禮拜，才有可能達到這樣的語言共識。在一八六五至一八九五這三十年間，台灣基督徒的人口比率想當然不可能超過五％，所以不可能達到這樣的境界。

那麼台灣話為什麼會有這樣的語言用法嗎？我相信那是十七世紀時荷蘭統治的遺留。設想我們現在是一六五一年，荷蘭人來台的第二十七年，郭懷一事件的前一年，那時台灣叫作福爾摩沙。在大員有荷蘭福爾摩沙長官及行政人員，在西拉雅各社有宣教士，很熱心地在傳播基督教新教，讓不少原住民信了基督教，台灣西拉雅原住民成了全亞洲第一批每週虔誠做禮拜的基督教新教徒。如果我們相信荷蘭時代教士留下來的記載，所有信教的原住民人數，應該已經上萬人，大約是荷蘭轄下原住民人數的一〇至二〇％左右。那是基督教在台灣的最盛時期。

當時荷蘭教士還以拉丁字母去拼出原住民語言（新港文）。當他們翻譯太陽日、月亮日，還比較簡單；要翻譯 Tuesday、Wednesday 等，想必遭遇困難，於是乾脆先定下要做禮拜的「禮拜日」，然後才依順序列為禮拜一、二……六，簡單明瞭（結果造成一個誤解，以為星期一是一周之首，星期日是周末。其實西方人以星期日為一周之首，先做完禮拜儀式後，才能開始一周的工作）。

而荷蘭行政長官要頒布命令到所屬的大員地區及南北幾十個原住民社時，應該也是用禮拜一、二、三……這樣的用法。

在荷蘭人治理下的一萬二千個中國農民，包括像何斌、郭懷一這些漢人頭人，雖然也可能有少數信教，但相信私下用的仍是陰曆。但因政府用陽曆，稱「禮拜幾」，在生活作息上，仍須配合荷蘭方式，因此在台的中國人大概也都習慣這樣的「官方」用法。

然後是鄭成功的時代。鄭成功的家族應該也會使用到「星期幾」或「禮拜幾」。而鄭芝龍終其一生是天主教徒，他接受「禮拜日」、「禮拜三」的用法，是絕對可能的。

所以到了明鄭時代，雖然官方、民間均採陰曆，只有初一、十五。但當年鄭氏王朝在陳永華的主政下，一方面對內殖墾，一方面對外仍扮演海商角色，與英國人交好，仍然維持興旺的轉口貿易。鄭氏的船隊，依舊在日本至南洋之間穿梭不絕，可想而知有許多場合要用到西曆，要用到「星期」。因此，乃繼續沿用荷據時期所通用的「禮拜日」、「禮拜三」的說法。

也不知是何時開始，「禮拜三」簡稱為「拜三」，而問話時，「禮拜幾」就簡稱「拜幾」。

在中國，「星期幾」的用法，也許出現於清初或明末開始與洋人交涉時。一九一二年，中華民國立國，改用陽曆曆法，國民開始習慣「星期幾」，以星期為單位的行事方式。但彼時台灣在日本的統治下，台灣大概早在一八九五年，就在文書上開始用「金曜日」、「火曜日」……來表示。但在民間的對話上，依然「拜三」、「拜四」、「拜幾」，而不去管日本的「七曜日」那一套。

於是，就一直沿用到現代。雖然台灣並沒有多少人在做禮拜，而大多數人也不知道「拜三」的「拜」，是「做禮拜」的簡稱。「今天拜幾」成了特有的，並非出自閩南原鄉的台語，而不是單純閩南語。

——本文之精簡版發表於二〇一一年二月《財訊》雜誌，本文為完整版

「甲」：台灣的荷蘭遺跡

台灣人真是一群又念舊又包容的可愛族群。

例如，現在台灣農村仍然最常使用的面積測量單位「甲」，就是荷蘭古制。連荷蘭本身都早已不用了。

翻開荷蘭時代的台灣文獻，就可發現，當時都是用 morgen 來表示土地面積的大小。

那麼，「morgen」有多大？

Morgen 就是德文或荷蘭文的morning。一個 morgen 的土地，就是一個男丁，站在一頭牛的後面，一個早上的時間可以耕種的土地面積。一 morgen 等於八五一五．七九平方公尺，大約兩英畝（Acre）。

在荷據時代，因為荷蘭人稱農地為 akker，於是當時福爾摩沙的漢人取「ker」的音，轉念為「ka」，即閩南語的「甲」，來代替 morgen。

一六六一年，鄭成功在四月三十日攻入鹿耳門，登陸今永康洲子尾。不數日，普羅民遮城投降。五月二十五日，鄭軍強攻熱蘭遮城，但荷軍的猛烈炮火，讓鄭成功知道，短時間內不可能攻下，於是改變戰略，實施「兵農合一」的屯田政策。

鄭成功只派馬信留五千人圍城，自己帶軍巡視各地；其他二萬名士兵則分派到各地開墾，先求解決糧食問題。

接著，鄭成功把荷蘭土地測量師集中起來，派到各屯田區去測量土地。這些荷蘭土地測量師自然沿用「morgen」。依照測量師「梅・菲立普」的梅氏日記，測量完成後，六月下旬，鄭成功再下令：每個士兵都要開墾耕種半甲或半個 morgen 的土地，違者處斬。

那個時代，牛還不是很普遍，半個 morgen 大約等於四二〇五平方公尺，對一個沒有耕牛，只能靠雙手和耕具的農民而言，真是責任艱巨。我們閩南祖先，就是這樣的「篳路藍縷，以啟山林」。

於是，鄭成功來到台灣一個月，鄭氏軍隊就開始用「甲」作為土地面積單位。迄今三百五十年，一直沿用下來。

有趣的是，在這三百五十年間，「甲」的面積大小，又有了改變，與也是世界上只有日本人與台灣人在使用的「坪」扯上了關係。現在的標準定義是一甲等於二九三四坪，或九六九九・一七平方公尺，比荷蘭時代大一些。

過去荷蘭屬地南非，也使用 morgen。一直到一九七〇年代，南非仍有多個省份以「morgen」作為土地測量的法定單位。反倒是印尼，雖然一直是荷蘭屬地，但因為隨著荷蘭本國在二十世紀初就改用十進位制，所以早已不用 morgen。

因此，「甲」算是台灣所保留的荷蘭遺跡，而關鍵人物正是鄭成功本人。

在荷蘭尋找福爾摩沙

七月七日傍晚，我在荷蘭。觀光船出了阿姆斯特丹港口後不久，突然聽到播音器說「左邊那一幢五層樓建築就是當年荷蘭東印度公司的阿姆斯特丹總部」。我像觸電一般，馬上拿起相機猛拍。可惜船離岸有數百公尺之遙，船速又快，還好照片放大後，頂樓上荷蘭東印度公司 VOC 的招牌標誌依稀可見。荷蘭東印度公司是一六〇二年成立的，如果這確是當年原始建築，可真是意義非凡。港口外還保留著一艘當年的大船，裡面更不知保留了多少當年福爾摩沙的地理與人類學的資料，令人神往，比我們在電影中看到的船隻要漂亮多了。當年和鄭成功的船隊海戰的大船，大概就像這樣吧。

荷蘭東印度公司對台灣歷史來說，實在太太太重要了。那時的福爾摩沙算是無主之土，台灣登上歷史舞台，推手是荷蘭人。在一六〇二至一六七〇年左右，荷蘭東、西印度公司聯手主宰全球海域，帶著水手、商人、軍隊甚至傳教士和醫生到處跑。那是荷蘭的黃金年代，波瀾壯闊的大航海時代，東西方開始交集，廣義的「全球化」的開始。後來的英國東印度公司，還是模仿荷蘭的，而在人道精神與文化傳播上，卻遜於荷蘭。

荷蘭人到了福爾摩沙，把第一個建立的據點命名為 Zeelandia 熱蘭遮城。現在荷蘭最南的沿海省份就是叫作 Zeeland，地圖上看起來，海陸縱橫交錯，當年的大員灣，大概就有這個味道。荷蘭人在熱蘭遮城之側高地，今日安平公墓之處，建了一個軍事碉堡，互為犄角，壁厚三公尺，後來被鄭軍炮火轟平，荷軍士氣大挫而終出降。這個碉堡，荷軍稱為烏特列支堡。

烏特列支，是荷蘭的古城，歐洲的名城，中世紀的宗教中心。西元四七年，羅馬人渡過萊茵河建立碉堡，正是此城的由來。漫步於烏特列支的古運河畔，望著聳立於天際的古教堂，耳邊鐘聲齊鳴，恍如回到荷人來台時的十七世紀。

荷蘭的小城像萊登、台夫特，現在依然大致保存著十七世紀的風貌，令人迷醉。萊登大學是荷蘭最古老的大學，當年來台的傳教士，有不少出自這所大學的神學院。而當時來台的船隻，差不多都是鹿特丹啟航的。如今鹿特丹依舊是歐洲最忙碌的港口

在荷蘭占領台灣的一六二四至一六六一，三十七年間，有多少荷蘭人來過福爾摩沙？在早期，常駐荷軍大概只有數百人，後來連教士、商人等則有二千人左右。當時荷蘭人在海外闖蕩，有些寧可客死異鄉，所以三十七年間來過福爾摩沙，又回到荷蘭的士兵、商人與教士，似乎並不太多。也同樣是一六二四年，荷蘭的西印度公司派出三十個荷蘭家庭，共一百一十人到曼哈頓定居。兩年後命名為「新阿姆斯特丹」，顯然有意建為荷人大城。荷蘭人到南非也是集體移民定居。但這樣的集體移民定居，不見於福爾摩沙，大概是因為路途最遠，加上颱風、地震以及炎熱天氣之故吧。

此行我也到了萊登與台夫特去瞻仰了林布蘭及另位大畫家維梅爾的出生地。更有名的梵谷

雖然出生荷蘭南部，但重要作品大都在法國完成。林布蘭與維梅爾則是名副其實的「荷蘭本土畫家」，終其一生不曾離開荷蘭。

荷蘭占有福爾摩沙的時期，不但武功，在藝術上也是盛世。荷蘭的兩位「本土畫家」林布蘭（一六〇六～一六六九）和維梅爾（一六三三～一六七四），其作品除了美學的原創外，更以反映時代著名。林布蘭的「夜巡」畫的正是當時的民兵；維梅爾的畫作，更捕捉了時代的精髓。那個年代，台夫特還出了一位大科學家——發明顯微鏡的呂文福克。

最近加拿大漢學名家卜正民就寫了一部「維梅爾的帽子——從一幅畫看十七世紀全球貿易」，天馬行空，相當精彩。

當年福爾摩沙在荷蘭殖民地中收益排第二名，僅次於日本出島。最大出口是鹿皮與蔗糖，鹿皮除了運到日本，加工成戰袍外，是否也運到荷蘭？不知荷蘭人如何去加工鹿皮，是做成皮件？帽子？衣服？當年的林布蘭是喜歡社交的，不知是否戴過梅花鹿皮做成的帽子或送給太太或情婦鹿皮做的皮包？呂文福克應該吃過福爾摩沙的蔗糖所做成的甜點。維梅爾的畫中，牆上常掛著當時的世界地圖，不知他是否曾經考慮把福爾摩沙及西印度群島也畫入其中？

一六六二年，荷蘭被逐出福爾摩沙，是荷蘭立國以來的第一次敗仗。荷蘭傳教士亨布魯克為鄭成功所殺，一時之間成了荷蘭民族英雄，並有劇本歌頌此事，現在網路上還查得到，但今日荷蘭人多已不知其人其事了。

「福爾摩沙」在荷蘭的歷史中出現得太早（荷蘭是一六四八年才正式獨立），而連結時間又太短，在荷蘭三百多年的殖民史中，只是一段短暫而戲劇性的篇章。雖然在書上還能看到許多當年有關福爾摩沙的繪畫與記載。現在荷蘭人的生活與記憶中，只知有台灣。福爾摩沙的蹤影，只能在古老的東印度公司、收藏家、圖書館或博物館裡的檔案中去尋找了。

——本文部分發表於二〇〇九年八月二日第一七二期《非凡新聞e周刊》

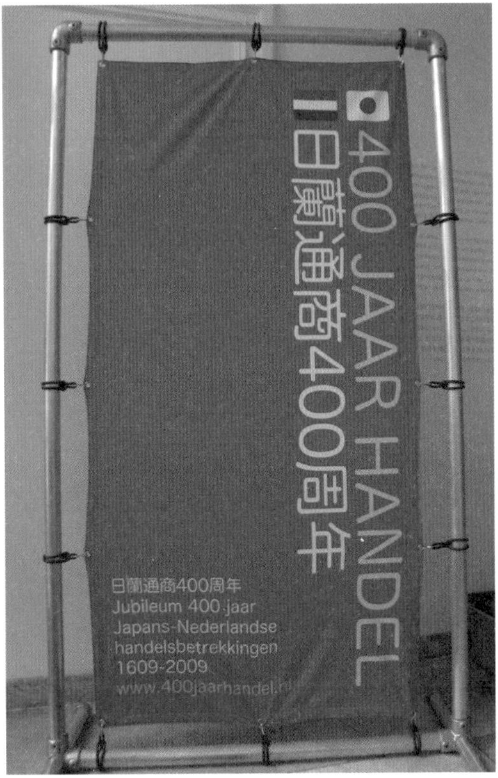

我在萊登造訪「von Siebold府邸」時，門口還掛著「日蘭通商400周年（1609～2009）」的日文漢字旗幟。von Siebold是1823年第一位在日本傳授西方醫學的歐洲人。1830年，他自日本回到萊登，寫了《日本》（*Nippon*）一書，是西方第一本詳細介紹日本人文地理風俗生物的鉅著，並涵蓋他朝見幕府將軍的第一手資料，一共有七大冊。他於是成為名聞歐洲的第一號日本專家。美國海軍的培里船長因為讀了這本書而決定造訪日本，造成黑船事件，打破日本千年鎖國。

荷蘭東印度公司在1602年成立，1609年到了日本，成為日蘭通商之始。

荷蘭與日本的長年來往，使西方人士能較正確了解日本，使「蘭學」在日本成為顯學，也讓薩摩等大名對西方的科技與軍事早已有些概念，無形中為未來的明治維新埋下伏筆，日本獲益不少。

荷蘭要與中國通商，明廷盡量推託，一副天朝心態。後來的三百年，兩國未有實質來往，中國也始終未能自荷蘭學到什麼，導致後來被英、法等，甚至包括日本，狠狠欺凌，丟了台灣。兩相比較，令人感嘆。

台灣人的阿拉伯血緣

我在前文寫過，台灣人具有荷蘭或西歐血緣的不算太少。其實台灣人的種族構成遠比想像複雜。一九九六年，台灣的慈濟骨髓庫約有十萬人，結果台灣病人能在此找到配對者的不到五〇%。反之，當時日本骨髓庫只有六萬人，但卻有七五%的日本人可以在其中找到配對者。又如，郭台銘之弟郭台成，在台灣的三十萬人骨髓庫之中，竟找不到配對者。台灣本為南島語族原住民之地，自十六世紀起，經歷荷蘭（西歐）、漳泉移民（背景為百越與漢人）、客家移民、少數日本人，以及一九四五年至四九年之大量來自中國大陸的北方漢人、南方漢人、滿、蒙、苗、藏、回之移民，再加上二〇〇〇年以後，中南半島外籍新娘加入台灣住民。祖先來源之廣、之遠，除了美國之外，在地球上很難找到第二個像台灣人這麼「雜種」的；「炎黃」只是台灣人的眾多祖宗之一。其實台灣人還有一個大家常忽視的，就是阿拉伯人血緣。只是阿拉伯也是東方民族，再加上年代久遠，因此外觀上看不太出來，但了解一下背景與歷史還是很有趣的。例如：黃光國（台大心理系教授）、林忠正（金管會前委員）、丁詠蓀（第三屆國大代表、彰化人），這幾個人有什麼共通之處？沒錯，他們都是阿拉伯人的後裔。

回教創立後百年，唐玄宗開元天寶年間，長安街頭已出現許多來自西亞的「回回」。

一九四九年隨國民黨來台的一五〇萬人中，有不少回族人士，並不稀奇。他們對自己的身世和信仰也都了然於心。這些人的祖先大部分是西域人士，不一定是阿拉伯人。例如依然虔信回教的劉文雄（前立委），還有我未能求證的馬鎮方（交通部前次長）、石永貴（台視前總經理）、丁守中（立委）等人。唯丁守中來自浙江南部沿海，比較像是海路東來的阿拉伯人後裔。

比較特殊的是祖先來自閩南，世居台灣，非伊斯蘭教信徒者。更準確的說，這些人的祖先都來自泉州，是渡海東來正宗阿拉伯人的後裔（不只是西亞人士），例如林忠正、黃光國和丁詠蓀。這才是本文的重點。福建原為閩越，漢武帝時以武力征服，初時只有漢人軍隊及少數庶民到達閩江一帶。五胡亂華時，才有大規模的士族進入今福州（八姓入閩），而後南下到泉州。所以泉州是東晉才開發的，「晉江」由此得名。

一〇八七年，北宋在泉州設立市舶司管理外國商船。元朝時因蒙古帝國橫跨歐亞之故，泉州成為國際通商大港，海路來的阿拉伯、猶太商賈，絡繹不絕。猶太人稱為「光明之市」，因燈火通明；阿拉伯人稱為「莿桐之城」，因全城種滿莿桐。據說阿拉伯人（那時稱為大食）及波斯人占全城人口的二〇%，猶太人占五%，而且富人居多。泉州有清真寺十一座，回教墓園二處（靈山聖墓），可見回教徒之多。因此泉州人後代常具阿拉伯人血統。泉州姓馬（「穆」罕默德），或姓蒲（阿「布」杜拉）、姓丁（阿拉「丁」）者，表示有個阿拉伯人的祖先。

泉州的盛況，因明太祖朱元璋的海禁政策而一蹶不振。而明太祖決心海禁，也與泉州阿拉伯人有關。元兵南下，宋朝最後一位六歲小皇帝趙昺，曾與陸秀夫去叩泉州城門，泉州守將阿拉伯人富二代兼官一代的蒲壽庚卻閉門不納，陸秀夫及小皇帝後來投海殉國。九十年後，朱元璋滅了元朝，他痛恨這些外來「色目」人，於是實施海禁，又大肆屠殺泉州阿拉伯人，以為報復。這些阿拉伯後裔逃無可逃，只好改漢姓以避禍，而又不可能再擇「丁、蒲、馬」等姓，以免露出馬腳，於是擇漢人大姓之「林、黃、劉」等改之，其後人也未敢繼承回教信仰，而只保留了習俗。這是泉州回教徒後裔與北方回教徒後裔很大的不同之處。

因此泉州人除了漢族與閩越的血緣文化融合之外，尚有阿拉伯人習俗，例如林忠正之所以確定先祖為阿拉伯人，乃是因為他家的特殊傳統，長輩死後，全身捆裹白布，並迅速下葬，此為世所眾知的阿拉伯人習俗。

更妙的是，我有一次向某林姓友人述及此事，他大吃一驚說，他家也有此傳統。可見泉州阿拉伯後裔在台者比想像多。但我迄今未能見到以基因測試測定阿拉伯血緣之報告，但美國的23andMe 公司或可一試。

林忠正之阿拉伯打扮。

台西丁姓更是台灣泉州阿拉伯裔的集體移民，他們均來自泉州陳埭鎮。陳埭的丁氏宗祠對阿拉伯祖先有詳細記載。

至於漳州，要到唐朝武則天時代「開漳聖王」陳元光自河南來此，才具體開發。漳州成為國際通商大港，已是明末大航海時代。來此的是葡萄牙和西班牙人，沒有阿拉伯人。所以漳州人並不含阿拉伯血統。

——本文發表於二〇一四年四月《財訊》雜誌

鄭成功的ＤＮＡ密碼

在歷史上，有些微生物與人類錯綜交集，成為人類遷徙的「密碼」。而其醫學研究過程，也像人生的縮影，有人性、有運氣、有哲理，頗堪回味。本文，我們來談一談「第一型人類T細胞白血病病毒」（Human T-cell Leukemial/lymphoma virus, Type I，簡稱 HTLV-I）的故事。

白血病或血癌，人人聞之色變。白血病的發生，屬於瞬間之細胞突變，與遺傳無關、與體質無關，和檳榔、抽菸也都無關，倒是和原爆、核能輻射線、化學物質有些關聯，但絕大部分原因不明。而 HTLV-I 則是目前唯一知道的能夠引發白血病的病毒。

很奇妙的是，HTLV-I 其實在構造上與愛滋病毒非常相似，系出同門，因為發現上比愛滋病毒早了二、三年，所以在排行上還算是愛滋病毒的哥哥。愛滋病毒在被定名為ＨＩＶ（人類免疫缺損病毒）之前，有幾年的時間被稱為 HTLV-III（第三型ＨＴＬＶ病毒）。T淋巴球被 HTLV-I 侵入之後，經過幾十年的長期潛伏，有二％左右的機率，這些T淋巴球會惡性增生，成為血癌。這種由 HTLV-I 病毒引發的特殊白血病，我們命名為成人型T細胞白血病（ＡＴＬ），有時也以淋巴瘤的姿態出現。這種ＡＴＬ，一般治療淋巴瘤或白血病的藥物完全無效，唯一稍見預防效果的藥物則與抗愛滋病毒的藥完全相同。

由科學家發現ＡＴＬ這種特殊白血病的故事，就顯示日本人做學問的工夫，實在讓我們不能不佩服日本人的觀察入微及團隊合作精神。

一九七七年，京都大學白血病團隊在血液病的經典國際雜誌 *BLOOD* 上，發表世界第一篇介紹這種ＡＴＬ的文章，一共有十六個病例，年齡均在四、五十歲以上，絕大部分住在關西一帶，但京都大學的研究團隊竟然能掌握到一個關鍵事實：這些病人的出生地都在四國或九州福岡、長崎一帶，連這樣古早以前的小細節都能抓得出來，真讓我佩服得五體投地！這樣特殊的地理分布，研究學者馬上想到，會不會和病毒有關，於是馬上進行癌細胞株培養，希望能從中找出致病病毒。經過數年的努力，一九八二年，微生物學教授日沼賴夫以及他的團隊成功了，病毒找到了！他們將之命名為ＡＴＬＶ〔引起 ATL 的病毒（Virus）〕。

然而，醫學的研究，除了努力，還得有幾分好運氣。

在同一時間，美國東岸，國立癌症研究院有位羅勃・蓋洛（Robert Gallo），這位先生自七〇年代初期起，就一直重複做一件讀你千遍也不厭倦的事。他以地毯式搜索的精神，收集各形各色白血病細胞及細胞株，希望能在電子顯微鏡下找到白血病病毒，因為他堅信一定有某些白血病是由病毒引起的。這類醫學的尋尋覓覓，過程也許冷冷清清，但結局絕非悽悽慘慘戚戚。相反的，科學的堅持，只要合理加上耐心與努力，就會有成績。一九八〇年，蓋洛終於在一個黑人的皮膚T細胞淋巴瘤的細胞及細胞株上都找到相同的病毒。他打蛇隨棍上，追溯這位黑人居住地，果然大有發現。兩年後，他與英國的白血病研究團隊聯手發表，東加勒比海西印度群島有一些黑人呈現一種過去未見的T細胞白血病及淋巴瘤而帶有致癌病毒，於是命名為HTLV，因為後來有其他亞型出現，於是稱為HTLV-I（表示是第一型）。

而東、西方學者互相一比較，發現病是同樣的病，惟因為日本團隊發表在先，所以採用日本人的命名ATL；而病毒也是同樣的病毒，也因為美國團隊發現在先，所以採用美國的命名HTLV。日本人先發現病再找到病毒；美國人先發現病毒再找到病。東西相互輝映而又殊途同歸，這就是科學研究的迷人之處。

八一、八二年也是愛滋病突然冒出來，震撼人類的年代。不久以後，蓋洛又宣稱找到引起愛滋病的病毒，因為結構近HTLV，所以稱為HTLV-III，後來才定名為HIV。但此其中有段歷史公案，因為法國巴斯德研究所的科學家蒙田控訴蓋洛剽竊了他的研究成果，也因此蓋洛與蒙田兩人都無緣問鼎諾貝爾獎，真是可惜（二〇一〇年蒙田得了諾貝爾獎，蓋洛則不在榜上。公案終於做出審判，蓋洛慘輸）。

且不談人間是非，再回到我們的主角HTLV-I身上。HTLV-I的研究之後就轉而成為流行病學專家的舞台了。日本學者初步發現，這些病毒，只存在於四國、九州，特別是九州北部長崎、福岡，以及九州西部熊本、鹿兒島一帶，約一〇至二〇%的居民有之；而本州居民帶有此病毒者不到一%。另外這種病毒的感染方式與愛滋病毒同一模式，是經過體液交換而來。所以平行性感染如輸血、性行為（男傳女比女傳男多），垂直性感染則由帶病毒的媽媽傳給小孩。

在西半球方面，流行病學者則發現，帶病毒者以加勒比海之黑人為主；而奇怪的是美國本土黑人，中、南美西裔或與原住民混種者均無。但祕魯某些區域卻又有之。歐洲則全未有報告。

這個特殊的病毒，何以不約而同出現於東、西兩半球的兩個幾乎毫無交集之地呢？蓋洛推測，HTLV-I病毒與愛滋病毒既然是兄弟，所以原始動物宿主大概也是中非洲內陸森林的綠猴。就像愛滋病毒的散布模式一樣，這些病毒先由非洲綠猴感染到非洲黑人，這些黑人在十六世紀葡萄牙人的黑奴販賣潮中被賣到西印度群島。HTLV病毒的感染性不似愛滋病毒那麼強，所以只在少數人群中散布。後來此病毒隨著葡萄牙船隊在十六世紀末或十七世紀初，德川幕府鎖國之前，到達了外國商賈匯集之地的長崎、鹿兒島等地，於是病毒在日本九州及四國「定居」了下來。

但日本學者不認同這種「西方進口論」。像日沼賴夫（見下圖）就認為，日本

世界首先培養出ATL（HTLV-I）的日沼賴夫教授，也是提出日本HTLV-I帶原者與日本原住民有關之學者之一。他在1986或87年來台演講，對台灣原住民文化特別有興趣。這是他與夫人及其他日本學者深入造訪屏東三地門。（中：日沼賴夫；左一：林媽利；右一，作者）

的HTLV-I，是日本的「固有文化」，理由是，「日本海」中有一個小島，叫隱岐島，中古時曾有某天皇被放逐於此，這裡從來外國人罕至，但有不少居民感染到HTLV-I。又如北海道的原住民愛奴族，也有近二%發現有HTLV-I，這些也不可能是外國人帶來的（見左圖）。而九〇年代以後的病毒DNA定序，也發現日本種HTLV-I及加勒比海種HTLV-I，確實有些小小不同，但是否同源或不同源，則不得而知。

日本人後來又發現，在九州以南的琉球，也有HTLV-I，推測是由地緣關係而來。琉球以南就是台灣。因為台灣在一九八四至一九八五以後，已開始診斷出ATL的病人，所以大家早已確知台灣應有此病毒，只是不知其流行盛行率而已。當時的推測是，如果台灣

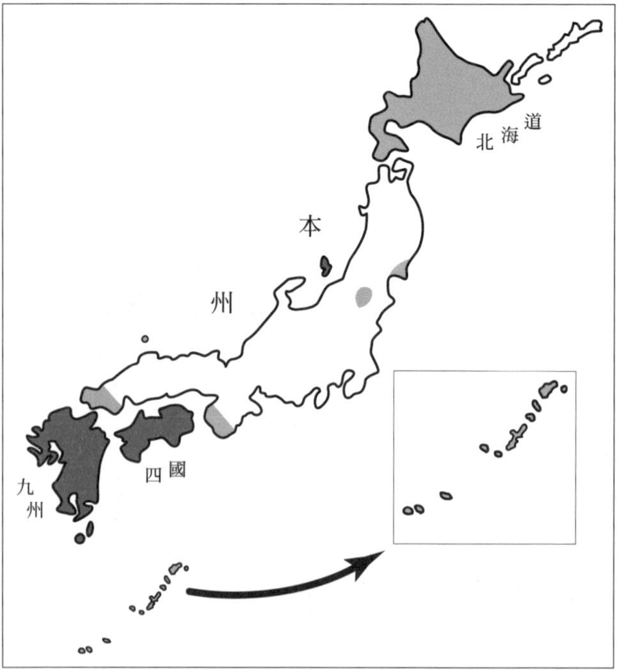

日本HTLV-I分布圖。日本HTLV-I的分布，大都在邊陲地帶，隱然與古代弱勢原住民繩紋人被後來強勢的彌生人所逐之後的居住區相符合。而繩紋人因其特殊基因而易感染HTLV-I，產生特殊白血病。這與百越人的鼻咽癌發生有異曲同工之妙。

有HTLV-I，可能由與琉球、九州的地緣關係而來，因此台灣北部的盛行率可能比南部略高。

於是在一九八五、一九八六年左右，台大醫學院展開這個題目的田野調查，結果在全台灣各地五千多個成年人檢體中，有三十多個呈陽性反應。換句話說，台灣成年人大約每二百人之中會有一位帶有HTLV-I病毒感染，比日本九州、琉球低，但又較周圍的其他國家為高。意外的是，台灣HTLV-I之地理分布，不論在高山、平地、北、中、南均非常平均，不像日本集中在某區域；而更有意義的是，台灣的原住民也帶有此病毒，且盛行率和非原住民差不多。

台灣周遭的國家，除了日本之外，竟然不見有HTLV-I。中國的曾毅教授也做了一些全中國的調查，而有趣的是，出現陽性反應的幾個少數人，不是有日本關係（日本人的太太），就是有台灣關係（台籍人士遷居中國大陸）者，純粹「中土人士」則找不到帶病毒者。而後，約十年前，我聽說中國大陸終於找到首例ATL的病人，而病人住在廈門或泉州一帶。

這意味著什麼玄機嗎？台灣的新漢族也好，原住民也好，是如何感染到HTLV-I的呢？我分析有二種最大可能：

第一種可能是日本人或琉球人傳過來的。其實我們已經證明，台灣的HTLV-I病毒和日本HTLV-I病毒的DNA排序一模一樣，所以台灣的HTLV-I來自日本種，此無庸置疑。近代台灣島與日本人的第一次大接觸是一八七四年「牡丹社事件」，二十年後日本人占領台灣。一八九五年日人來台到一九八五，這九十年，HTLV-I自零變成〇・五％，而且散布全台，連原住民都有，這也許不是不可能，但無法說服我。因為韓國在一九一〇年以後的命運與台灣類似，但韓國的HTLV-I的帶原率近於零，接近中國大陸，而不像台灣。

第二個可能，完全是我的大膽臆測。台系漢人的開台始祖鄭成功，他的日本母親田川氏居住於長崎不遠的平戶，正是位在HTLV-I流行區內，所以鄭成功的母親是帶原者的機會不小。換句話說，鄭成功及鄭氏家族的子孫，可能有不少人帶有HTLV-I。鄭氏政權在台灣的二十二年中，鄭氏家族南北開拓，「蓽路藍縷，以啟山林」，自一六六二至一九八五，將近三百三十年的散布，自有可能讓HTLV-I遍布全台漢族及原住民，形成今日的HTLV-I在台灣。

也只有這樣才能解釋，中國大陸唯一的ATL出現在漳泉地區，豈偶然哉！可能鄭氏族人留在漳廈地區，成了中國大陸極少數的帶原者，HTLV-I世代相傳迄今，終於有人發病？

如果這個推測正確，台灣及廈門、金門、泉州一帶帶有HTLV-I者，除了近代因輸血或打針而偶得者外，都有可能算是鄭氏家族的後裔或有血緣關係者。這麼說來，HTLV-I就是台灣與閩南的「鄭成功密碼」嘍？

——本文發表於二〇〇六年二月《財訊》雜誌

後記

日本的研究更發現，HTLV-I 的分布很類似繩紋人後裔的分布區域。日本人的始祖有兩支，一支為最早的原住民繩紋人，與愛奴人可能同源；另一支為西元前三世紀自朝鮮半島渡海而至，文化程度較高的彌生人。於是強勢的彌生人占領了日本主體，弱勢的繩紋人或被混血，或被驅逐到北邊的北海道、南邊的九州、琉球或其他日本海離島。而繩紋人因其特殊基因而易感染 HTLV-I，所以ALT 就是繩紋人特有的白血病。這與百越人的鼻咽癌故事很像，只是百越換成繩紋人，漢人換成彌生人，而 HTLV-I 分布地區就是繩紋人血統較濃的地方。

新的第五族群

根據內政部統計，二〇〇五年澎湖全縣的新生兒，母親為外籍新娘的百分比，已經超過「台灣主體」新娘，而其中又以越南媽媽為主。換句話說，在澎湖，「母語」已經不必然是台灣話或中文；另外，聽說已有屏東某大學正式開辦越南語文學系。這兩項，都是「越南在台灣」的里程碑。我們也可以想像，十年後，澎湖或台灣的小孩唱的不是〈外婆的澎湖灣〉，而是〈外婆的金蘭灣〉。

過去，我一直強調越南民族是優秀民族，也預測一、二十年後越南會是東南亞的最強國，那是自「表現型」（phenotype）上說的。如果以「基因型」（genotype）來看，也是很有趣的。現在大家都已同意，中國大約到春秋戰國時期可以算是比較純種的漢民族王國。其後，秦末與漢初，漢人軍隊與隨後的移民進入百越，造成第一次的漢人及百越原住民大融合；五胡亂華時，北方民族入侵中原，於是傳統中原或北方漢人混雜了北方異族的血緣。漢人貴族、士紳則大規模南遷，造成第二次漢人與南方土族（漢人與百越混血）的大融合，所以江北的漢人與江南的漢人，血緣上有明顯不同。南方漢人（漢人與百越混血）來到台灣，成為台灣的「唐山公」，而台灣原住民則成為台灣漢人（包括河洛與客家）母系的重要成分。

翻開戰國末期的地圖，江蘇、浙江、福建、廣東的全部，以及江西、湖南、廣西的一部分，都不屬於中原漢族，而是「百越」——眾多越族之地。那時，「自會稽至交阯」，都是百越之地。交阯是郡名，以今之紅河三角洲河內一帶為主，轄區可以涵蓋到越中順化一帶。越南，就是「百越之南」，或「南之百越」。

換句話說，現在越南北部人種，其實與廣東、廣西一樣，有濃厚的百越血緣，是秦漢以降漢人與百越人融合的後代，文化上也有很深的孔孟影響。而越南南部人，則有較深的東南亞人種成分，與越南北部人比較，稍矮、稍黑，長相與高棉人比較相近，孔孟及漢文化影響稍弱，但一樣優秀、勤勞。這些是最大宗的越南新娘來源。台灣人口加入越南新娘，成了全世界唯一南方漢人、百越、台灣原住民及越南原住民形成的民族大混合。

內政部統計，二〇〇五年底，外籍配偶（不含大陸港澳）合法在台居留人數有八萬零四百五十八人，其中女性配偶七萬六千九百零六人，又以越南籍五萬五千人，占七成以上，遙遙領先印尼籍的一一%或泰國籍七%。以該年而言，幾乎每三對新人就有一對是外籍新娘（含大陸港澳）。二十萬新生兒約有四分之一或五萬名為外籍新娘所生，其中越南媽媽生的，以上述的七〇%計，推斷有三萬五千名左右，也就是說去年出生的「台灣之子」，有一五至一八%左右有越南媽媽及越南外祖父、母。換言之，二〇一〇年左右，台灣國小一年級的學童，約有六、七分之一母親來自越南，而在南部某些農村，甚至可達三、四分之一。澎湖現在只不過算是個領先的指標。相較之下，同一時期台灣的原住民人口，如果以內政部統計的四十六萬四千九百六十一人估算，為台灣人口之二%，其新生兒總數遠少於「新台灣之子」。當有一天台灣有十五萬個越南媽媽時，每個人以平均生二個小孩計，那麼一共就有四十五萬人，與現在原住民的總人口數相當。

以人口比例上來說，一、二十年後台越混血人口甚至不比客家族群少太多，只是客家人口有群聚勢力明顯性，台越之子則較為分散。我們現在講閩、客、原住民、大陸四大族群，再過二十年，「第五族群」的台越混血公民，將相當可觀。這個第五族群，現在尚在牙牙學語階段，等二十年後他們成為台灣公民或勞動力時，因為他們的「特一性」（unique）極為明顯，一定會產生「族群意識」。而相對之下，未來的大陸第三代及第四代將因文化、長相、語言、風俗習慣漸漸融入本地，反而會讓同一世代（而非總人口）中占一五至一八%的「台越之子」顯得突出。

未來台灣的新人權指標，就看我們如何善待這個新的第五族群及他們的東南亞媽媽。

首先，是母語。台籍人士為了爭取能在學校講母語——台灣話，曾和國民黨政府纏鬥多年。將心比心，將來我們也應該鼓勵這些台越之子學習他們的母語，並且可以嫻熟應用他們的母語。

所謂全球化時代就是一個語言掛帥的時代。現在大家都在談金磚四國，其中的印度之所以崛起，除了他們的軟體工業卓然有成外，英語是印度人的官方語言，讓他們占了很大的優勢。其實「金磚四國」是以白種人的投資眼光看的，以台灣為本位來看，越南的投資價值絕對優於巴西與俄羅斯。越南這幾年的經濟成長率，已晉身為世界第二位。越南人口有一億，而且城鄉差距不如中國那麼明顯，市場也不算小。

越南仍然是共產國家，但最近的政治開放卻十分引人注目，例如領導集團以「差額選舉」選出，基本上五年更換一代，等於是「開明集體專制」，連中共內部都有「越共能，中共不能？」的聲音，胡錦濤最近拍板決定中共領導班子以五年為一任、二任後不再連任的決定，明顯是受了越南的影響。以國內民主而言，越南自然未上軌道；以投資者而言，在政治穩定性及開明度上，越南比中國好。

我很高興台灣終於有大學設立「越南語文學系」，台灣應該成立更多的越南研究，不但是語文，甚至包括風俗、文學、藝術等。如果台灣電視每個月能有二小時越南時事介紹，一小時越語中文教學，一小時中文越語教學，一定很受歡迎。政府如果更積極提供獎學金讓越南才俊或越娘家人來台就讀大學或技術學院，將來必能有助於台越關係，相信比用於那些既彈丸又善變之小國的金援外交要好得多。

現在越南有許多台商，事業卓然有成。越南的台商集團與在中國大陸的台商集團，最大的不同是語言問題。越南台商現在找不到會說越南話的台灣籍管理人才，但二十年後，這些台灣新生代的「台越之子」，應該是最佳人選。所以我們應該鼓勵台灣的越南新娘不要自卑，在家裡也盡量教小孩越南話，讓他們自小就會兩、三種語言：中文、母親的越南話與父親的台灣話（包括客語），二十年後妙用無窮。以目前觀之，二十年後的越南絕不會是泛泛之輩。越南也一定非常歡迎這些「外孫」回來，這些外孫，一定會讓台越水乳交融，一定會讓台越關係遠優於中越關係。越南本來就對中國有戒心，現在台灣對越南的外交努力太、太、太消極了，將來台灣要善用台越之子來發展對越南的外交與經濟。

第二，是有關越南媽媽們的司法人權。由上次李泰安案的越南岳母來台就可以知道，目前司法系統的越南語文人才及配套極不完備，嚴重妨害到越南媽媽的司法人權。在媒體上也常看到不少越南媽媽因家暴而逃家，顯示她們在受到不公平對待時因語言關係而受到非常巨大的委屈。台灣的法院若在這一點不改善，將來在人權報告上會是很大的負面因子。泰勞因為是男性，又是集體工作，不會落單，也比較有申訴的能力；菲傭則學識較高，英文能力不錯，又大都是短期居留，這方面的問題較少。最近有一位美籍越裔人士大鬧航機，迫降之後，美國在台協會馬上派人去協助保護。同樣是越南裔，只因護照不同，目前在台灣所受的人權待遇有天壤之別。台灣政府一定要在這方面多加努力，改善越南新娘的人權環境。她們嫁到台灣為台灣生養小孩，任勞任怨，但得到的物質報酬及人權待遇，台灣人午夜捫心自問，能不慚愧嗎？

第三，這些台越之子長大以後，我衷心希望他們在工作、婚姻上不要受到台灣社會有形或無形的排擠，否則台灣會滋生新的族群衝突因素或甚至上升到政黨層面。我相信以目前台灣公民社會的素質而言，是有這種度量及涵養的。

還有一些風俗習慣上的，舉個例說，現在越南也仍過農曆新年，台灣人有大年初二女兒回娘家的習俗，不知越南是否有類似特定日子女兒回娘家的風俗。我們幾乎可以預見一、二十年後，台灣至少有十萬個越南媽媽在台灣，每年農曆春節，好幾萬台越之子及他們的台灣爸爸、越南媽媽要自台灣到越南過節。只要以二萬人計就好了，每個飛機班次以二百人計，也要一百班次才能運完。這種數萬人同時出國過節省親的大場面，在人類歷史上可能也是很少見的吧！這個「回越南記」讓我想到「出埃及記」，但「回越南記」是來回旅程，而且要溫馨多了。

我在十二年前之所以能到越南胡志明市協助他們建立第一個骨髓移植中心，主要就是靠一位「法越之子」——法國及越南的混血兒。他的外觀像法國人，但擁有八分之三的越南及八分之一的華人血統（下圖）。他是一家跨國藥廠駐越南總經理，因血緣之故，他認為法國及越南都是他的母國，因此一心要為越南做出貢獻。將來的「台越之子」大概也會心同此理。

「越南在台灣」是台灣未來發展區域外交及經濟的大利多，希望教育部、經濟部、外交部要把眼界放遠，去訂立長久目標，不要身懷瑰玉而不自知，不去栽培、不去利用（搞不好還視為負擔？）。「越南在台灣」會造成一、二十年後台灣社會

具有越南血緣的「新法國之子」Dr. Bousquet（左第一人），金邊大學畢業，是跨國藥廠Sandoz（現在的Novartis）駐越南的總經理。他一手促成台大醫院協助胡志明市輸血醫院建立越南第一個骨髓移植中心。這張照片攝於1995年。Dr. Bousquet的住宅客廳，充滿東方文化氣息。台灣具有越南血統的「新台灣之子」將來也極可能在越南扮演類似角色，把台灣的文化與善意帶到越南。未來的台越友好要靠他們，台灣人須有遠見。

經濟文化的重大影響，台灣準備好了嗎？今天的「越南在台灣」，就是明天的「台灣在越南」，台灣要好好把握這個「無心插柳柳成蔭」的天賜良緣及天賜良機。

——本文發表於二〇〇六年九月《財訊》雜誌

後記

二〇一四年五月發生的越南對台商騷擾事件，讓我產生一個新隱憂，不在越南，而在台灣。越南應該是目前台灣近九萬名「新台灣人」的外婆家，卻出現這樣的衝突，真是憾事。不知台灣九萬「越南新娘之子」，或十四萬「東南亞新娘」之子，以及他們的母親，心裡會有怎樣的衝擊？

「太陽花學運」讓我覺得很欣慰的是，台灣過去「本省人」、「外省人」的省籍問題似乎已漸漸消失。然而越南台商事件讓我擔憂未來台灣的族群問題，是否會變成「台灣人」與「新台灣之子」的衝突。台灣人對「新台灣之子」的歧視，已非新聞。我在舊作《生技魅影》曾一再強調「東南亞新娘」是優秀的，然而「新台灣之子」在小學，在國中，顯然會受到或多或少的霸凌，這是我們應反省的。呼籲大家應善待台灣的「新第五族群」，他們讓台灣注入新的生命力。德國已有土耳其移民後裔成立的政黨。新台灣之子就是未來台灣新勢力。希望台灣同胞好好珍惜，培育他們。

台灣史翻案篇

錯亂的台灣民間歷史記憶

在《福爾摩沙三族記》的第一頁，我很不自量力地寫下二句話：

「為台灣留下歷史」。

「為歷史記下台灣」。

先說「為歷史記下台灣」。我感覺我過去在學校所上的歷史，其實和台灣非常疏遠，那不是我們先人的歷史，而是中原的政權更替史。五十年過去了，也許有所改進，但我覺得，仍然遠遠不足。而市面上雖有歷史小說，但幾無台灣史小說（除了姚嘉文似已絕版的《七色記》），因此我要以台灣住民為主角來寫歷史小說，以強調台灣的主體性（在《福爾摩沙三族記》後，陸續有不少台灣史小說出版，令人興奮）。

至於「為台灣留下歷史」，其實動機源於我在二〇〇六年寫的一篇文章：〈建構台灣英雄史觀〉。所以我要描寫台灣的英雄，建構台灣英雄史。我很慶幸，我不是歷史學學者，有比歷史學者更自由、更廣闊的空間，可以用小說的方式，寫下台灣這塊土地上發生過的英雄事蹟，來豐富台灣史。所以我寫《福爾摩沙三族記》，不但寫三個族群的互動，也描述了鄭成功、揆一、陳澤這幾位我心目中的台灣史英雄。

而在寫《福爾摩沙三族記》的過程中，我發現台灣史充滿了偏見（漢人沙文主義），充滿了扭曲（因人物的政治不正確或被政治利用，例如同一鄭成功，歷史上有台灣漢人移民、清廷、民國、中共、日本人的各種解讀，反而欠缺台灣原住民觀點），也充滿了謎團（例如鄭成功的死因）。我有幸生於台南老市區，我發現小時候穿梭的台南廟宇背後，其實隱藏了令人驚訝的台灣歷史真相與悲情。但或不廣為台灣人所知，或甚至在過去三百多年之中失傳了或扭曲了。這些都有待於歷史學者去考據，去發掘。但歷史學者太謹小慎微了，太愛惜羽毛了，而證據又不一定留存。於是我決定將我的翻案看法以小說方式繕釋出來。

在這個單元裡，有兩篇文章是我在《福爾摩沙三族記》所寫的兩個理念：一、鄭成功是自殺而死。這一點，很多醫界朋友告訴我，他們覺得我的分析幾乎無懈可擊。二、台灣人所膜拜的神明，有二位是當今福建閩南地區沒有的，一是三太子，二是玄天上帝。因為兩者都是鄭成功帶來台灣的。「三太子」是鄭成功本人的特殊信仰，反應他內心「忠孝不兩全」的長久折磨。由於這樣的分析，讓鄭成功變得有血有淚有肉，也豐富了鄭成功悲劇英雄的內涵。這幾年三太子變成「台味」的代表，而玄天上帝在台灣也香火鼎盛，印證了明鄭系台灣人和大清國閩南原鄉的不同信仰。鄭成功地下有知，一定很欣慰。

另外，我因為寫陳澤，而注意到台南四草全國聞名的「大眾廟」，其實在建廟時的廟號極可能是「大將廟」。因為民眾立廟的原意是祭拜「鎮海大元帥」而非「大眾公好兄弟」。何況該廟址又位在鄭成功來台時，和荷軍首度交戰的鹿耳門古戰場。打勝那場水陸決定性戰役的陳澤，身分正符合「鎮海大元帥」。現在該廟不稱「大將廟」而稱「大眾廟」（以閩南語發音其實完全相同），應該是後來施琅擊敗鄭家以後，民眾為了害怕清廷找碴，於是自動改字掩飾（其實音不變），同時胡謅了一位正史不存在，迎合清廷口味的，剿滅朱一貴的水師游擊小官陳酉來掩蓋清人耳目。不想日後竟以訛傳訛了。又因為該地是古戰場，所以有大批陣亡將士骸骨被集體埋葬廟旁，也是合理。後來一九七一年在廟旁草地才被挖出來，但那是廟宇已屹立了二、三百年之後的事，並不符合台灣其他「大眾公廟」的傳統。

我們試想，長久以來，信徒及廟祝都知道，廟中供奉「鎮海大元帥」，而非一般「大眾公」；神位主壇還有鎮海大元帥的四兄弟，廟名卻叫「大眾廟」，不是很奇怪嗎？更糟糕的是，陳澤是反清復明，與現在廟中資料的神明，其敵我意識正好相反。反清大將的廟竟變成擁清小官的廟！陳澤地下有靈，一定痛哭。再說台灣的福佬人地區有哪一座廟是民眾甘為敉平反清台灣英雄朱一貴或林爽文的清國將領而立的？因為台灣大部分先民的心中長久以來還是反清的，與中土已臣服的漢人不同，所以才會「三年一小反，五年一大反」，才會被清廷認為是「男無情，女無義」之地，割讓了也不可惜。所以我以為台南市政府應為「大眾廟」正名為「大將廟」，並且把

大眾廟主殿兩旁有「鎮海元帥」題字，足證建廟之旨在紀念當年在立廟之地，北汕尾古戰場大敗荷蘭軍隊的明鄭水師「大將」陳澤。但清廷領台之後，民眾改以諧音的「大眾廟」呼之。後世卻因而遺忘了原先建廟之初衷，更不幸扭曲為祭拜清國將領。

鎮海元帥（披帶者）之正前小像，由簡單冠飾看來，可能是親信下屬。廟中人士說，再過去之四尊（兩尊在暗處，由冠飾見其尊榮），是鎮海元帥的四兄弟（陳澤有三位弟弟，連自己才為四人）。

「大將廟」（陳澤的廟）及「陳德聚堂」（陳澤的故居，也有一段坎坷史）連結起來，那麼廟宇的故事才更正確，東寧王朝在台灣的故事才算完整，台灣史的民族精神也才更彰顯。

我又發現，台南先人的建廟之處，常常就是紀念那一段先民認為可歌可泣的史實發生之處。除大眾廟外，台南另有一處深具歷史意義的是台南「頂太子沙淘宮」。台灣沒有其他任何一座三太子廟用這個奇怪的名稱，因為當年（一六八一年）台南民眾建沙淘宮所祭的「太子」，不是哪吒三太子，是東寧王國的「大太子」鄭克𡒉。但在鄭克塽統治下，不能明目張膽紀念，只好如此以隱晦的方式為之。

「沙淘」兩字，尤具深意。鄭經死後第三天，身為鄭經長男太子的鄭克𡒉在祖母居住的「北園別館」（今開元寺），在祖母的默許之下，被叔父所殺，丟入鄰近柴頭港溪，然後流入台江內海。太子之屍身隨浪逐流，淘沙漂浮到今西門路廟址（西門

台南市西門路二段116巷內的「頂太子沙淘宮」建於1681年，其實是祭祀當年在政治鬥爭中被殺的鄭經「大太子」鄭克𡒉。民眾憐之，但不敢公然祭拜，而借用「太子」兩字，再以「沙淘」形容之。

路正是當年台江內海的海岸線），才擱淺上岸或被民眾撈上岸。如果我們今日到沙淘宮，想到這正是三百年前，鄭家大太子浮屍擱淺之處；再想到因為鄭家三世父子相殘，影響了台灣的命運。那種歷史的悲情與滄桑，豈獨愴然而淚下！

然而，這些只是懷古而已，真正寶貴的，應該是教科書級歷史事件發生地，兼能保留歷史遺物之處。很不幸的，由於台灣統治者的更替均為彼此敵對者，因此前朝文物每每蕩然無存。清政府把鄭家死去的鄭經抹黑，把活著的東寧王室、大臣全部移居大陸。至於典章、文物，能搬走的全搬了，搬不走的則全面破壞，連墓園也不放過。日本人來了，對台灣的本土文物大都不屑一顧。國民黨政府來到台灣，則忙著掃除日本人「遺毒」。甚至到了近七十年後的今天，猶在教科書上動手腳。因此可憐的台灣，不但正史的面目模糊，留存的歷史文物也不多。

我為了撰寫下一部歷史小說，到過屏東多次。台灣最南角的墾丁國家公園現在以風景名聞國際，但其實是台灣近代史很重要的一個歷史發生地。墾丁社頂公園之名，說明了這地區曾是重要的原住民聚落。墾丁大街下的海岸，現在是每年紅男綠女春吶嬉玩之勝地，但在一百四十七年前的一八六七年（同治六年），卻是個無情血腥海岸。這裡發生了羅發號（The Rover）事件，有十二位船員在此被現在社頂部落，當時龜仔甪社的原住民殺害了。這裡也是第一位西方帝國主義列強之中高階軍官在台灣土地上的陣亡之處。台灣人一定想不到這個「列強」海軍少校麥肯吉（Alexander S. Mackenzie），不是清末屢次侵門踏戶的英國人或法國人，而是「美帝」！也因為如此，後來日本征台的牡丹社事件中，馬前卒、幕後軍師都是美國人，連隨軍記者也是《紐約時報》記者！

現在船帆石是風景點，大尖石山也極出名；而在一八六七年則是被來此虎視眈眈的英、美砲船視為最佳地標。自船帆石望過去大尖石山，氣勢磅礴，連來此作戰的英國船員Fencock都為之心動，繪圖為記，並刊登於一八六七年六月十五日的《倫敦時報》，流傳至今（見172頁圖）。

當時的原住民，因為歷史因素，把所有西方白人一律視為「紅毛」。他們殺害羅發號船員的原因，是誤以為那些船員是二百多年前殺害他們祖先的紅毛人。原住民是不殺女人的，認為殺了女人會失去祖靈的庇佑而受到詛咒。而偏偏在那次羅發號事件中，船長夫人Mercy Hunt可能因為穿了水手服，被土人誤認為男人而殺之。羅發號事件後來產生連鎖反應，成為台灣史關鍵事件。沒有羅發號就沒有牡丹社事件。現在墾丁海岸邊有一座叫作「八寶宮」的「荷蘭公主廟」，當地人的傳說是一六四〇年

墾丁公園海邊，「萬應公祠」與「八寶宮」（荷蘭公主廟）的怪異合體。

代，荷蘭公主來台尋找情郎，卻死於土人之手而建廟。奇的是「八寶」的內容正吻合一百多年前土人在船長夫人身上搜到的「八項寶物」。因此，將那些骨骸推定為羅發號船員的骨骸是很合理的。那麼，同時挖出來的船骸，就應該是當年載著那些船員自七星岩抵達台灣南灣的羅發號小船。在百多年後，竟然留存，這對台灣史而言，自是寶物。可是因為受了居民紅毛公主萬里尋愛的誤傳，台灣官方及學界均未予重視，而任由可能是牽引台灣命運的一條船的船骸在過去幾十年間風吹雨淋。反倒是荷蘭代表處曾去實地勘查，表示與荷蘭無關。

因此，在本單元中，我以較活潑的方式記載了這個「八寶宮」的故事（其實是我下一部台灣史小說的「楔子篇」），希望能喚起學界的重視，更進一步證明那些船骸直接與羅發號事件有關。那將是台灣的一大盛事，而墾丁除了是觀光勝地，也將成為台灣史的重地。

墾丁社頂公園旁，社頂部落之石柱上，路標猶見「龜仔用社」字樣。龜仔用社十九世紀英文書大都稱Kualut，應以閩南語發音，中文多寫成龜仔「用」或龜仔「律」。此路標寫「角」有誤。亦為閩南語有音無字，世代相傳，衍生錯誤之又一例。

鄭成功是刺面自殺而死？

鄭成功是台灣史上的英雄，而我希望寫出他的英雄全貌，包括人性的光明面與黑暗面。

在那個明清之際的悲慘時代，不論是君王（崇禎、南明諸王、皇太極、順治）或將領（鄭芝龍、鄭成功、張煌言、李定國、洪承疇、三藩、甚至施琅，以及更早的袁崇煥、滿桂等），每個人都充滿了心靈的創傷。因戰火和海禁而流離失所的閩粵百姓就更不用說了。荷治下的福爾摩沙及鄭經西征前的台灣，相對之下反像是人間樂土。

那是一個人人都不快樂的時代，而鄭成功更是一個非常不快樂的英雄。他身世曲折多舛，性格多疑急躁，而又堅毅不屈，聰明果斷，多才多藝。然而西方的記載把他醜化，東方的論述又把他神化了。於是我們看不到有血有肉的悲劇英雄鄭成功的真面目。

在荷蘭古籍中，鄭成功被描述成毫無人性的暴君。依當時荷蘭劇本記載，牧師亨布魯克因未遵守國姓爺所囑，去向熱蘭遮城守軍勸降，結果國姓爺大怒，連帶處死了所有在福爾摩沙的牧師及許多荷蘭人。這個故事廣為散布，更以畫作流傳於世，連台灣人顏水龍顯然都相信了。顏水龍畫的「傳教士范無如區訣別圖」，迄今懸掛在赤崁樓的牆上。

然而，真實的歷史不是這樣的。鄭成功派遣亨布魯克去勸降是一六六一年五月二十四日，而亨布魯克等牧師被殺，是九月十二日鄭荷第二次海戰之後的事，中間相隔了四個月。五月二十五日，鄭成功炮轟熱蘭遮城無功而退之後，他對待荷蘭人依然算是寬大的。要等到後來巴達維亞援軍於八月出其不意到來，九月中兩軍第二度大戰，雖然鄭軍慘勝，但死傷甚眾，而且「宣毅前鎮」副將林進紳被荷蘭降兵暗殺，再加上稍早「左前鋒鎮」楊祖和近千士兵被中部的大肚番王所殺，鄭成功懷疑是荷蘭人的煽動，近故加上遠因，鄭成功才大開殺戒。以當時英、荷在南洋各地互相打來打去，這樣的殺戮，老實說，雖殘忍但非特別過分。只是鄭成功殺害的不只軍隊，而包括曾經對福爾摩沙盡心盡力的荷蘭神職人員，因而被渲染了。

相反的，當年不少荷蘭文獻提到，鄭成功處死荷蘭牧師之後，娶了亨布魯克十六歲的小女兒為妾。荷蘭記載說，牧師的小女兒甜美可愛，是眾所公認的美女。這種事，在同時代也是不論歐亞多有所聞，不算過分，只顯示出鄭成功平凡人性的一面。但此事竟然完全不見於華文史籍的記載，大概是為了維護鄭成功「治軍嚴明，不擾百姓」的形象，也顯示中國古書「為尊者諱」的偽善。其實，這件事還有續篇，依荷蘭人自己的記載，後來鄭荷訂立和約，鄭成功真的遵守承諾，讓這位荷妾離開台灣。這一點，鄭成功就令人佩服。揆一的後人會來台祭拜國姓爺，豈偶然哉。

最讓我感到興趣的，是鄭成功之死。

鄭成功死得非常突然。而他的死，影響又非常重大。如果他晚死一年，可能真的會征伐呂宋，也可能後來鄭經沒有機會再統領鄭家軍。則台灣歷史，甚至東亞歷史，勢將重寫。

更奇怪的是鄭成功的死因。鄭成功之死非常突兀。綜合民間及官方史冊，鄭成功之死的情節大約如下：

《清代官書記明臺灣鄭氏亡事》：「康熙元年，賊中內亂，成功父子相惡。成功欲殺錦，遣人捕繫之，錦稱兵。成功恚甚，得狂疾，索從人佩劍，自斫其面死。」

《大清聖祖仁皇帝實錄》：「靖南王耿繼茂疏報：海逆鄭成功因其子鄭錦為各偽鎮所擁立，統兵抗拒，鄭成功不勝忿怒，驟發癲狂，於五月八日，齩指身死。」

夏琳《閩海紀要》：「人莫知其病，及疾革，都督洪秉誠調藥以進，成功投之於地……頓足撫膺，大呼而殂。」

劉獻廷《廣陽雜記》：「賜姓之死也，面目皆爪破。曰：吾無面目見先帝及思文帝也。」

梅村野史《鹿樵紀聞》：「面目皆爪破。」

江日昇《臺灣外記》的記載最詳細：「五月朔日，成功偶感風寒。但日強起登將台，持千里鏡，望澎湖有舟來否。初八日，又登臺觀望。回書室冠帶，請太祖祖訓出。禮畢，坐胡床，命左右進酒。折閱一帙，輒飲一杯。至第三帙，嘆曰：『吾有何面目見先帝於地下也』！以兩手抓其面而逝。」

林時對《荷閘叢談》：「咬盡手指死。」

李光地《榕村語錄續集》：傷寒。

沈雲《臺灣鄭氏始末》：先說是「病肝急」，再描述黃安勸鄭成功不要為鄭經之事生氣，但「成功益忿怒，狂走。越八日庚辰（初八日），齧指而卒，年三十有九」。然後，又說馬信也「慟哭不絕死」。

徐鼒《小腆紀年》：「金廈諸將拒命，心大恚恨，疾遂革，猶日強起登將台；兩手掩面而逝。」

《清史稿》：「狂怒齧指。」

楊英的《從征實錄》可信度最高，但可惜只寫到該年四月。五月的記載，不知是遺失了，還是故意隱而不寫。總之相當詭異。

有關鄭成功之死的過程，不論死於何病，下列的說法是比較一致的：

- 鄭成功大概自農曆五月一日開始不適，在床上躺了幾天。他過世是五月八日，那天的精神體力反而比前幾天好，看起來是病體恢復中，而不像病情加重。
- 鄭成功去世那一天，早上可以長時間坐起來念明太祖遺訓，可以飲酒，還把屬下奉上的藥丟到地上。也就是說，神智清楚，食欲不錯，而且力氣不小，完全不像重病臥床者之臨終表現。
- 鄭成功去世那天，心事重重，非常盼望金、廈有消息來；而對兒子鄭經，既生氣又惦念。
- 鄭成功之死，發生在幾分鐘之內。
- 以他的身體狀況，屬下沒有任何人會想到他那天會過世；但他死前說的話，又很像是遺言。

・鄭成功死時，馬信在他身旁。鄭成功死後，馬信很快為他覆上紅緞。

迄至目前為止，有關鄭成功的死因，現代人的臆測大約有下列幾個病名：肺炎、瘧疾、傷寒、肝炎。當時的台灣是著名的瘴癘之地，所謂「瘴癘」就是瘧疾、登革熱、痢疾、傷寒等傳染病。後人很容易會推測鄭成功死於上述傳染病之一。但以我數十年內科醫師的經驗談，上述說法都不吻合。因為最基本的一點，這些細菌、病毒或原蟲所引起的感染，幾乎都會高燒數天，而鄭成功幾乎完全沒有發高燒的記載（「偶感風寒」反而表示不是高燒）。

再深入探討：肺炎的病人大都死於呼吸衰竭，且因為血中氧氣嚴重不足，不可能在臨死當天起床飲酒、讀書、擲碗等。

瘧疾的病人，大都死於貧血、發燒、休克。同樣的，鄭成功死前不像有休克的樣子，也未記載發高燒。

至於傷寒，中醫的傷寒和西醫的傷寒可能不盡相同。登革熱（天狗熱）或痢疾，大約可以列入中醫所說的「傷寒」，但鄭成功不見高燒，不見肌肉痛，不見皮膚出血（登革熱），不見腹瀉或血便（痢疾或傷寒）。所以統統不像。

而肝炎、急性肝炎的病人，大都死於重度黃疸引發之肝昏迷。鄭成功未有黃疸之記載。同樣的，肝衰竭死者不可能有鄭成功那天早上的種種激情表現。

再則，鄭成功的「直接死因」，見諸文獻的有「抓面而死」、「咬指而死」或「掩面而逝」。然而就醫學觀點，抓面咬指，出血量都不大，絕不致造成休克，如何在數分鐘致死？而且上述的肺炎、瘧疾、肝炎、傷寒，或下述的心肌梗塞、腦中風，在瀕死時，也都不太可能做出「抓面」或「咬指」的使力動作。

會在五分鐘內猝死的是心臟病（心肌梗塞）或腦中風。但以鄭成功的年齡及史書的敘述都不像。而且鄭成功死前的言語，如果江日昇《台灣外記》這一段話為真，「自國家飄零以來，枕戈泣血十有七年，進退無據，罪案日增；今又屏跡遐荒，遽捐人世。忠孝兩虧，死不瞑目，天乎，天乎！何使孤臣至於此極也！」根本就是在交代遺言。他顯然清楚知道自己將死。心臟病或腦中風而猝死者，不可能在死前那樣長篇大論、激動感嘆。而心臟病死時，是胸痛或心痛，會「撫胸而死」，不會「掩面而死」；腦中風的人，有一邊身體麻痺，而「掩面」是兩手並用的動作。

所以基本上，我不認為鄭成功死於熱病或感染，或上述疾病的任一種，也不像是心肌梗塞或腦中風。那麼，有其他可能嗎？

我認為最有可能的是「自殘」。以鄭成功死前的精神狀況、他的家族史、他的個性、他悲憤自盡，自殘是非常合理的。馬信何以要急急為鄭成功蓋上紅布，顯然為了掩飾血跡及自殘之傷痕。而馬信七天之後亦猝死，太巧合了；更何況，七天，正是閩南人風俗的「頭七」。或說馬信是「慟哭」而死。「慟哭」如何致死？在醫學上也沒有「慟哭致死」這樣的死因。心情悲痛有可能引發心臟疾病或腦中風，但還是這句老話：「未免太巧合了！」所以我高度懷疑，馬信也是步上主子之後路，自殺而死。

如果鄭成功的死因是自殺，反而最為合理，也最能解釋鄭成功留下一些類似遺言的記載。

我想先自鄭成功的精神分析說起。鄭成功有沒有可能自殺？我的另一文章〈三太子與鄭成功〉（見本書後文）提到，祭拜三太子的風氣會在台灣比在閩南及大陸遠為盛行，和鄭成功的倡導有關。我去過的台灣大大小小祭拜鄭成功的廟宇，廟內都有非常古色古香的三太子神像，而且常常不只一尊，我由此推斷，鄭成功虔信中壇元帥哪吒三太子。鄭成功一方面以哪吒的故事來撫慰自己對生父鄭芝龍的不滿與扞格，一方面也以哪吒的戰神形象鼓勵自己。這也反映了鄭成功的內心衝突和自我矛盾。莎士比亞悲劇中的哈姆雷特、李爾王、奧塞羅的故事，與鄭成功比起來都差了一級。鄭成功的一生，可說是小說家劇本所創造不出來的悲劇英雄。

我曾和我台大醫學院的學長、美國加州大學洛杉磯分校著名的精神醫學教授林克明醫師討論過。他認為鄭成功有希臘神話伊底帕斯的「弒父娶母情結」。這個說法，我非常贊同。有趣的是，林醫師現在也正寫作以鄭成功為主角的英文小說，請大家拭目以待。

我們的理由是，鄭成功自一歲到七歲是日本人，只有日本人母親撫養。作為父親的鄭芝龍，在這段時間，完全缺席。

鄭成功七歲以後，被父親接到安海，結果變成鄭成功和母親相處的機會被父親剝奪了。更糟糕的，來到安海的鄭成功，不但未能真正感受父親的疼愛，反因漢語不甚流利，生活不太習慣，受盡叔叔們和堂兄弟（大概就是鄭芝莞、鄭芝豹及鄭彩、鄭聯之輩）的欺凌，讓他更想念在日本的媽媽。所以《台灣外志》說「季父兄弟輩數窘之」，又說他「念母憂思，夜必翹首東向」。那時，長輩比較欣賞他、照顧他的，大概只有較具文人素養的四叔鄭鴻逵；平輩與他較交好者，可能是族兄鄭泰和幼弟鄭淼。

鄭芝龍自然極疼愛鄭成功，但他給鄭成功的父愛不是家庭生活方面，而是聘名師、上太學、布人脈，包括在十五歲就為他找個同鄉惠安的最高名門、「禮部侍郎」董颺先之姪女為妻。鄭芝龍對鄭成功「望子成龍式」養成教育的影響當然很大，也很正面，但我們也可以想見，鄭芝龍對兒子必會因「責之切」，偶爾有一些過度的要求。林林總總，小鄭森（那時還不叫鄭成功）的幼年生活顯然是不快樂的，心裡對父親可能是怨多於愛的。而且偏偏鄭芝龍後來沒有走正路，所以鄭成功和父親的舊心結和新理念的衝突就一起浮現。

是巧合或是必然，到了後來，鄭鴻逵、鄭成功、鄭泰及鄭淼，都沒有隨鄭芝龍投降清廷。也許是鄭成功對鄭芝龍所產生的不滿，加上少年時代所受的孔孟教育，以及一半日本人血統產生的忠君思想，讓他對清廷的態度，與父親鄭芝龍做了不同的選擇，也就踏上「忠孝不兩全」之路。於是，鄭成功以「三太子哪吒」自喻，也以戰無不勝的「中壇元帥」自勵。

如果像《封神榜》裡，哪吒並不影響父親李天王的功名也就算了；鄭成功和父親分道揚鑣，卻導致父親、叔叔及弟弟的被囚、被殺。於是，一六四六年鄭成功因父親降清而決裂的理直氣壯，竟變為一六六二年鄭成功對父親被處死的滿心歉疚。他聽到父親被處死的訊息後，口頭上不相信，卻半夜起來痛哭。這也像伊底帕斯的故事一樣。希臘神話中，後來當上底比斯王的伊底帕斯，知道了自己在不知情中弒父娶母之後，內心充滿了悔恨與罪惡感，竟然自挖雙眼，放棄王位，到處流浪。

鄭成功比伊底帕斯更不幸。一六六二年二月底，他接到了父親因自己而死的噩訊（這是不孝）；五月底或六月初接到了永曆帝的死訊（之前他一直被張煌言痛罵勤王不力；這是不忠），又面臨自己和兒子鄭經決裂的空前危機與羞辱（鄭成功心裡可能有現世報的感覺）；以及因給呂宋西班牙總督一封信，導致馬尼拉三萬華人被殺（這是不義）。在「不孝」、「不忠」、「不義」的自責之下，於是羞憤而衝動自盡，是一個很合理的推測。也唯有如此，才能解釋鄭成功的猝死，以及史籍所說的掩面而死、抓面而死等，甚至包括馬信必須以紅緞蓋住鄭成功的遺體。

鄭成功以三十九歲之齡過世，絕非福壽雙全，以漳泉人士的習俗，不會用代表喜慶的紅緞去覆蓋。最合理的解釋就是為了掩飾鄭成功因自殺而噴出來的血跡。而掩面而死、抓面而死，再加上鄭成功死前說的「吾無面目見先帝及思文帝也」，顯示傷口應在臉部。「齩指身死」應是掩飾之詞。這些都說明了馬信何以要用紅緞覆蓋遺體。

所以我認為，鄭成功不是一般人以刀劍自盡的「自刎頸項」（通常只有一刀），而是在極端悔恨衝動之下，自殘式的亂刀刺臉（常有好幾刀，等於是以刀毀容，傷口常多而深，自然出血極多，導致迅死。一般情殺，多屬此類，這是題外話）。此所以說「面目皆爪破」。

那麼，何以要掩飾鄭成功是自殺？我想，於大局，於私人，都有理由。於大局而言，我認為鄭成功的自殺很可能僅留有遺言，未有遺書。即使留有遺書，也會引起真偽之爭。如果率爾宣布鄭成功是自殺，必然無法取信於台灣及金廈之所有將士，徒生風波。加上台灣初定，世子鄭經不但不在台灣，還率重兵耆臣與父親隔海對立。且不論鄭成功是否留下文字要廢鄭經，或立鄭淼，都會使局面更為複雜難解，甚至雙方惡戰對決難免。

再說，鄭成功人生的最後一刻，情緒顯然非常悔恨交加。這讓馬信等人認為，鄭成功之自殺不是光彩或莊嚴的死法。現實的考量加上傳統觀念的「為尊者諱」，就沒有把國姓爺的死亡真相公諸於世，成了歷史永遠的黑幕或謎團。

然而，歷史是弔詭的。鄭成功自覺「不孝」、「不忠」、「不義」而自盡身死，但在後世的眼光看來，他雖死而有憾，但卻是「民族英雄」、是「創格完人」，而且已把「缺憾還諸天地」。

鄭成功之死因，將永遠無法有定論。而我以醫者之專業知識，試著去解開這個謎團。如果是錯誤推理，還請國姓爺原諒；如果幸而言中，不知國姓爺在天上，是高興「真相大白於世」，還是大怒「小子洩漏機密」？但至少，我們可以斷言，即使國姓爺是自殘而死，也絲毫不會損及他的歷史定位與後人的追思景仰。

後記

二〇一三年出版的《決戰熱蘭遮》，是翻譯自可能是揆一回到荷蘭後所寫的書《被遺誤的台灣》（*'t Verwaerloosde Formosa*），書中提到鄭成功死於「神經梅毒」。我個人認為這是敵營的抹黑之詞。鄭成功一向的表現，完全不符合「神經梅毒」的慢性症狀。梅毒為哥倫布一行人自美洲帶回故鄉歐洲後，本來就是歐洲人人見人厭，人見人怕，互相抹黑的疾病。英國人稱之為「法國病」，法國人稱之為「英國病」，可見一斑。

三太子與鄭成功

從二〇〇九年起，電音三太子風靡全台。何以「三太子」代表台味？有什麼社會意義？

其實，不單是現在，自十七世紀漢人移民開始進入台灣，「太子爺」會成為台灣重要民間信仰，就是個異數。台灣居民有七〇%祖先來自閩南，自有閩南文化之延伸。台灣許多神祇與廟宇，與閩南都有地緣關係。媽祖婆林默娘是宋朝閩南莆田人氏，保生大帝吳夲是宋朝閩南安溪人氏，清水祖師陳昭應也是北宋禪師，在閩南安溪清水巖得道。台灣的移民祖先廣泛崇拜的神祇，來自中原的，只有關公與三太子。而關公是全國性的神祇，是歷史人物；但三太子卻是《封神榜》人物，而且不是主要神祇。為什麼閩南移民祖先會虔誠祀奉來自中原的非主要神祇，這就很值得探討了。

再說，中國大陸不論是中原或閩南地區，太子廟並不多見。據統計，台灣有三百多間太子廟，中國大陸只有一百多間太子廟，澳門兩間，香港一間，即使在漳泉廈及金門，太子廟也不是特別多，連中國大陸哪吒宮在河南西峽縣丁河鎮奎文村（哪吒誕生地陳塘關原址）的太子廟祖廟，也是台灣人去加持翻修的。從台灣太子廟的坐落地點與建廟歷史，我認為台灣祭拜三太子的風氣是鄭成功部隊傳下來的。

自一六二四至六一年的荷據時期，為荷蘭東印度公司所招募來台的二萬多閩南移民，並未有祭拜太子爺的記載。這一點很值得注意。台灣最早的太子廟，是新營太子宮，建於康熙二年（一六六三年），正是鄭成功驅離荷人的翌年。鄭氏部將何替仔到此屯田，旗號叫「新營」，「結廬奉祀中壇元帥」。也就是一安頓下來，就建茅屋拜起三太子，直到現在，連地名都叫「太子宮」（見下圖）。

拜三太子風氣　源自鄭成功

又如台南府城下太子廟昆沙宮（項太子廟沙淘宮祭拜的名為「大太子」，實為被冤殺的鄭克壓）、高雄三鳳宮，及麻豆、新化、柳營、歸仁等地區都有歷史悠久的太子廟，顯示有屯田之區就有太子廟，而客家地區就少有太子廟。

新營太子宮是全台最早祭拜三太子的廟，建於1663年，鄭成功驅離荷蘭人的翌年，鄭氏部隊到此屯田，旗號「新營」。這是舊廟。舊廟後有三太子像之高樓為新廟，應是目前台灣最大的太子廟。

台南官田的慈聖宮，裡面有當年鄭氏王朝文臣陳永華家裡所祭拜的三太子神像。台南大眾廟祭拜的是當年在鹿耳門首仗大敗荷軍的武將陳澤，也祭拜三太子。這些都是鄭氏軍隊上上下下崇拜三太子的證據。

我推測，可能鄭成功家中也拜太子爺，只是後來鄭氏家族所有人口及文物都被遷往大陸，故已無法證實。但全台灣唯一祭拜鄭經的永康二王廟也有古色古香的三太子神像，所以太子廟的興盛應起於鄭氏軍隊所特有的神明崇拜。太子廟確實代表「台味」，但只是河洛味，不包括客家。

為什麼鄭成功與鄭氏軍隊特別篤信太子爺？

台南官田慈聖宮的三太子神像，是當年陳永華在家中祭拜之像。

祭祀鎮海大元帥（鄭成功武將）的四草大眾廟裡也有三太子像。

我有個大膽推測。鄭成功為了「移孝作忠」，而和父親鄭芝龍決裂，有若哪吒的「剔骨還父」。即使鄭芝龍與其他家人未被清廷處決，當世也必有人譏鄭成功不孝，多年來，他的內心也一定有嚴重的矛盾與衝突，於是太子爺成了他的精神寄託。更何況太子爺另有「中壇元帥」之威武盛名，因此更讓鄭成功衷心認同，於是下令全軍祭拜。而鄭氏軍隊離開原鄉家人，面對台灣蠻荒新天地，內心亦必有不忍與不安，於是屯田區安定下來之後，就立太子廟，好比美國早期移民蓋教堂，是心靈的慰藉及寄託。

現在台灣香火最盛的是媽祖廟，有五八○多所。但在明鄭時代，香火最旺、官方最加持的，是玄天上帝廟，因為明朝認為玄天上帝是國家守護神。媽祖廟在台灣的興旺要靠清廷，要等到施琅來台，鄭氏覆滅之後。

永康二王廟（祭拜鄭經）的三太子像。神態莊嚴，略帶憂鬱，我認為是最能表現三太子心情的塑像。

康熙二十二年，施琅攻台之役，最重要的是在澎湖與劉國軒的艦隊大會戰。施琅先是宣傳媽祖恩賜大軍泉水，並鼓風助戰等神話。攻克台灣後，他又改寧靖王府第為「東寧天妃宮」，是台灣第一座官建媽祖廟。那本是寧靖王與五位王妃自縊殉國之處（五妃廟是埋葬之處）。施琅把這樣一個易勾起遺民傷心回憶的前朝遺址變為慈悲仁愛的媽祖廟，實在高明。一則不著痕跡抹去民眾對舊政權的懷念，二則相對之下可以降低「太子爺廟」的重要性。第二年，康熙更將媽祖的褒封從「天妃」升格為「天后」。太子爺是「中壇元帥」，具有叛逆性，是強調作戰的神祇；反之，媽祖婆殉己救人，一片慈祥，沒有「割肉剔骨」式的怨氣。清廷當然希望台灣人讓媽祖來潛移默化，而不要像哪吒，才方便統治。

太子爺進化版　成台味代表

以現代社會來說，儘管氣象預報早已超越順風耳與千里眼，海難事件少之又少，但「媽祖婆」依然風靡全台。而弔詭的是，儘管台灣是全世界媽祖信仰中心，台灣各地的媽祖廟為了強調自己的正統性，卻必須每年到大陸湄洲的媽祖母廟去進香。

本來文革之後，湄洲媽祖廟已香火斷絕，後來靠台灣人去重新蓋廟，如今反而氣派十足，坐待台灣各廟年年爭先進獻。而中共也仿效清廷，樂得藉媽祖之名做統戰。

反觀台灣的太子廟，太子爺自莊嚴廟堂走入基層民間，融入本土，成為有如「進化版」的神奇寶貝（pokemon）。當年割肉剔骨的怨氣早已褪去，變為調皮可愛的頑童造形；「中壇元帥」的戰鬥神祇形象，更一變而為逗趣的音樂與舞步。太子爺由當年作為先民集體心靈慰藉的角色，轉型成為獨一無二的民間諧趣式台味代表。既超越了閩客分際，基本上也承繼了當年鄭氏軍隊離鄉背井、偏安東寧的餘緒。這也算是台灣歷史笑淚交織的昇華吧！

——本文發表於二〇一〇年十月《財訊》雜誌

陳澤與陳永華（之一）

陳澤，是鄭成功麾下的重要武將；陳永華，是鄭經一朝最倚重之文臣。兩人一武一文，一前一後，都有大功於台灣。

先說陳澤。

一六六一年四月二十二日中午，鄭成功在金門料羅灣誓師征台。全軍一萬一千七百人，分十三隊，其中有一隊就是宣毅前鎮陳澤的七百五十人。

四月三十日上午十時，鄭軍船艦在何斌領航下，魚貫通過鹿耳門溝，入台江內海，直逼台灣本島。鄭成功令陳澤率四千人在鹿耳門北汕尾紮營，以牽制荷蘭船艦，並威脅大員街市。

那時，今台南市西門路及赤崁樓以西的地方，是台江內海。內海有許多出口，荷人在水道最深處建立軍事重地熱蘭遮城（今安平古堡），商業中心為普羅民遮城（今赤崁樓）。本來熱蘭遮城是前線，普羅民遮城是後方，結果鄭成功來個側面突破，先奇襲後方，再回攻前方軍事要樞。

五月一日上午十一時，熱蘭遮城內的荷蘭大員長官揆一趁陳澤初紮營未穩，以二百四十名士兵攻陳澤。陳澤率兵正面迎擊，又另派七百人乘船出鹿耳門，自荷軍後側夾擊。這是鄭、荷兩軍第一次交鋒，結果荷軍大敗，幾全軍覆沒。這一役太重要了，如果陳澤守不住，則鄭軍將被荷軍口袋戰術鎖在台江內海，大局將逆轉。

於是，陳澤的部隊成了鄭成功攻台之役中，第一支踏上台灣土地插旗紮營的部隊。陳澤則是第一位和台灣荷軍交手，且大獲全勝的將領。

下午，荷軍海戰也失利。一日之內，海陸皆輸，敵軍深入，荷軍士氣大挫。五月四日，普羅民遮城投降。

此後，鄭軍開始圍攻熱蘭遮城。九月十六日，兩軍再度大海戰，陳澤也是此役要角。荷蘭幾艘主力船艦非沉即俘，傷亡慘重。世界第一流的荷蘭海軍再遭重創，自此無力再出戰，只能等待援軍，鄭軍則展開對熱蘭遮城的長期包圍戰略。

那時，在熱蘭遮城外，今安平第一公墓的小山上，荷軍建了一個烏特列支（Utrecht）碉堡，作為熱蘭遮城側翼及犄角。一六六二年一月二十五日，鄭成功發動了台灣本土迄今為止的空前大炮戰，分自北、東、南邊同時炮轟烏特列支碉堡和熱蘭遮城。在此役中，陳澤率船艦直趨熱蘭遮城碼頭擲火藥，燒了三艘荷艦，讓城中的揆一震撼膽寒。烏特列支堡牆厚三公尺，卻被鄭軍大炮夷成瓦礫。荷軍心灰意冷，一月二十八日宣布媾和求降。

總之，四十四歲的陳澤在鄭成功攻台之役，與攻下普羅民遮城的馬信並列首功。這一年，陳永華三十歲，不在台灣，而隨護鄭經鎮守金廈。他是文臣，不是武將，攻台之役，他完全缺席。陳澤於一六七四年病逝廈門，陳永華則在一六八一年病逝台灣。

然而，三百多年後，竟然出現了陳澤字永華的說法。陳澤與陳永華不可思議地被混淆成同一人。在往後的歷史中，陳永華名滿天下，連雅堂在《台灣通史》中將陳永華擬為諸葛武侯；而登上鹿耳門第一人的陳澤竟然幾近無人知曉。我為陳澤叫屈。何以如此，且待下回分解。

——本文發表於二〇〇七年九月三十日第七十六期《非凡新聞e周刊》雜誌

陳澤與陳永華（之二）

台灣居民目前以姓陳的為最多，占總人口一一％，一個最重要的原因是，當年隨鄭成功來台人士中，陳姓將領與士兵比例甚高。陳永華與陳澤，更是被奉為陳氏的開台始祖。現在台南市永福路二段一五二巷內就有一個陳姓大宗祠德聚堂，而且還是二〇〇〇年才整修的三級古蹟。

走進陳德聚堂，會發現主要的神龕全文如此寫著：

統領大元戎光祿大夫　洪氏太夫人
明
永華公諱澤字濯源諡文正暨配
贈資政大夫正治上卿　二品夫人郭氏
男彬柏禎奉祀

陳德聚堂全貌照片左邊，陳德聚堂旁之巷道，幾百年來一直稱為「統領巷」。統領，是陳澤官銜；總制，才是陳永華。（陳耀昌攝）

如果我們翻開歷史，授封為統領的，是陳澤，但光祿大夫則為陳永華；而陳永華字復甫，濯源則為陳澤之字；依台灣通史，「謚文正，贈資政大夫正治上卿」的也是陳永華。更妙的是陳永華夫人洪氏，陳澤夫人郭氏，這裡兩者並列。陳永華之子名夢緯、夢球，與奉祀者之名也不符合。

我想，遊客看了，大概反而觀念錯亂。因為陳永華與陳澤被「整合」成同一個人，有夠滑稽。

陳澤與陳永華在永曆二十八年（一六七四年）有一個重要的交集。這一年，鄭經決定渡海討伐福建的耿精忠，臨行前，封陳永華為「東寧總制使」，鎮守後方的台灣；陳澤隨鄭經西行，渡海駐思明（廈門），結果竟病歿於廈門。他的「統領大元戎」有可能是此時所封或追贈的。

陳澤無子。陳澤有三位弟弟，陳丑、陳亥、陳拱，由陳亥之長子陳安出繼。陳丑有一位兒子叫陳柏，神龕上另有陳彬、陳禎，出自何系待考，但反而不見陳安的名字，甚是奇怪。

成大歷史系教授黃典權首先發現陳澤、陳永華之混為同一人，實始於大約百年前陳澤後代之錯認元祖。在一九一〇年「漳州海澄陳氏世系」中即云：「澤公，字永華」；在「陳氏家譜」中，則在「澤公」名字的右方，有「永華」兩個淡淡的鉛筆字，單從筆跡即可辨明那是後人添上的。

陳德聚堂之最主要牌位。因敘述有誤（見文內），陳德聚堂的管理委員會已考慮更正。（作者忝為管理委員之一）

陳澤系出福建漳州海澄霞寮，陳永華則是福建泉州同安。而陳德聚堂內奉祀「開漳聖王」，故可以立即推論這是陳澤故居。泉州人陳永華故居不會有開漳聖王牌位。

由於陳澤與陳永華被陳澤後代混為一談，於是又衍生出一樁公案，那就是陳姓祠堂的前身是「陳澤統領府」還是「陳永華總制府」？

陳德聚堂在開基以來一直奉祀陳永華為主神。連雅堂的《東寧總制府》也說：「永曆二十八年……命勇衛陳永華為東寧總制使，軍國大事，悉咨行焉；乃建總制府於此。歸清後，陳氏改為宗祠……以奉祀總制」。因此，多年來民間一向認為陳姓宗祠是陳永華的「總制府」。但在二〇〇〇年市政府撥款整建陳德聚堂，再經考據，方才翻案，百年來的認知是錯的，這裡應該是陳澤的「統領府」。

——本文發表於二〇〇七年十月七日第七十七期《非凡新聞e周刊》雜誌

陳澤與陳永華（之三）

陳澤是鄭氏部隊登陸台灣第一人，驅荷克台首功，功勳輝煌，卻默默於後世，有些不合理。

首先，連雅堂在整部《台灣通史》中，竟然無一字提到陳澤！《台灣通史》對鄭成功的攻台經過出奇地不重視，全書只有在「開闢紀」中以不到一千字帶過，其中更只有三、四百字描寫戰役，因此均含糊以「鄭師」籠統稱呼，而未提到將領之名。

《台灣通史》中描寫鄭成功的部屬，集中在〈諸臣〉、〈諸老〉兩傳。〈諸臣列傳〉列舉了延平郡王祠中從祀之一百十四人之姓名及官銜，其中竟然無陳澤之名。我為之走訪延平郡王祠，在東廡之牌位中很快找到「宣毅前鎮陳澤」。

〈諸老列傳〉中描寫了十七個文士；加上單獨列傳的陳永華，有十八人之多；而武將只有劉國軒單獨立傳，林杞、林鳳（台南林鳳營因而得名）合為一傳。兩人雖有開發台灣之功，但與殺敵立功打下台灣的馬信、陳澤，層次實無法相比。連雅堂寫《台灣通史》，取材有些偏頗。

陳澤似乎在清朝中葉之後已被忽視，甚至遺忘。我個人認為這與「大眾廟」之沿革有關。

然而，府城民間原本是公平的。台南人為陳永華蓋了永華宮，也為陳澤蓋了大廟。但一連串陰陽差錯，使陳澤竟被遺忘。

在當年陳澤大敗荷軍的古戰場，現在台南市北汕尾路附近，有金碧輝煌的「四草大眾廟」，廟裡供奉的主神是「鎮海大元帥」。一九七一年，大眾廟祈安建醮，鎮海元帥扶乩臨壇，指示挖出當年陣亡之荷蘭與鄭軍士兵遺骨多甕，傳奇轟動一時。荷蘭前總理於二〇〇六年還專程來此廟祭拜。

鎮海大元帥指的是何人？依據四草大眾廟發行的文物，此廟為康熙三十九年台廈道王之麟所建，當時是為祭明鄭在此陣亡之孤魂。康熙六十年朱一貴事變時，將士「陳酉」助平亂有功，官升至鎮海遊標擊，因被佞臣誣告，於返台時吞金而亡。遺體漂於現址，遂將其神位迎入廟內。

然而，陳酉只不過官拜「遊標擊」（應為「游擊標兵」），並無赫赫大功，也不見史籍，又是自殺身亡，如此背景而奉為大廟主神，有些奇怪。而「游擊標兵」與「大元帥」的位階也未免差太多了。從蓋廟地點看來，最有淵源的，自是陳澤。而陳澤的身分與戰功也符合大元帥之名。

想來，在當年，民間對在北汕尾打了決定性勝仗的陳澤懷念不已，但不敢明目張膽祭拜；就像後蜀花蕊夫人在宋皇帝宮中祭孟昶也要謊稱是「送子神仙」一樣。於是民眾假借「清將陳酉」之名，其實是紀念「明鄭陳澤」。字也暗藏玄機，「酉」就是「酋」（敵軍的頭目）的隱喻。鎮海大元帥之姓陳，廟之位在北汕尾，豈偶然哉！也只有大元帥陳澤在湮滅多年以，後才能透過乩童指示陣亡鄭荷戰士的精準埋骨之處。

三百多年來，台江內海已變桑田，一部分更成為台南科技工業區。滿清與明鄭的恩怨情仇更早已是過往雲煙，由同治皇帝一筆勾銷。一八七五年，清廷為鄭成功在台南建延平郡王祠。陳澤地下有知，一定也以不能用本名來立廟傳世而引為千古之憾。

——本文發表於二〇〇七年十月十四日第七十八期《非凡新聞e周刊》雜誌

大眾廟與大將廟

荷蘭時代台灣史讀多了以後，發現一個大問題：我們現在所了解的早期台灣史，不但忽視或抹殺了荷蘭時代的歷史，連明鄭時代的歷史真相也有許多遭到有意無意的掩蓋。荷蘭時代由於當時的大員商館保留了相當詳盡的史料（四大冊的《熱蘭遮城日誌》可為代表），現在還原真相並不算難；另一方面，明鄭時代留下來的史料，如《從征實錄》、《台灣外志》、《海上見聞錄》、《靖海志》、《台灣鄭氏始末》等等，不但常失之過簡，而且很容易找出錯誤。

另外，明鄭東寧在台二十三年，因為牽涉了不少政治權鬥，有些關鍵事件的真相也被有意掩蓋。鄭氏王朝的兩次王位繼承皆以政變收場，此中必有許多不足為外人道之事。例如鄭成功是怎麼死的？鄭成功死前是否指定弟弟鄭淼而非兒子鄭經為繼承人？鄭克壓的身世為何？如今都是歷史謎團。而明鄭降清以後，清廷的惡意抹殺，幾乎盡燬當時一切文物。加上民間也刻意掩蓋，當時的台灣遺民心中自有一個「小警總」。於是迄今不但史料欠缺，真相更是難明。

以明鄭時代而言，鄭成功的時代還有楊英《從征實錄》的第一手資料，扼要記載軍中大事，但是和荷蘭《熱蘭遮城日誌》常有所出入。到了鄭東寧經時代，留下的記載更是片段及零落。

禮失求諸野，歷史也是。然而如今在台灣民間看到、聽到的明鄭東寧時代事蹟，也都不太可信了。民間傳說的鄭成功相關傳奇，如鶯歌石、劍潭等地，皆非鄭成功蹤跡所到之地。閩南人不論軍民，都喜歡蓋廟，可是三百多年下來，廟方對廟史的傳承常因有意掩蓋而以訛傳訛，或因口述而失真。

台南最具盛名的四草大眾廟就是一例。入了大眾廟，正壇兩旁大燈寫著「鎮海元帥」（參見129頁圖）。廟內的主神也只有一尊。主神神像甚小，與正殿之大不成比例，足見其年代久遠。根據目前廟方資料及「台灣大百科」，此廟建於康熙三十九年（一七〇〇年），主神是供奉出身台南府城，協助清朝敉平朱一貴事件有功的水師游擊陳酉。而朱一貴是一七二二年發動民變的，一七〇〇年時，朱一貴只有十歲，所以根本不符合。在正史中，也查無陳酉其人。

大眾廟的廟址在台灣史上非同小可，那正是一六六一年鄭成功初到台灣，陳澤大破荷軍的北線（汕）尾古戰場。我們合理推測這是一六七五年陳澤死後，民眾追念他所建的小廟。而東寧王國時一直鎮守鹿耳門、北汕尾的水師「大將」陳澤，當然就是不做第二人想的「鎮海大元帥」。清廷據台以後，民眾自不敢公然表示是祭祀明鄭「大將」，就胡謅了一位「陳酉」。又不知如何演變，「大將廟」變為「大眾廟」。根據廟祝解說，廟內主神只有一尊「鎮海元帥」，因此「大將廟」而非「大眾廟」，其理甚明。廟祝又說，主壇旁邊還供著鎮海大元帥的四兄弟（參見129頁圖），而陳澤有三位弟弟陳丑、陳亥、陳拱。且陳澤無子，由陳亥之子陳安過繼，也可能因此三兄弟和陳安也上了神壇。由人、時、地三點來看，「鎮海元帥」的本尊都應是陳澤。建廟之初衷是為了紀念陳澤。於是嚴重的事情出現了，這個具有歷史意義、觀光的熱點，全國知名的廟宇，名稱不符合也就算了，但祭祀的對象由以「反清復明」為志的大將陳澤，變為「平定天地會朱一貴之亂有功」的清廷小官陳西，這簡直是精神和角色都錯亂了。在正史中，查無陳西其人，而廟方有關陳西的生平描述也前後不一。二〇〇六年版只說是鎮守台南的「提督」，到了二〇一一年版，則成了「台灣總兵」、「廣西提督」（參見163頁圖）。當廟史等於台灣史一部分時，如此漫無根據的說詞，不論對歷史或對廟方都是很傷的。

歷史上倒是真有台灣人出任台灣鎮總兵的，而且也姓陳，那是一七五一年（乾隆十六年）的陳林每。但若詳看，他是福建莆田人。所謂「台灣人」是誤植。

台南大學的張伯宇教授提供了一個看法，他認為四草大眾廟對鎮海大元帥的介紹，是「陳林每」與另一位清將「陳友」的合體。張教授曾擔任台江國家公園解說志工講師，他在台灣地方志中找到「陳友」，陳友與陳西正好閩南話發音也相同。

人物	描述	類別	文件集
陳友	臺灣人．生長海濱，熟悉水務．六十年，水師提督施世驃統舟師五百餘艘征臺，令先駕小舟鹿耳門插標，為嚮導．臺平後，上其功；授把總，累陞至金門鎮標游擊．	列傳	重修臺灣府志（范志）

另外是臺灣地方志中有關陳林每的介紹：

人物	描述	類別	文件集
陳林每	莆田籍，臺灣人．十七年任．	臺灣鎮掛印總兵官	臺灣通志
陳林每	莆田人，行伍．雍正十三年任．	臺灣水師協標左營游擊	重修臺灣府志（范志）
陳林每	字芳遠．康熙六十年復臺功授把總，累陞總兵，署惠州提督，現任本鎮掛印總兵官．	戎功	重修臺灣縣志
陳林每	邑人也．少貧，未嘗識字，為人駕牛以自給；牛止處輒取筆畫沙，作判押狀．或笑詰之，曰：吾他日為官，當解簽署耳．郡城多曠地，林每每過輒慷慨規度，計可作大宅處．一日遇悍卒，以横逆加，怒與鬥；已而感憤去，應募入莆田伍籍，以平朱一貴功授把總，屢超擢，卒為臺灣總兵官．既莅事，約束營伍，紀律甚嚴．守令入謁，必告以此土利弊．且曰：吾子姪犯法必痛懲，毋以我故示寬假也．素敬禮士大夫．德化進士王必昌來修邑志，不事干謁，林每輒以禮下之，至尊重焉．晚學擘窠大書，作右軍鵝與梅魁字甚工，擢署惠州提督，卒於官．今鎮北坊居第猶存，蓋其所規度處云（韓必昌撰傳）．	城守營右軍守備	續修臺灣縣志

再比較四草大眾廟對於鎮海元帥的介紹：

鎮海大元帥名為陳酉，臺灣人，生長於海濱，熟悉水務，勇力過人，少貧為人牽牛板車搬運為業，營生海濱受僱運貨，人稱「牛車酉」。康熙年間有次遇大清官船來台，臨岸船隻擱淺，眾卒下海力推不遂，群眾簇擁觀望，陳酉自告奮勇挺身而出，單人推船出海，官員讚謂台灣奇人，稟奏皇上封官於朝。陳酉從伍後改名「林每」，曾平定朱一貴之亂，功授「把總」，累升提督鎮守台南，因此人稱「趕牛提督陳林每」。但至清乾隆年間，陳酉因軍令峻嚴，招致奸官讒言，所以在回程的途中縈懷鬱結，於是海上鬱卒吞金後投海自盡，死時狂風暴雨、天昏地暗，遺體逝立海上，飄泊到現在的四草大眾廟前海灘，乾隆獲悉感其忠烈，遂諡封為「鎮海元帥」，並令入祀大眾廟供萬民膜拜。

張教授認為，大眾廟所撰鎮海元帥生平似乎兼容了陳友和陳林每兩人的故事，但此二人在相關志書中所載的任官年代和官職並不盡一致，在《續修臺灣縣志》軍功篇中，兩人均有列名，故為同一人的機率不高。

張教授又提到，早年大眾廟對於鎮海元帥尚有這樣一段敘述，但現今似已略去不提：「鄭成功收復台灣時，其先鋒營副將陳酉，在北汕尾島一役，殲滅荷蘭兵士三百餘人，居功甚偉。清康熙三十九年建祠奉祀，以表彰其戰功，尊為『鎮海元帥』。」

張教授也同意，若依上段文字所指之「鎮海元帥」，身分應為陳澤。

因此，必也正名乎！廟名能叫「大將廟」最好，或從俗維持原名「大眾廟」也接受，但奉祀的「鎮海大元帥」的介紹，不可繼續沿用「平朱一貴之亂」的清國小將，一定得改回以反清復明為志的正牌鎮海元帥陳澤，否則不但對不起先人，還誤導民眾，簡直荒謬。

大眾廟鎮海元帥

本廟位於臺江內海北汕尾島南端，原係一座荒島，台江地理演變滄海桑田已和市區相連結。本廟主祀『鎮海元帥』，名為陳西，臺灣人，清朝平亂有功封官於朝，累陞提督鎮守臺南。乾隆諡封陳酉為『鎮海元帥』，立廟留名。本廟迄今已二百餘年歷史，為四草漁民信仰，生活文化中心，歷來香火鼎盛神威遠播。每年農曆11月12日-15日舉辦聖誕千秋一連串活動，屆時歡迎四方信衆共襄盛舉。

2005年，大眾廟對鎮海元帥的描述還比較輕描淡寫「……名為陳西，臺灣人，清朝平亂有功……封陳酉為『鎮海元帥』……」。

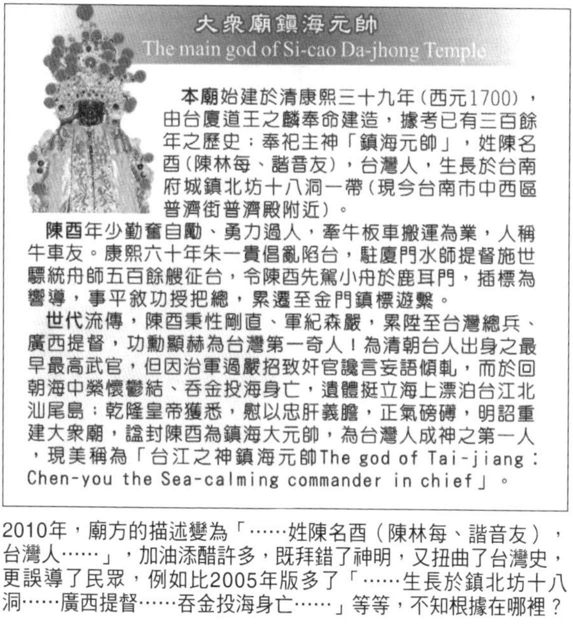

大衆廟鎮海元帥
The main god of Si-cao Da-jhong Temple

本廟始建於清康熙三十九年(西元1700)，由台廈道王之麟奉命建造，據考已有三百餘年之歷史；奉祀主神「鎮海元帥」，姓陳名酉(陳林每、諧音友)，台灣人，生長於台南府城鎮北坊十八洞一帶(現今台南市中西區普濟街普濟殿附近)。

陳酉年少勤奮自勵、勇力過人，牽牛板車搬運為業，人稱牛車友。康熙六十年朱一貴倡亂陷台，駐廈門水師提督施世驃統舟師五百餘艘征台，令陳酉先駕小舟於鹿耳門，插標為嚮導，事平敘功授把總，累遷至金門鎮標遊擊。

世代流傳，陳酉秉性剛直、軍紀森嚴，累陞至台灣總兵、廣西提督，功勳顯赫為台灣第一奇人！為清朝台人出身之最早最高武官，但因治軍過嚴招致奸官讒言妄語傾軋，而於回朝海中縈懷鬱結、吞金投海身亡，遺體挺立海上漂泊台江北汕尾島；乾隆皇帝獲悉，慰以忠肝義膽，正氣磅礡，明詔重建大衆廟，諡封陳酉為鎮海大元帥，為台灣人成神之第一人，現美稱為「台江之神鎮海元帥The god of Tai-jiang：Chen-you the Sea-calming commander in chief」。

2010年，廟方的描述變為「……姓陳名酉（陳林每、諧音友），台灣人……」，加油添醋許多，既拜錯了神明，又扭曲了台灣史，更誤導了民眾，例如比2005年版多了「……生長於鎮北坊十八洞……廣西提督……吞金投海身亡……」等等，不知根據在哪裡？

這種奇怪的「合體」也見於陳德聚堂。奇怪的事，總是發生在陳澤身上，後人實在太對不起陳澤了。陳澤的故邸，很長的時間被認為是陳永華故居，已見前述，直到二〇〇〇年左右才真相大白。

所以不論正史、廟宇與民間，對明鄭史料的記載都需要我們努力去發掘與辯證。現在已經不容易，若再繼續以訛傳訛，以後就更困難了。

八寶公主廟

當他請求友人帶他到墾丁海邊的這座小廟時，他並沒有想到，這個臨時插花的行程，竟讓他發現了別有洞天的台灣史桃花源。

此行，他的原始目的是照著當年牡丹社事件的重要歷史地點走過一遍。首先，是一八七一年，遭到船難的琉球人登陸的沙灘，他們後來行走的路線，被殺的地方。然後，是一八七四年日本軍登陸的射寮港，日本軍兩次紮營所在，有名的牡丹社和日軍交戰的石門天險，以及後來琉球人埋骨立碑之處。最後，是沈葆楨所建的恆春城遺址。

他的朋友開車載著他，一天半之內，就把這些牡丹社事件重點都蜻蜓點水地看過了。

才下午四點多，陽光依舊炙熱。在此台灣國境之南，離天黑至少也還有一個多鐘頭的時間。他懊惱原先希望找到「楊友旺」（當年救了倖存琉球人的客家善人）後代，卻毫無頭緒。

現在就打道回府未免太早了。好不容易由台北到車城、恆春一趟，由台灣頭走到台灣尾了，焉能不做最大利用。

——總要再去個地方才行。

朋友知道他一提到「荷蘭」兩字就起乩，於是提議說，有個「荷蘭公主廟」離此不遠，他二十年前來過，而且還留有小船木板殘骸，不知是否還在。聽到船骸，他興趣大增。

半小時後，他們到達墾丁大街。朋友找了一下，車子轉入小巷，巷底竟然柳暗花明，寬闊沙灘迎面而來。一間小廟，背著矮丘，面海而建。停車之後，他看到廟名卻是「萬應公祠」，再仔細一看，左邊另掛著「八寶宮」匾額。

他其實也聽說過「荷蘭公主廟」。那是幾年前的電視新聞，有關墾丁地區的一則怪力亂神報導。電視上說，墾丁當地傳聞，在荷蘭時代，一位荷蘭公主來福爾摩沙尋找情人，船在墾丁附近遇風翻覆，公主不幸為當地土民所殺。

當時，他正在寫《福爾摩沙三族記》，四大鉅冊的《熱蘭遮城日誌》都念過了。荷蘭人述事巨細靡遺，讓他衷心佩服。他反射性的就判斷這個故事不可能是真的，而且那時的荷蘭沒有國王，只有攝政，因此也應該沒有所謂「公主」。好玩的是這位傳說中的公主連名字都俱全，叫「瑪格麗特」。傳說的豐富內容，讓他對這則電視新聞印象深刻。但他直覺認為這是無稽之談。

妙的是傳說中荷蘭公主的情人，正史上確有其人，就是那位因好色而喪命的荷蘭外科醫生，叫威瑟琳①的。這位醫生其實醫術頗具名氣，一六四〇年左右被當時的大員荷蘭長官派到東部卑南王轄域尋金，據說因調戲當地女人，而被土人殺了。威瑟琳一代名醫竟然如此死法，他心中大為惋惜。而這位風流醫生竟成了恆春鄉野傳說中遇難荷蘭公主的情人，難不成威瑟琳也去過台灣的最南角，更讓他覺得有趣。

荷蘭公主廟甚小，神桌上擺著的卻是三尊古代漢人造型的小神像，如果不是背後的圖片與題字，也真看不出祭拜的是誰。圖畫中公主的造型雖然眉清目秀，但非溫柔婉約，而是身穿戰袍，左手持劍，更妙的是右手捧著地球儀。畫像上方橫批是「荷蘭女公主」，左邊的字是「寶主飛來駐台海」，右邊是「座自山面向海上」。

由電視所轉述的當地傳說，公主遇難後的故事，倒是非常台灣式的民間神鬼傳奇。然而，故事中人物全是有名有姓而且可考的。

公主與隨從一行被殺後，從此長埋海邊沙灘。三百年後，台灣已經歷荷蘭、東寧國、清國，而到了日本時代。昭和六年，一九三一年，一位名叫張添山的居民，為了蓋屋，來到海灣邊挖咾咕石，竟挖出這些骨骸及船骸。

張添山自認倒楣，自掏腰包，依民間習俗，把骨骸裝進陶甕，置入萬應公祠內。但傳說並沒有交代，在這海邊何以會有萬應公祠，何時何人所建。

二、三年後，張添山的堂弟張國仔突然發瘋，會無緣無故拿「番仔油」燒他人房舍。那個時代，「起肖」會想到求乩問神。不想乩童真的起乩，而且口出英語。幸好當地有居民柯香，曾在鵝鑾鼻燈塔與外國人工作，粗諳英文。經他翻譯，說是幾百年前被殺的紅毛瑪格麗特公主，因沒

①威瑟琳（Maarten Wesseling）是丹麥哥本哈根人，曾任職日本長崎商館外科醫生。據說曾醫好末次平藏的病，還教日本人蒸餾酒。約於一六三七年到台灣，後來奉命前往台東卑南調查傳說中的金礦。其死因，據大巴六九社（Tamalakou）人的說法，是因為他與他的同伴對該族的老婦人施以他們所不允許的侮辱，而自遭不幸。

船回鄉，故冤魂不散，附身病人。何以荷蘭公主竟說英文，並無人質疑。

於是眾人燒了紙船，恭送公主出海，病人也不久清醒。但數天後，張國仔舊病復發。乩童說，紙船在海灣打轉，出不了大海。紅毛公主因而表示，「既然歸鄉無望，願長留此地，但萬應公祠須讓出三分之一，否則必繼續為厲。」眾人無奈照辦。於是萬應公祠之三分之一成為「紅毛公主廟」。此後一段時間果然相安無事。但居民則對紅毛公主畏懼三分，與一般對廟神之尊敬不同。

當他向朋友轉述電視這個說法，朋友卻馬上提出質疑：「不對，不對，是先有荷蘭公主廟，才有萬應公祠。」朋友說，二十多年前，他還是高中生時，初次到此，看到的是像路旁常有的那種很小的土地公廟，歪歪斜斜掛著「荷蘭公主廟」，當時並無「萬應公祠」。

他相信朋友說的，因為建築外觀實在看起來沒有幾年。

他繼續回想電視中的故事。

荷蘭公主之所以被稱為「八寶公主」，是因為發現其骨骸時，還找到荷蘭木鞋、絲綢頭巾、珍珠項鍊、寶石戒指、皮箱、寶石耳墜、羽毛筆和紙等八項物品。而當地居民也稱紅毛公主廟為「八寶宮」。

然而，張國仔最後還是自殺了，就在離紅毛公主廟不遠之處，現在的國家公園門口附近。

但事情仍未了結。這位八寶公主與本地居民的恩怨情仇，竟然百年難解。

電視新聞所以重炒這段神鬼之說，是因為二〇〇八年七月，當地發生了台灣山林常有的「魔神傳說」。一位八十多歲阿嬤在社頂公園遭遇「鬼打牆」，五天四夜才被尋獲。老阿嬤說遇到「魔神仔」帶她在山區亂轉，還惡作劇地脫了她的內褲。老阿嬤說，這個「女魔神」金髮碧眼。於是眾人想起八十年前往事，認為「八寶公主」再度興風作浪。又有乩童附會說，八寶公主誓報百年之仇，要索十條人命。而該地那一年也確實不太平靜，半年來已有九人死於非命，於是人心惶惶。

為祈求平安，九月十二日下午，墾丁居民在八寶公主廟前辦了一場「和解法會」。墾丁與社頂居民上百人，包括恆春鎮長、墾丁里長以及一堆有頭有臉人士，全員出席和解祈福盛會，並有「釋公冤」的儀式。居民請來觀世音菩薩當公親，希望能化解三百多年的宿怨。

八寶宮（荷蘭公主廟）之畫像、對聯及擺設。畫像旁有小字（荷蘭公主1872年來台……）。引起1874年牡丹社事件的琉球船隻，是1871年在東岸八瑤灣失事的，離此地甚遠，反而是1867年的羅發號事件，正是發生在墾丁的這片沙灘上。（陳耀昌攝）

他還記得電視畫面，除大批供品外，居民還特別準備了現代女性專用的香水、布料，來取悅公主。

怪的是，就在超度法會將完，居民焚燒疏文時，忽然一個光體沖向天際，眾人驚呼不可思議，認為這是八寶公主顯靈回應。

他回憶著電視畫面，邊步出「八寶宮」，站在萬應公祠正前方。萬應公祠兩根柱子上白色斗大的字寫著「瑞氣靈感得萬應」、「南端青天鎮八寶」。「鎮八寶」！他笑著搖搖頭，當地居民對八寶公主明顯是有敵意的，也難怪八寶公主不肯和解……

廟旁有個小店，守著小店的年輕少女，寬面大眼，體型壯碩。她再三強調她是平地人，但他卻一眼就覺得她像極了他的好友排灣族胡德夫。許多大武山系出身原住民，都是這種體型相貌。其實自一八九五年之前就定居台灣的家族，沒有原住民血統的幾希！台灣本來就是個族群大熔爐，特別在這個古琅嶠各族群雜居之地。

少女看到他們對這間小廟似乎很有興趣，愉快地說，廟旁還有七、八十年前挖出的船骸。他猛然想起自

八寶公主廟旁的木頭船骸，還有祭拜香火。（陳耀昌攝）

已正是被船骸之說吸引過來的。船骸被集中放置在廟旁草地。少女特別強調，木頭接縫都不用釘子，而用木栓，證明年代久遠。由木頭的長度最長約五、六公尺看來，這只是小船，不太可能載著荷蘭公主遠渡重洋。

他笑著向少女提到了幾年前「釋公冤」的祭典。沒想到少女卻說，八寶公主就是女魔神仔的說法是不對的。八寶公主是好神明，庇佑這裡居民。許多信徒來祭拜之後，都很靈驗。魔神說法是來亂的，害得這八寶宮香火受到影響。

少女的下一句話，讓他心頭一震：「荷蘭代表處的人來過了，他們也帶了一些木頭回去研究。結論是，這不是他們荷蘭的東西。」

少女繼續說：「所以我們不稱荷蘭公主，不稱紅毛公主。八寶公主就是八寶公主，所以後來畫這尊神像的蔡成雄老先生，在神像的旁邊又加上了一行紅字，不知客人注意到了嗎？」

他急急地再走進八寶宮裡，果然壁畫之側有一行紅字，但字太小看不清楚。他急中生智，拿出照相機，拍照再放大，那行字終於清晰可讀：「荷蘭公主一八七二年來台於墾丁大灣遇難」。

他突然明白了，差點叫出聲來。雖然年代寫成一八七二，但明顯是指牡丹社事件琉球人船隻出事的一八七一年。但是一八七一年的琉球船隻，不是在此遇難，而是在東岸的八瑤灣。

依他了解的文獻上記載，這一帶有外國沉船的似乎只有一次，那就是一八六七年的羅發號事件。而一八六七年的羅發號事件，與一八七一年的琉球船難事件，其實有著微妙的關聯。

他感覺，這一切都豁然開朗起來！

這位埋骨異鄉的外國「女魔神」應該真有其人，不過不是一六四〇年代的荷蘭公主瑪格麗特，而應該是一八六七年不幸在南灣被土番誤殺的羅發號杭特船長夫人。這些船骸，應該就是載著羅發號十二名船員來此的小船。少女說得對，八寶公主就是八寶公主，不是荷蘭公主，她是美國人。「八寶」是杭特夫人身上所帶的。

有魔神害民之說的，豈止是一九三一年或二〇〇八年。他想起已長久埋沒的台灣史。早在杭特夫人被殺後的一八六七年夏季，當年的龜仔用社，也就是現在的社頂部落，土番就因社眾接二連三出事而搞得人人自危。

還有，杭特夫人的閨名叫瑪西 Mercy，與瑪格麗特 Magret 倒有些相似。真有意思，他想。他對一些不可思議之玄妙事件，一向尊重，不敢輕妄否定。「畏天敬人」，是他的一貫原則。

他的意念重新回到一八六七年。他腳下的這片海灘，在台灣的歷史上太重要

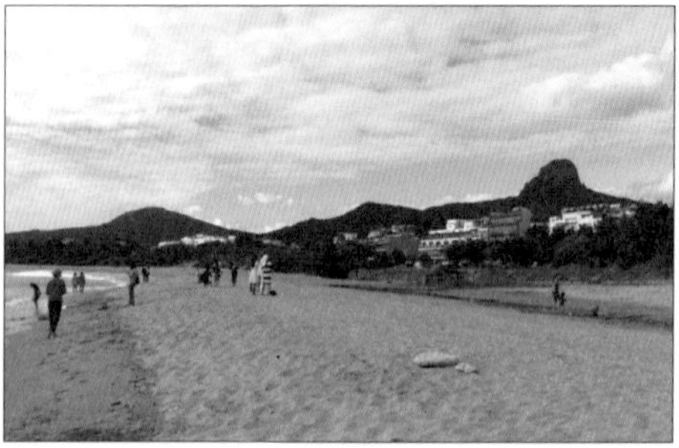

上：遠征南灣之英國「鸕鶿號」（Cormorant）炮船船員Fencock畫作上的大尖山與船帆石1867年4月。
下：古今對照，自荷蘭公主廟旁海灘看大尖山。（陳耀昌攝，2014年1月）

了。

他舉頭望去，大尖山確在眼前。雖然山形不若當年英國鸕鷀號炮船上的船員Fencock的畫作中龜鼻山那麼壯觀，自山頂幾乎成直線直削而下（上圖），但自旁邊兩座山的山形看來，應該錯不了（下圖）。離此不遠，果然就是當年英國及美國炮船描述多次的海邊巨石，現在叫作「船帆石」。當我換了角度，自船帆石岸上高地仰望大尖山時，果然英國人所畫的尖銳金字塔大尖山出現了（下圖）。他再無疑問，這就是清廷文書中的龜鼻山，現在社頂公園，當年龜仔用社的聖山。

他白天所去的諸多牡丹社事件歷史地點，說起來都沒有這片海灘重要。一八六七年台灣歷史的蝴蝶之翅在這片海灘的第一次拍動，拍出了一八七四年日本人的「台灣出兵」，又接續拍出了一八七五年沈葆楨的「開山撫番」，拍出了一八八五年「台灣建省」，更拍出了一八九五至一九四五，五十年的「日治時代」。直到日本人離台，由這片海灘產生的台灣史蝴蝶效應才倏然而止。

大尖山是當年社頂原住民的聖山。（陳耀昌攝，2014年1月）

他眼前的這些船骸，他腳下的這片海灘，是台灣一百五十年近代史的起點，昔日的西方貴婦、水手與軍官亡魂之地，今日卻是度假勝地，紅男綠女的春吶之處。海灘上沒有任何告示牌顯示這段歷史；船骸已被官方棄置八十三年，日曬雨淋，像一堆帶著禁忌或詛咒的垃圾。這個沒有歷史感的島嶼，這個沒有歷史感的政府。天地悠悠，時光匆匆，他的心中半是感動，半是憤怒。

他望向海上。時光倒流到一八六七年的三月十二日。他彷彿看到兩艘舢舨船，在烈日照耀下，十多位船員臉上又疲憊又欣慰，自七星巖向這岸邊划了過來。他們揮汗如雨。他們已經歷經了暴風雨，棄船求生，然後是幾乎無止境的划、划、划，連續划了十七小時，卻不知他們正划向可悲的結局。

他們的命運極其悲慘，但他們的生命又極具意義。他們的死亡，後來竟徹底改變了殺害他們的原住民的命運，改變了台灣數百萬島民的命運，並讓東亞的局勢從此產生巨變。躺在這個八寶公主廟的骨骸，很可能是因歷史的偶然改變台灣命運的十二個人？

建構台灣英雄史觀

似乎仍是恍如昨日。大約自一九七七年中壢事件到九〇年代中期，民進黨派系完全定型的將近二十年之間，台灣社會以美麗島事件人士為中心，一時之間似乎產生了不少英雄。他們以勇氣、毅力、理想和高政治道德標準感動了社會，基層民眾含淚丟錢到他們的宣傳車，抱病去聽他們在寒風中的演講，那是台灣最有理想性、最富道德感的年代。

然後，在不知不覺中，理想的追求慢慢變形為名位的追逐及權力的惡鬥，有些承受苦難的英雄卻抗拒不住誘惑而自毀形象；有些英雄老了、故世了；有些無法適應這種大環境的英雄選擇了退隱；再加上分藍分綠卻不分黑白，國內政治充滿了詭辯與權謀，於是讓台灣陷入沒有社會英雄或先知，只剩影劇及運動偶像的文化貧乏年代。這對台灣是一件很悲哀的事。

托瑪士．卡萊爾（Thomas Carlyle）在他影響深遠的《英雄、英雄崇拜與歷史上的英雄事蹟》一書中說：「世界歷史就是英雄的事蹟。」不論這說法是否為唯心史觀，「英雄」確實是凝聚國家意識的最有效者。這次舉辦世界盃足球賽的德國，其實就見證了這一點。缺乏英雄的歷史，無可置疑會顯得貧乏與蒼白。

台灣與中國大陸的對峙，包括面積與人口的懸殊比、民主與自由的絕對比、語言與文化的相對比，不但在五千年的中國歷史前所未有，在六千年的世界歷史也可能空前絕後。台灣的開發史及政治史，台灣人種組成的自成一格，如果以中原史觀的論點及中國天朝的觀點詮釋，很可能被簡化或產生偏差。

再以時間來說（本文寫於二〇〇六年），即使以一九四九年算起，台灣與中國大陸的不相屬，迄今已有五十八年，超過中國歷史上五代十國五十三年的長度。何況以台灣對大陸，不似十國小朝廷之對中原五代，而更像南北朝的對等並立。曾經有一段時間，國際社會看重台灣甚於大陸。即以今日而言，台灣的某些產業在全球依然舉足輕重。南朝宋、齊、梁、陳，最長命的宋王朝，不過六十年。以今日局勢看來，台灣維持目前「事實獨立」的形態，在未來二十年，不至於有所改變。

不論未來兩岸關係如何發展，自一八九五年算起，台灣歷史幾乎是完全獨立於中國歷史之外而自成體系，迄今二〇〇六已有一百一十一年。即使不計入一九四五至一九四九年的四年，是一百零七年，遠超過五代的五十三年，三國的五十九年，元朝的九十年，也超過東晉的一百零四年（三一七至四二〇年）。如果再加上鄭氏政權的二十三年，總計已經是一百三十年。再加上荷蘭在台一六二四至一六六一的三十七年，則為一百六十七年，超過東、西晉合計的一百五十六年（二六五至四二〇年），或相當於南朝宋齊梁陳的總和（四二〇至五八九年）一百七十年。即使以中原眼光視之，台灣史之自成體系，也已是必然，更遑論未來的未定之數。

然而，自連雅堂修《台灣通史》的百多年來，台灣歷史的解說偏見甚多。以坊間而言，如

《傳記文學》之「國府」角度或馬英九等的「中國國民黨」角度解讀方式，並不能代表台灣人的本土史觀。更遺憾的是，目前小學及國中教科書的台灣史寫法，則落入斷爛朝報式的敘述，而缺乏對台灣英雄的具體描述。令學童看了，不但乏味，且無法激發他們對台灣歷史人物產生出自心中的景仰或效法之情。如卡萊爾所言「世界歷史是英雄的事蹟」，台灣歷史自然也應是台灣英雄的事蹟。因此，將台灣英雄事蹟用台灣本土的觀點來完整、誠實呈現，讓我們的社會產生凝聚力；讓我們的下一代產生認同感；讓海外台灣人子弟產生向心力；讓台灣貨幣出現新的、足以代表台灣史的人頭肖像；讓我們的名勝古蹟充滿以台灣史觀來描述的歷史景點（historical interest），是這一代智識分子的使命。

那麼，英雄的定義是什麼？

卡萊爾在他的演講中所用的分類是：

神明英雄：奧丁異教：斯堪地那維亞神話。

先知英雄：穆罕默德：伊斯蘭教。

詩人英雄：但丁、莎士比亞。

教士英雄：路德：宗教改革；諾克斯：清教。

文人英雄：約翰遜、盧梭、彭斯。

帝王英雄：克倫威爾、拿破崙：近代革命運動。

卡萊爾所列舉的，是以歐洲為主體（除了穆罕默德外），上下二千年的論述。以台灣只五百年，地域也小太多，自無法相比。卡萊爾論述中的神明、先知在這個時代可以不談；在教士或宗教方面，台灣的發展模式，也頗為獨特，值得討論。其他如「詩人」大約等於「文學」；「文人」等於「智識分子」；「帝王」等於「有開創性的政府領導人」。除此之外，以現代而論，應增加科技、產業、體育及藝術表演等。

我找到一個以近代觀點而言，很值得參考的例子。美國的哈里斯民意測驗公司與《美國新聞與世界報導》合作，在二〇〇一年調查了美國人心目中的十大英雄，還特別針對英雄做了定義：

一、他們的貢獻超越了一己的職責。

二、他們在壓力下能夠英明決斷。

三、他們置生命、財富和榮譽於不顧。

四、他們在一項美好事業中名列前茅。

五、他們超越了自我。

結果前十名是：一、耶穌；二、金恩；三、鮑爾（那時是國務卿）；四、甘迺迪；五、德蕾莎修女；六、雷根；七、林肯；八、約翰・韋恩；九、喬丹；十、柯林頓。

這份名單顯然與我輩非美國人的想法大相逕庭；而如果現在〇六年再投一次票，名單上之中幅變動可以預期，可見這些定義不太符合史學觀點。我以為，其中「在一項美好事業中名列前茅」，以及因而入選的約翰・韋恩、喬丹，以我的眼光來看，應是「偶像」而不算是「英雄」。

而若以運動論英雄，在我心目中，締造美國職棒大聯盟連續出賽二六三二場紀錄的金鶯隊 Carl Ripken Jr. 才是英雄。他退休的時候，美國《紐約時報》寫社論為他致敬，但喬丹則無此殊榮。

在台灣，當年的楊傳廣與紀政，以一介業餘人士，全心全力在田徑場上以台灣之名拚鬥十年，雖求一奧運金牌而不可得，但不以成敗論英雄，他們的英雄形象，絕對大於另兩位為台灣拿跆拳道奧運金牌者——說實話，台灣大多數民眾已不記得他們的名字了。而如王建民，雖然出色，但打的是美國職業賽，除非他將來能為台灣建立殊榮，否則到目前為止，他也應該是偶像，不是英雄。以表演事業論，周杰倫、阿妹、林志玲是偶像，但仍未入籍美國的李安應算是世界級英雄。這樣的觀點，一定有許多人不同意。所以，如何界定「英雄」與「偶像」，是個大學問。以今日台灣而言，「沒有英雄，只有偶像」是多數人的感覺。用這樣的角度切入，也許可以找出好的定義。

美國的投票，除了「耶穌」和「德蕾莎修女」兩位宗教人士外，都是持本國護照的美籍人士。在台灣史，我們則會面對台灣特有的問題：一、所謂「外來政權」人士，但對台灣貢獻甚大，如何看待？如建造烏山頭水庫的日本人八田與一算不算？如果他算，那麼後藤新平呢？是否要「埋骨台灣」者才算？二、「雙重國籍人士」，成就與榮譽在國際定義上看來大部分不是歸於台灣者，台灣或台灣史可以掠美嗎？例如最近中央研究院說有四位院士是諾貝爾獎得主，但以我的觀點，李振道、楊振寧對台灣的貢獻與感情，可能還不如一位替台灣生養小孩的越南新娘。

如此看來，特別是在全球化時代，加上台灣錯綜複雜的歷史，將來的爭議一定很大。而「英雄」的認定過程又有可能流於「二分法」——不是英雄，就是平庸之士，不像歷史人物的評斷是可以功過交錯的，如《史記》的〈高祖本紀〉、〈刺客列傳〉的寫法。以李遠哲為例，目前，台灣一定會有許多人認為他是當代英雄，但也有人不以為然。因為他得諾貝爾獎時是美國人，榮耀大部分歸於美國而非台灣。然而，李遠哲後來獻身台灣，長期以台灣社會的改革者自許與自勉，我們都可以體會其用心之良苦及真誠，只是複雜的政治大環境、人事及制度等因素，讓他在這方面確實有些爭議。那麼該如何認定呢？現在台灣人看他，也許和十年前不同，看山不是山；而三十年後台灣人再看他，也許又是另一番境界，看山又是山了。所以，是不是英雄，必須要等時間沉澱下來再說。

因此，也有人說，在全球化的時代，只有跨國英雄，已經沒有本國英雄，也不需要本國英雄了，這也許有幾分道理。但是，以台灣傲人的民主及經濟成就，除了台灣全民的努力外，也不能抹殺英雄人物的開拓與引領角色；而為了提升台灣史的縱深，台灣意識的凝集及族群的融合，也絕對需要台灣英雄。

考量再三，也許我們可把「英雄」這個名詞改一改，就像施明德曾倡議過的，要建立「台灣感念祠」。只要對台灣社會有大奉獻、有大貢獻，在「身後」仍被台灣民眾長久感動與追念的，不論是哪一國籍（更不論「族群」）、哪一世代，都可以入祠。強調「身後」。因為一個人還是得在蓋棺數年之後才能公平論定。這些被感念者的事蹟，就可以豐富台灣的歷史，滋潤台灣人的心靈；更重要的，可以促進台灣的族群融合，提升台灣的幸福。我們期盼「台灣感念祠」早早成立，讓台灣下一代找到代表良知與理想的典範，不要繼續以追求豪門和名牌為境界，也讓台灣政治人物不要繼續在馬基維利式的思維中打轉。

——本文發表於二〇〇六年八月《財訊》雜誌

後記

我寫《福爾摩沙三族記》可以說是以「歷史小說」來建構「台灣英雄史」的自我實踐。

建構法醫制度篇

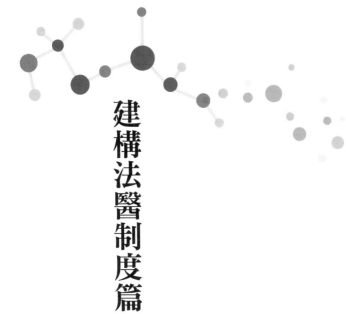

法醫十一年

許多人對我又是血液科，又是腫瘤科，又是法醫科，又是實驗診斷科，覺得很混淆，所以我說明一下。

我是內科醫師出身，但一九八一年自美返國回台大擔任內科部血液科主治醫師，因為一些歷史因素，編制放在實驗診斷科（檢驗醫學部）。一九九五年左右，擔任了一段時間的台大腫瘤醫學部籌備主任。到了一九九七年，因台大法醫學科主任郭宗禮教授的推薦，跨界接任了該科主任（一九九七～二〇〇二）。二〇〇二至二〇〇四年，我由台大借調國家衛生研究院，擔任「幹細胞研究中心」第一任主任。其後在二〇〇四年又回到台大，擔任台大醫學院法醫學研究所創所所長，直到二〇一〇年任滿。因此我的生涯中有「法醫十一年」。

這十一年間，在法醫界大老郭宗禮、方中民、邱清華三位前主任，和孫家棟、吳木榮醫師的共同努力下，兼獲當時教育部次長范巽綠、高教司長陳德華之全力支持，始有「法醫學研究所」之創立。隨後我與法醫科諸同仁，包括當時因教育部新員額而得以加入本所陣容的華筱玲、翁德怡醫師等，再接再厲，先擬「法醫師法」草案，再經當時總統府人權委員會召集人呂副總統、人權委員蘇友辰，及法務部法醫研究所所長王崇儀之協助，終於經立法院制定及通過「法醫師法」。回首這十一年，雖忙碌而極有意義，得以為台灣訂立新制度，開拓新展望，甚是欣慰。而今在經過六、七年後，再檢驗當年立下的法醫新制度，或非完美，則可思檢討及改進。

本篇就是這十一年的回顧。

一九九八年八月四日，我以台大法醫學科主任身分，赴中國海城解決「林滴娟事件」，有機會與對岸法醫學界接觸，感慨萬千。

陳耀昌今飛海城 協助檢驗林滴娟遺體

他是台大法醫科主任 也是民進黨國代 將爭取以勘驗血液檢體代替解剖

台大醫學院法醫學科主任陳耀昌（中）、民進黨中國事務部主任顏萬進（右）、海基會旅遊服務處副處長蔡金美昨天前往香港，準備轉往大陸海城協助林滴娟遺體檢驗工作；結果僅陳耀昌一人進入大陸。記者陳嘉寧／攝影

陳耀昌感嘆台灣法醫斷層

參與驗屍後：實在不好意思說

台灣法醫水平不如大陸

【特派記者謝龍田／遼寧海城報導】台大法醫科主任陳耀昌、律師高宗良昨天和大陸法醫的五人小組共同參與高雄市議員林滴娟屍體的檢驗，這在海峽兩岸是頭一遭。陳耀昌看到大陸的法醫水平，十分感嘆台灣法醫的斷層現象，高宗良也心有戚戚焉。

陳耀昌昨天凌晨一時二十五分在傾盆大雨中抵達海城賓館，隨即先後和林滴娟家屬及大陸當局協談遺體檢驗事宜，直到中午為林滴娟做完電腦斷層掃描，吃過午飯才稍事休息。他說：「四十八個小時以來，只睡了四小時。」

陳耀昌在午餐時接受記者專訪，談到過去他曾數度到大陸參加學術研討會，也知道大陸法醫有一定的水平。親自會驗屍體後，他說：「我實在不好意思說，台灣法醫水平不如大陸。」

陳耀昌強調，這是「制度」上的問題，法醫是一種很專業的項目，但台灣目前則是非專業，又要受命於檢察官。學醫的，因法醫待遇差，也無專業地位，絕大多數選擇其他科別，鮮少有人肯當法醫，斷層嚴重。

他表示，他之所以在一年前出任台大法醫科主任，就是想從制度面上提升台灣法醫素質。

高宗良也補充說：「死人雖然不會說話，但透過科學檢驗，遺體卻會說話，有賴高專業的法醫去判定，法醫的專業素養及地位不容漠視。」

《聯合報》1998年8月6日的新聞。

回國後，我認為台灣法醫制度沿襲戒嚴時期，所有犯罪鑑定單位均隸屬司法檢調系統，因此呼籲台大醫院設立超然的法醫及鑑識系統，獲得各界精英的支持。

提議書

民國八十七年八月

主旨：為建立符合社會所需之超然法醫檢驗機構，提供法醫服務以提高司法品質、保障人權並提升台大法醫學科水準，加強醫學生法醫實習內容，擬建請在附設醫院組織規程修訂中，增列「台大醫院法醫部」。

說明：

一、法醫是法治社會中維護司法正義、保障人權的一個極重要的機制，鑑定機構的公信力往往是媒體所質疑的焦點。除了國內原有的檢警調查系統外，在學術機構中，建立一個超然的法醫及鑑識系統，做為公正、中立的仲裁機構，已愈形重要。國家級的「台大醫院」因具有社會託負的重任，請在附設醫院組織規程修訂中考慮增列「法醫部」。

二、監察院於八十四年度的中央巡察司法機關的過程中，便發現法醫人員異常缺額的窘狀，嚴重影響司法相驗案件之進行及正確性，違背憲法及相關法規保障人權之本旨。監察院陳光宇委員、趙昌平委員並具體建請法務

(20-6002-00) (85.12.50本)

26

程，如在醫院能成立法醫部以充實學生實習的內容，相信更可提高醫學生對法醫認知和實際參與的興趣，對將來法醫人才的羅致，大有助益。

敬呈

台大醫院 李源德 院長

共同提議人：

趙昌平 高瑞錚 陳孟鈴 成仲模 謝文定 賴英照

(20-6002-00) (85.12.60本)

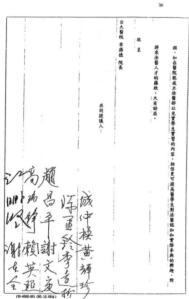

當時的台大醫院李源德院長從善如流，立即於一九九九年七月在台大醫院組織章程增設法醫部。

國立台灣大學醫學院附設醫院組織規程修正草案部門設置異動摘錄表

一、新增單位：
（一）創傷醫學部
（二）法醫部
（三）環境及職業醫學部
（四）綜合內科部（一般內科、一般兒科）
（五）綜合外科部（綜合外科、婦女醫學科）
（六）社區醫學部（社區門診科、社區急診科、社區保健科、社區藥劑科）
（七）綜合檢查部（影像醫學科、檢驗病理科、心肺檢查科、內視鏡超音波科）
（八）綜合管理部（綜合醫事組、綜合企劃組、綜合行政組）
（九）社區護理部（社區護理組、綜合護理組）

二、更名單位：
（一）優生保健部更名為基因醫學部，下設優生保健科、基因醫學科。
（二）臨床醫學研究部更名為醫學研究部，下設臨床研究組、實驗研究組、規劃訓練組。
（三）教學室更名為教學部，其二級單位名稱不變。
（四）醫學工程室更名為醫學工程部，其二級單位名稱不變。
（五）企劃管理室更名為企劃室，下設第一組、第二組、第三組。
（六）住院室更名為醫療事務室，其二級單位名稱不變。
（七）公共關係室更名為公共事務室。

三、調整單位：
（一）原放射治療部調整為放射腫瘤科，改隸於腫瘤醫學部。
（二）警衛隊自總務室改隸安全衛生室。

四、原單位內部調整：
（一）各醫療部門二級單位之調整詳如設置表草案。
（二）門診部下設門診醫務組、門診業務組。
（三）圖書室下設圖書服務組、資訊服務組。
（四）資訊室增設第四組。
（五）社會工作室增設第三組。

我本是內科醫師，因法醫學科卸任主任郭宗禮教授之推薦，因緣際會擔任法醫學科主任，不敢懈怠，提出建立台灣法醫體系的三大步驟。也正逢自國大代表卸任之後，擔任行政院顧問，因此得以行政院顧問的名義，向行政院建言，也得到所有擔任過台大法醫學科主任的方中民、郭宗禮及代理主任邱清華三位教授的支持。二〇〇二年四月二十五日，我領銜正式向行政院提出「建立台灣健全之法醫師培訓和進用制度」建言書。

（三）設立「大學醫院法醫部」，建立專業法醫師晉升制度。

（二）訂立「法醫師法」，建立專業法醫師證照制度及進用制度；

（一）設立「學士後法醫學系」，建立專業法醫師人才培訓制度；

中華民國九十一年四月二十五日

「建立台灣健全之法醫師培訓和進用制度」建言書

行政院顧問、台大法醫學科主任　陳耀昌

台灣法醫學會理事長、台大法醫學科前主任　方中民

台大法醫學科前主任　郭宗禮

台大法醫學科前代主任　邱清華

這篇建言可說是奠定台灣新法醫制度的計畫綱領，是法醫界之重要文獻。（正文請見206頁）

行政院交由主管教育的政務委員（兼行政院科技顧問）蔡清彥，在二〇〇二年六月十一日召開會議，召集教育部、考試院、人事行政局、衛生署及法醫界人士，主要為討論建言書第一條：「建立學士後法醫學系」。

行政院科技顧問組　函

機關地址：台北市和平東路二段一〇六號五樓
傳真號碼：（〇二）二七三七七七三三

受文者：陳醫師耀昌

速別：最速件
密等及解密條件：普通
發文日期：中華民國九十一年六月十四日
發文字號：（九一）科技發字第〇四六一號
附件：如文

主旨：檢送六月十一日召開「建立台灣健全之法醫師培訓和進用制度座談會」會議紀錄乙份，請查照。

正本：如出席人員
副本：

檔案分類號：
保存年限：

行政院科技顧問組

裝　訂　線

建立台灣健全之法醫師培訓和進用制度座談會會議紀錄

壹、時　間：中華民國九十一年六月十一日九時三十分
貳、地　點：台北市和平東路二段一〇六號科技大樓五樓第一會議室
參、主持人：蔡政務委員清彥　記錄：林坤豐
肆、出席人員：
法務部　王代理所長崇儀、余檢察官麗貞、卓專門委員文淮
教育部高教司　馬湘萍
教育部醫教會　黃崑巖常委（請假）
考試院考選部　莊專門委員錫濱、蘇科長淑妙
人事行政局　張副處長念中、林專門委員文燦
衛生署醫政處　薛簡任秘書瑞元、陳科長怡安
台灣大學醫學院　郭宗禮博士、陳耀昌醫師、邱清華博士
本組　顏執行秘書清連（請假）、汪副執行秘書庭安、林副研究員坤豐、鄭副研究員居元
伍、主席致辭：（略）。
陸、結論：

G:\PER\會議紀錄\20020611 法醫師培訓和進用制度座談會.doc

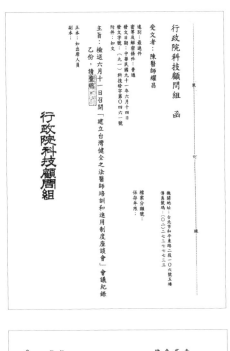

提案書

一、案由：為建立專業法醫師人才培訓、證照及進用制度，推動「法醫師法」立法之工作，以健全法醫制度，維護司法正義及保障基本人權，請討論案。

二、說明：

（一）本小組委員陳耀昌教授與歷任台大法醫學科主任郭宗禮、邱清華及台大法醫學會理事長方中民教授共同撰提「建立台灣健全之法醫師培訓和進用制度」建言書，於九十一年五月二十五日本小組全體委員會開會時分送各委員參議。

（二）依建言書之分析，我國現行法醫制度具有多項缺點，導致在法治社會追求維護司法正義和保障人權目的過程中，無法發揮關鍵性公信力，建言書建議設立「學士後法醫學系」、設立「大學醫院法醫部」及訂立「法醫師法」，以建立專業法醫師人才培訓制度、證照制度、進用制度及「專科法醫師」晉升制度，均具體可行且具迫切性，亟需儘速推動完成。

三、辦法：

（一）擬請本小組陳委員耀昌籌劃召開相關議題之研討會或公聽會，由　副總統主持，並邀請本小組委員、醫界、法界、學界參與討論，尋求共識與可行解決方案。

（二）所得結論及方策作成諮詢意見，由　副總統呈報　總統裁決，交付行政院著手立法工作，完成相關配套制度之建立。

謹　呈

呂　副總統　公鑒

提案人：蘇友辰　委員

九十一年五月二十九日

簽　呈

中華民國九十一年七月三十日

批示

主旨：呈報推動「法醫師法」立法工作相關事宜，請鈞核示遵。

說明：

一、為建立專業法醫師人才培訓、證照及進用制度，推動「法醫師法」立法之工作，以健全法醫制度，維護司法正義及保障基本人權。本諮詢小組於第十四次全體委員會議議決，本案「建議行政院研究辦理」。

彼時我也正好擔任總統府人權委員。我的建言書三大步驟獲得委員會的支持，也正值當年五月二十五日華航澎湖空難事件，讓國人了解建立健全法醫體系之重要性。蘇友辰委員在二〇〇二年五月二十九日迅即提案，認為建言書第二項

2002年的總統府人權諮詢小組。（陳耀昌提供）

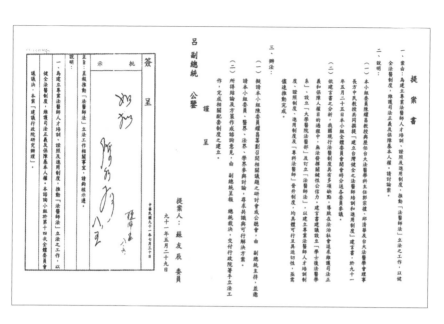

「訂立法醫師法」應盡速完成。經呈召集人呂秀蓮副總統後，獲得陳水扁總統的同意（二〇〇二年八月五日），於是「成立法醫師研究所」及「制定法醫師法」皆成為國家重大政策。

在教育部長黃榮村及次長范巽綠之支持下，成立「法醫學研究所」列為優先計畫（二〇〇二年十二月三十日）。

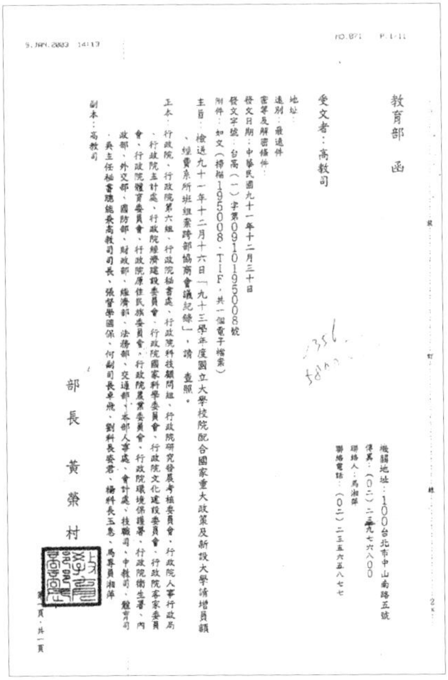

9.JAN.2003 14:13　NO.871 P.1/11

教育部 函

機關地址：100台北市中山南路五號
傳真：（〇二）二三九七六八〇〇
聯絡人：馬湘萍
聯絡電話：（〇二）二三五六五八七七

受文者：高教司

地址：
速別：最速件
密等及解密條件：
發文日期：中華民國九十一年十二月三十日
發文字號：台高（一）字第0910195008號
附件：如文（檔案195008.TIF，共一個電子檔案）

主旨：檢送九十一年十二月十六日「九十三學年度國立大學校院配合國家重大政策及新設大學請增員額、經費系所班組案跨部協商會議紀錄」，請 查照。

正本：行政院、行政院第六組、行政院秘書處、行政院科技顧問組、行政院研究發展考核委員會、行政院人事行政局、行政院主計處、行政院經濟建設委員會、行政院國家科學委員會、行政院客家委員會、行政院體育委員會、行政院原住民族委員會、行政院農業委員會、行政院環境保護署、行政院衛生署、內政部、外交部、國防部、財政部、經濟部、法務部、交通部、本部人事處、會計處、技職司、中教司、體育司、吳主任秘書聰能兼高教司司長、張督學國保、何副司長卓飛、劉科長嫈君、楊科長玉惠、馬專員湘萍

副本：高教司

部長 黃榮村

第一頁，共一頁

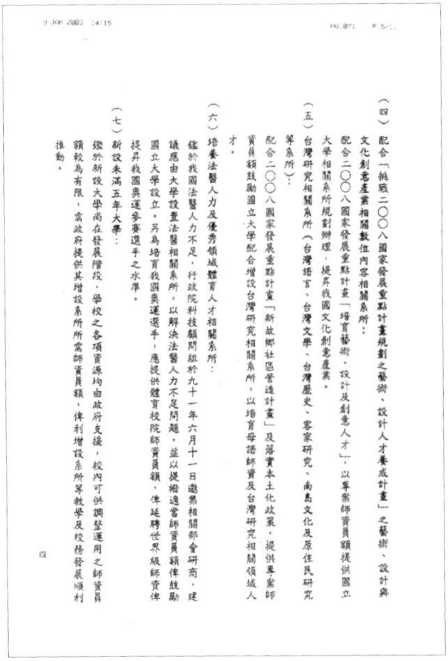

9 JAN 2003 14:15　NO.871 P.5/11

（四）配合「挑戰二〇〇八國家發展重點計畫規劃之藝術、設計與文化創意產業相關數位內容相關系所：
配合二〇〇八國家發展重點計畫「培育藝術、設計及創意人才」，以專案師資員額提供國立大學相關系所規劃辦理，提昇我國文化創意產業。

（五）台灣研究相關系所（台灣語言、台灣文學、台灣歷史、客家研究、南島文化及原住民研究等系所）：
配合二〇〇八國家發展重點計畫「新故鄉社區營造計畫」及落實本土化政策，提供專案師資員額鼓勵國立大學配合增設台灣研究相關系所，以培育母語師資及台灣研究相關領域人才。

（六）培養法醫人力及優秀領域體育人才相關系所：
鑑於我國法醫人力不足，行政院科技顧問組於九十一年六月十一日邀集相關部會研商，建議應由大學設置法醫相關系所，以解決法醫人力不足問題，並以提撥適當師資員額俾鼓勵國立大學設立。另為培育我國奧運選手，應提供體育校院師資員額，俾延聘世界級師資俾提昇我國奧運參賽選手之水準。

（七）新設未滿五年大學：
鑑於新設大學尚在發展階段，學校之各項資源均由政府支援，校內可供調整運用之師資員額較為有限，需政府提供其增設系所所需師資員額，俾利增設系所等教學及校務發展順利推動。

四

教育部九十三年度國立大學配合國家重大政策，撥出十名員額作為「法醫學研究所」之成立師資（二〇〇三年十二月三十日）。

附件

九十三學年度國立大學配合國家重大政策暨新設大學增設系所班組師資員額需求預估表

類別	項次	相關領域	員額需求暫	說明
國家政策人力需求系所	1	配合「國家矽導計畫」暨行政院「科技人才培訓及運用方案」所需科技人力相關之資訊、電子、電機、光電與電信等系所	85	為解決國內高科技產業人力需求問題，本部依行政院九十年三月六日台九十科字第〇〇五三九六一號函「科技人才培訓及運用方案」擬定「國家矽導計畫暨專案擴增大學資訊、電子、電機、光電與電信等科技系所招生名額培育計畫」專案報院，申請於本部主管預算額度外另行專案核撥擴增科技系所招生名額所需師資員額八十五名（含國家矽導計畫六十名，專案擴增大學資訊、電子、電機、光電與電信等科技系所招生名額培育計畫二十五名），以鼓勵國立大學配合產業需求增加科技系所招生名額，提昇我國產業競爭力，專案計畫時程自九十一至九十四學年度，本案業經行政院九十年十二月四日台九十人政力字第〇三三五九四號函核復同意在案，且九十一學年度擴增計畫業辦理完竣，九十二學年度業於近期函請各國立大學規劃提報。
	2	配合「挑戰二〇〇八國家發展重點計畫」所需光電（影像顯示）人才相關系所	25	配合二〇〇八國家發展重點計畫之產業高值化計畫「兩兆雙星產業」，提昇我國影像顯示器產業競爭力，擬以專案師資員額二十五名，核撥現行辦理績效優良之國立大學光電（影像顯示）相關系所碩、博士班並配合擴增招生名額，培育產業所需光電（影像顯示）人才。
	3	配合「挑戰二〇〇八國家發展重點計畫」所需生物科技人才相關系所	25	配合二〇〇八國家發展重點計畫「生物科技發展計畫」，以專案師資員額提供辦理績效優良之國立大學相關系所碩、博士班延攬國際重量級優秀人才，以提昇我國生物科技產業之競爭力。
	4	配合「挑戰二〇〇八國家發展重點計畫規劃之藝術、設計人才養成計畫」之藝術、設計與文化創意產業相關數位內容相關系所	15	配合二〇〇八國家發展重點計畫「培育藝術、設計及創意人才」，以專案師資員額提供國立大學相關系所規劃辦理，提昇我國文化創意產業。
	5	台灣研究相關系所（台灣語言、台灣文學、台灣歷史、客家研究、南島文化及原住民研究等系所）	20	配合二〇〇八國家發展重點計畫「新故鄉社區營造計畫」及落實本土化政策，提供專案師資員額鼓勵國立大學配合增設台灣研究相關系所，以培育母語師資及台灣研究相關領域人才。
	6	培養法醫人力及優秀領域體育人才相關系所	10	鑑於我國法醫人力不足，行政院科技顧問組於九十一年六月十一日邀集相關部會研商，建議應由大學設置法醫相關系所，以解決法醫人力不足問題，並以提撥適當師資員額俾鼓勵國立大學設立。另為培育我國奧運選手，應提供體育校院師資員額，俾延聘世界級師資俾提昇我國奧運參賽選手之水準。
		小計	180	
新設大學	7	新設未滿五年大學	50	鑑於新設大學尚在發展階段，學校之各項資源均由政府支援，校內可供調整運用之師資員額較為有限，需政府提供其增設系所所需師資員額，俾利增設系所等教學及校務發展順利推動。
		小計	50	
		總計	230	

註：上列除第一項「配合國家矽導計畫暨行政院科技人才培訓及運用方案所需科技人力相關之資訊、電子、電機、光電與電信等系所」所需八十五名師資員額及第二項「配合挑戰二〇〇八國家發展重點計畫所需光電（影像顯示）人才相關系所」所需二十五名師資員額外，其餘領域所需員額均為暫估數，將依學校規劃、國家社會人力需求及審議結果等再作調整。

對成立法醫學研究所支持不遺餘力的當時教育部次長范巽綠（左圖），以及時任高教司司長，後來與我也成了好友，又升任次長的陳德華（右圖）。

於是教育部致函各國立大學，詢求成立「法醫學研究所」之意願（二〇〇三年一月十四日）。

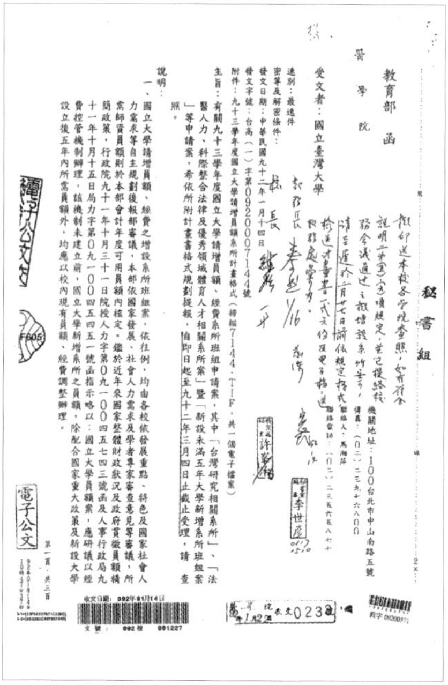

秘書組

醫學院

教育部 函

機關地址：100台北市中山南路五號
傳真：(02)二三九七六八00
聯絡人：馬瀚萍
聯絡電話：(02)二三五六六五八七七

受文者：國立臺灣大學

速別：最速件
密等及解密條件：
發文日期：中華民國九十二年一月十四日
發文字號：台高(一)字第0920007144號
附件：九十三學年度國立大學請增員額系所計畫格式（掃描7144.TIF，共一個電子檔案）

主旨：有關九十三學年度國立大學請增員額、經費系所班組申請案，其中「台灣研究相關系所」、「法醫人力、科際整合法律及優秀領域體育人才相關系所案」暨「新設未滿五年大學新增系所班組案」等申請案，希依所附計畫書格式規劃提報，自即日起至九十二年三月四日止截止受理，請查照。

說明：

一、國立大學請增員額、經費之增設系所班組案，依往例，均由各校依發展重點、特色及國家社會人力需求等自主規劃後報部審議，本部依國家發展、社會人力需求及學者專家審查意見等審議，所需師資員額則於本部會計年度可用員額內核定。鑑於近年來國家整體財政狀況及政府貫徹員額精簡政策，行政院九十一年十月三十一日院授人力字第0九一00四五四五一號函及人事行政局九十一年十月十五日局力字第0九一00四五七四三號函指示略以：國立大學員額案，應研議以經費控管機制辦理，該機制未建立前，國立大學新增系所之員額，除配合國家重大政策及新設大學設立後五年內所需員額外，均應以校內現有員額、經費調整辦理。

電子公文

第一頁，共三頁

收文日期：092年01月14日
文號：092 校 001227

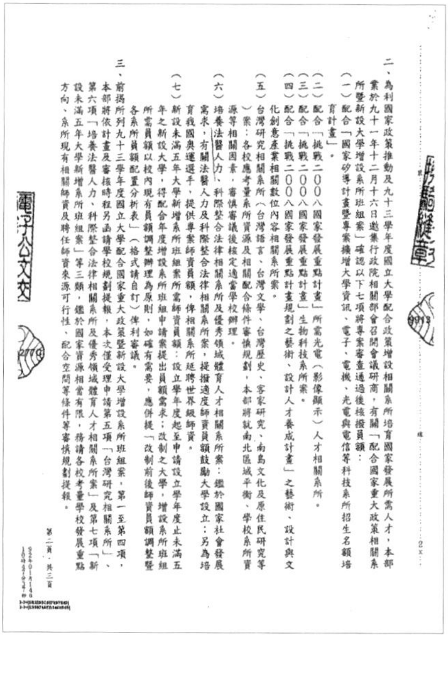

二、為利國家政策推動及九十三學年度國立大學配合政策增設相關系所培育國家發展所需人才，本部業於九十一年十二月十六日邀集行政院相關部會召開會議研商，有關「配合國家重大政策相關系所暨新設大學增設系所班組案」確認以下七項將專案審查通過後核撥員額：

（一）配合「國家矽導計畫暨專案擴增大學資訊、電子、電機、光電與電信等科技系所招生名額培育計畫」。

（二）配合「挑戰二00八國家發展重點計畫」所需光電（影像顯示）人才相關系所。

（三）配合「挑戰二00八國家發展重點計畫」生物科技系所案。

（四）配合「挑戰二00八國家發展重點計畫規劃之藝術、設計人才養成計畫」之藝術、設計與文化創意產業相關數位內容相關系所案。

（五）台灣研究相關系所（台灣語言、台灣文學、台灣歷史、客家研究、南島文化及原住民研究等）案：各校應考量系所資源及相關配合條件審慎規劃，本部將就南北區域平衡、學校系所資源等相關因素，審慎審議後核定適當學校辦理。

（六）培養法醫人力、科際整合法律相關系所及優秀領域體育人才相關系所案：鑑於國家社會發展需求，有關法醫人力及科際整合法律相關系所案，提撥適度師資員額鼓勵大學設立；另為培育我國奧運選手，提供專案師資員額，俾相關系所延聘世界級師資。

（七）新設未滿五年大學新增系所班組案所需師資員額：設立學年度起至申請設立學年度止未滿五年之新設大學，得配合年度增設系所班組申請案提出員額需求；改制之大學，增設系所班組所需員額以校內現有員額調整辦理為原則，如確有需要，應併提「改制前後師資員額調整暨各系所員額配置分析表」（格式請自訂）俾利審議。

三、前揭所列九十三學年度國立大學配合國家重大政策暨新設大學增設系所班組案，第一至第四項，本部將依計畫及審核時程另函請學校規劃提報，本次僅受理申請第五項「台灣研究相關系所」、第六項「培養法醫人力、科際整合法律相關系所及優秀領域體育人才相關系所案」及第七項「新設未滿五年大學新增系所班組案」等三類，鑑於國家資源相當有限，務請各校考量學校發展重點方向、系所現有相關師資及聘任師資來源可行性、配合空間等條件審慎規劃提報。

電子公文

第二頁，共三頁

台大醫學院提出「九十三學年度申請增設『法醫學研究所碩士班』計畫書」，終獲教育部採納，決定在台大醫學院成立（二〇〇三年二月十四日）。

國立台灣大學九十三學年度申請增設「法醫學研究所碩士班」計劃書

申請案名	中文名稱：法醫學研究所碩士班 英文名稱：Graduate Institute of Forensic Medicine
授予學位名稱	法醫學碩士
優先順序	專案(配合國家重大政策)
本校現有相關學門之系所 (可支援系所)	解剖學暨細胞生物學研究所、生物化學暨分子生物研究所、生理學研究所、病理學研究所、微生物學研究所、藥理學研究所、藥學研究所、醫事技術學研究所、臨床醫學研究所、臨床牙醫學研究所、毒理學研究所、分子醫學研究所、免疫學研究所、流行病學研究所、人類學研究所、法律學研究所、昆蟲學研究所、應用力學研究所及其他相關系所。
國內設有本學系博(碩)士班相關系所學校	無
師資	擬聘師資 10 員
專業圖書	1. 中文圖書：16 冊，外文圖書：39 冊 2. 中文期刊：12 種，外文期刊：44 種 3. 擬增購圖書(期刊)： 2 冊(種) 4. 其他：現有醫學院圖書分館藏書及期刊超過九萬冊
擬招生名額	至多 15 名

申請單位：國立台灣大學醫學院法醫學科
聯 絡 人：郭宗禮代理主任
電　　話：02-2312-3456 轉 5492
傳　　真：02-2393-5539

九十二年元月二十七日台大醫學院九十一學年度第三次院務規劃委員會修正通過
九十二年二月十四日台大醫學院九十一學年度第六次院務會議修正通過
九十二年二月十八日台灣大學第二二八〇次行政會議修正通過
九十二年二月二十日台灣大學教學研究單位之增設專案審查委員會修正通過
九十二年二月二十四日台灣大學九十一學年度第五次校務發展規劃委員會修正通過
九十二年三月十五日台灣大學九十一學年度第二學期第一次校務會議修正通過

經二〇〇一至二〇〇四年的諸多奔走與努力，「法醫學研究所碩士班」於二〇〇四年開辦，正式招生。我也以此為己任，辭去「國家衛生研究院幹細胞研究中心主任」一職，回到台大擔任法醫學研究所的第一任所長。

國立台灣大學醫學院
「法醫學研究所碩士班」九十四學年度入學考試招生
三

一、招生組別：

甲組

報考資格：醫學系、牙醫學系畢業得有學士學位者。

考試項目：

一、筆試：(1) 法醫學（甲）（含公共衛生學）
(2) 英文（A）
(3) 內外科學（各佔 50%）、口腔內外科學（各佔 50%）（二科擇一）
(4) 病理學、口腔病理學（二科擇一）
(5) 解剖學、生物化學（一般生物化學）、分子生物學（三科擇一）

二、口試

乙組

報考資格：其他醫學及生物科學相關科系畢業得有學士學位者，包括醫事技術學系、公共衛生學系、藥學系、護理學系、物理治療學系、職能治療學系及獸醫學系等

考試項目：

一、筆試：(1) 法醫學（乙）（含公共衛生學）
(2) 應用病理學
(3) 解剖學及生理學（各佔 50%）

台大法醫所之專任、兼任教員與來訪之荷蘭司法鑑識中心貴賓合影（2008年）。

原擬議甲之「學士後法醫學系」後來之所以改為「法醫學研究所」，是因為高教司長陳德華告知，「學系」招生不得少於三十人。法醫所擬每年招生五至十人左右，包括甲組醫學牙醫畢業生，乙組醫學相關科系畢業生，並盡量鼓勵地檢署檢驗員在職進修。法醫所乙組學生修業五年，還要畢業論文，是最「苛刻」的研究所。

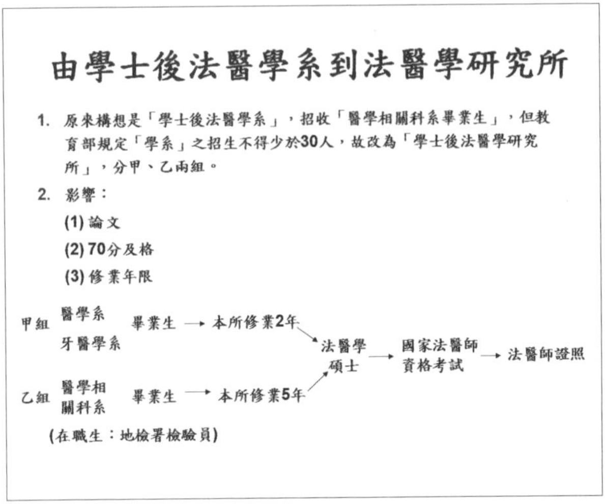
由學士後法醫學系到法醫學研究所
1. 原來構想是「學士後法醫學系」，招收「醫學相關科系畢業生」，但教育部規定「學系」之招生不得少於30人，故改為「學士後法醫學研究所」，分甲、乙兩組。
2. 影響：
(1) 論文
(2) 70分及格
(3) 修業年限
甲組 醫學系 牙醫學系 畢業生 → 本所修業2年
乙組 醫學相關科系 畢業生 → 本所修業5年
法醫學碩士 → 國家法醫師資格考試 → 法醫師證照
(在職生：地檢署檢驗員)

與台大法醫所導生合影。其中一人（後排左一）為甲組學生（醫學系應屆畢業生），其他為乙組學生。後來都能通過國家法醫師考試，擔任公職法醫師，目前已成為台灣地檢署之法醫師主力。

五年修業期間，除和醫學系學生三、四、五、六年級共同完成基礎醫學五十五學分，臨床醫學五十五學分外，尚包括法醫專業課程六十學分。

我們發現，法醫所學生與醫學系及牙醫學系一起上課，而他們的成績表現絕不遜於醫、牙兩系。

教學：師資及課程之特色

1. 師資包羅各科：基礎醫學、臨床醫學、法醫學、司法學科、人類學、植物學、昆蟲學...etc。
2. 課業又多又專：
   (1) 必須修畢170學分：①基礎醫學55學分 ②臨床醫學55學分 ③法醫學60學分 ④碩士論文
   (2) 70分以上才及格。
3. 課程實習兼修。實習/見習場所包括：
   - 內政部警察局
   - 法務部地檢署
   - 司法院之地方法院
   - 法務部法醫研究所
   - 台大醫院
   - 台北聯合醫院松德院區

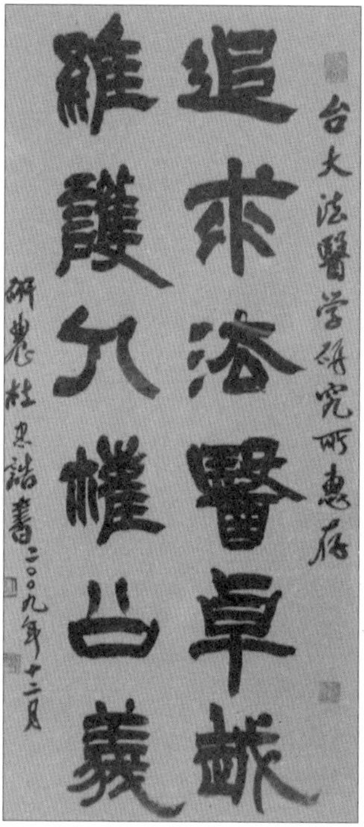

書法大家杜忠誥致贈「台大法醫學研究所」之墨寶。

更重要的是「法醫師法」的推動。二〇〇三年四月二日，法務部長陳定南也下令具體研商，由法務部就台大法醫學科所提出的「法醫師法草案」為藍本，提出「行政院版法醫師法草案」。

法醫師法正式成為國家政策

陳定南：爲讓台大的法醫培育符合需求　法務部應立即研商

2003/04/02 11:42

台北訊

國內法醫嚴重缺乏，台灣大學日前通過成立「法醫學研究所」，並預計明年開始招生。法務部長陳定南2日指出，法務部所屬的法醫研究所應立即邀請學者專家及各有關機關代表共同研商，讓台大的培育計畫能符合法務部需求，解決缺乏高級病理剖驗人才的問題。

陳定男說，法務部所屬地檢署長期爲缺乏法醫師所苦，因此台大成立「法醫學研究所」，將能解決目前的窘境。此外，目前正在擬議的「法醫師法」草案，也要一併配合，再另作通盤的檢討與修正。

根據美國法醫學會特定的人力需求公式，再換算人口數及特殊死亡人數，台灣的法醫至少需要 80 人至 100 人，但現在卻只有 50 位左右，80%的法醫養成過程並不扎實，所以台大的責任相當重大。

據悉，「法醫學研究所」分爲「臨床法醫學」與「鑑定法醫學」2 組，明年 6 月開始招生。臨床組限醫學系與牙醫系畢業生報考，主要是進行法醫科學研究。而檢定組則不限定科系，專門訓練爲一般刑事鑑定的法醫。學生從法醫研究所畢業，仍需要再考取法醫執照，才能上陣工作。

邱清華教授（中）與郭宗禮教授（左）在「法醫師法」之推動及法醫所研究生之實習課程安排上，不遺餘力。

法務部法醫研究所所長王崇儀召集法醫界人士，經多次會商，終於完成「行政院版法醫師法草案」，並於二〇〇四年十一月五日，在政務委員許志雄主持之跨部會會議中，正式通過。

正本

裝　訂　線

行政院　開會通知單

聯絡人及電話：楊檢察官秀蘭（〇二）三三五六六七三七

受文者：臺大法醫學研究所陳耀昌所長

速別：最速件

密等及解密條件：普通

發文日期：中華民國九十三年十一月九日

發文字號：院臺法字第0930039730號

附件：

開會事由：審查「法醫師法草案」第二次會議

開會時間：九十三年十一月十五日（星期一）下午二時三十分

開會地點：行政院二樓第二會議室

主持人：許政務委員志雄

出席者：司法院范秘書長、考選部林部長、銓敘部朱部長、內政部蘇部長嘉全、國防部李部長傑、財政部林部長全、教育部杜部長正勝、法務部陳部長定南、行政院人事行政局李局長逸洋、行政院新聞局林局長佳龍、行政院衛生署陳署長建仁、行政院研究發展考核委員會葉主任委員俊榮、行政院消費者保護委員會葉主任委員菊蘭

列席者：臺大法醫學研究所陳耀昌所長、行政院法規會、行政院第一組、行政院第四組、行政院第五組、行政院第六組、行政院第二組

行政院秘書處

第一頁

審查「法醫師法草案」會議紀錄

壹、時間：93 年 11 月 05 日（星期五）下午 2 時

貳、地點：本院二樓第二會議室

參、主席：許政務委員志雄　　　　記錄：楊秀蘭

肆、出席人員：(詳如簽到單)

伍、發言內容：(略)

陸、審查結論：

一、 法案名稱「法醫師法草案」照案通過。

法務部向立法院提出「法醫師法草案總說明」（二〇〇四年十一月五日）（右邊四行字為筆者所加之說明）。

建立完整的法醫師制度，以「法醫學研究所」培育專業法醫師，以「法醫師法」來規範及保障法醫師，才能提升台灣司法公信及人權。

法醫師法草案總說明

長久以來，受社會通念及文化背景影響，法醫業務一直是被忽略的一環，然隨著國際刑事鑑識科學之發展，國內司法鑑定之需求，法醫科學逐年進步，法醫師之重要性與日俱增，但其人數仍極度欠缺，歸究人才培訓困難的原因在於現行制度及薪資結構，無法吸引優秀人才從事法醫業務。

過去我國並無完整法醫師制度，刑事訴訟法關於檢驗、解剖屍體工作，分別由醫師、檢驗員執行，雖各有其職司，然檢驗員之法醫學養及病理知識不若法醫師，理論上應屬備位、替代法醫師之性質。然實際上卻因固有觀念、社會地位及薪資欠缺誘因下，無法吸引醫師投入法醫工作，使得案件最開始的檢驗屍體工作多由檢驗員為之。為解決法醫師人力問題，法務部採取多項培育計畫，首先自八十三年起與陽明大學、成功大學醫學院合作，以公費補助，遴選優秀學生施以法醫病理培訓，學成後投身於法醫師職務，但現實上公費生於取得醫師資格後，即拒絕履行法醫義務，寧願選擇賠款方式結案，則法醫師培訓計畫反而成為晉身醫師資格之跳板，終宣告失敗。其次，為解決檢察機關法醫人力不足問題，自八十四年起以司法特考方式，擴大招考法醫師及檢驗員，結果法醫師應考相當有限，缺額仍無法補足；至於檢驗員則在連續五年增員下，錄取二十餘人，暫時解決人力不足之窘境，總計至九十三年六月底止，各地方法院檢察署之法醫師僅五名（預算員額為二十人）、檢驗員三十五人（預算員額為三十六人），因此現行百分之九十以上之屍體檢驗實際上都由檢驗員來執行，解剖屍體方由法醫師及~~外聘之顧問或兼任法醫師~~為之，死因鑑定則由法務部法醫研究所委請顧問醫師負責。近年來，由於屍體檢驗造成之案件爭議，屢有所聞，民怨由此而生，甚或因其過程草率、欠週延，案件疑點無法適時釐清，特殊個案被渲染結果，導致外界對司法公信及政府人權保障政策之質疑，故為長久之計，非建立完整法醫師制度不為功。

歸究法醫師培育困難之因，實係薪資結構無法產生誘因之故。因目前行政院所屬機關之法醫師係適用醫事人員人事條例相關規定，屬於公

1

二〇〇五年十二月二十八日，「法醫師法」之提出，得到立法院不分黨派絕大多數委員的支持。經立法院三讀通過。二〇〇六年十二月二十八日正式開始實施。

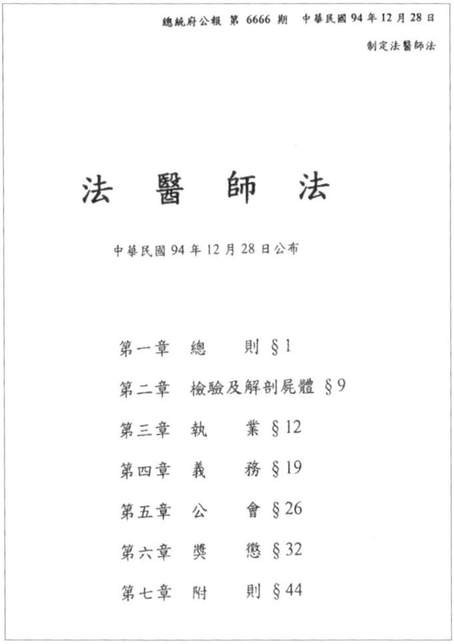

總統府公報 第 6666 期 中華民國 94 年 12 月 28 日

制定法醫師法

法醫師法

中華民國 94 年 12 月 28 日公布

第一章 總　　則 §1

第二章 檢驗及解剖屍體 §9

第三章 執　　業 §12

第四章 義　　務 §19

第五章 公　　會 §26

第六章 獎　　懲 §32

第七章 附　　則 §44

有關「法醫師法」立法過程及說明，亦可參閱時任法務部法醫所所長，參與立法全程的王崇儀之大作《法醫師法論》。

法醫學研究所迄今（一〇二學年度）已有四十二名畢業生，三十名通過「專技法醫師考試」，正式取得法醫師證書。十九名已擔任公職法醫師。

遺憾的是，建言書的第一項「以法醫學研究所培育專業法醫師」及第二項「以法醫師法來規範及保障法醫師」均已實現多年，但第三項的「醫院應設法醫部」卻一直未能真正完成，美中不足，也使台灣的法醫體系一直未能竟全功。我雖多次向台大醫院提出「法醫部設立規劃書」，但至我卸任（二〇一〇年四月八日），未能實現。我乃在報上投書，提出呼籲，希望政府積極推動。

醫學院設法醫部 政府應扮推手

■陳耀昌

二〇〇五年底立法院通過「法醫師法」，這是我國朝野重視法醫制度，提升司法品質，保障人權的一大宣示。更可貴的是第四十四條「醫學院或其附設醫院、一定規模以上之教學醫院，應設置法醫部門；其設置辦法，由中央衛生主管機關會同相關機關定之」的訂立，更彰顯了「法醫師法」的前瞻與進步，表示朝野期待建立法醫鑑定機制的獨立性。

因為目前我國的法醫鑑定及犯罪鑑定實務單位，不論是法務部的法醫研究所或調查局，或是刑事警察局的法醫室及犯罪實驗室，本質上均屬於檢、調及警政系統，由逮捕人犯及起訴人犯的單位來做法醫及犯罪鑑定，有球員兼裁判之嫌。台灣竟然完全沒有中立第三者的法醫鑑定機構或犯罪鑑定中心，這對司法人權而言，是一大缺陷。

法務部與衛生署也很快在二〇〇六年十二月二十八日（即法醫師法正式施行之日）公布「醫學院或醫院法醫部門設置辦法」，明令醫學院或其附設醫院應設法醫部門，在第三條明文規定，「應」提供下列服務：一、法醫鑑定。二、法醫師法第九條所定檢驗或解剖屍體。三、法醫諮詢。四、法醫教學。第七條又明文規定「法醫部門應具下列設施：一、法醫解剖室……。二、法醫相關實驗室及認證：包括病理、毒物、血清及DNA等鑑定設備。」若四十四條能落實執行，將可大幅提升台灣法醫制度的獨立性、公信力及司法人權形象。

然而，徒法不足以自行。自「法醫師法」施行三年半以來，事實上全國仍未有醫學中心作設立「法醫部門」之規畫。以筆者任職之台灣大學而言，因為擁有全國唯一法醫師培育機構的台大法醫學研究所，此一「法醫部門」之設立，不僅是宣示台灣法醫鑑定機構的超然性，更是人才培育之所需。「法醫實務部門」之於法醫學學生，其重要性，就如「附設醫院」之於醫學院學生。

筆者忝為台大法醫學研究所長，任內六年，爭取設立此一「法醫實務部門」，不遺餘力，但卻一籌莫展。此間原因繁多，但簡而言之，一般人會認為「法醫實務部門」之設立，是為了「法務部」，但目前「大學醫學院」或「法醫學研究所」歸教育部所轄；而一般實務或服務部門，則屬於「附設醫院」業務，與衛生署較相關。因此，要在教育與衛生體系內去爭取設立「大學醫學院／醫院法醫部門」之空間、人員、及設備之預算編制，幾乎完全沒有著力點，有若緣木求魚，令我萬分挫折。

我自一九九八年八月因林滴娟案赴中國大陸後，有所感慨，由是以培養法醫人才，健全台灣法醫制度為己任。而台大法醫學研究所篳路藍縷，於今六年，但已成學生報考之大熱門。今年評鑑，被列為「待觀察」，適時突顯「大學法醫部門」未能成立之缺失，反是好事。筆者在此六年所長任期滿之日，向政府作此呼籲，請政府能協調「法務」、「衛生」、「教育」三大部會，向大學伸出援手，落實法醫師法四十四條之規定，以完整建立我國的法醫良善制度。

（作者為前台大法醫學研究所所長）

（2010年8月24日中國時報）

自目前「法醫師法」執行所遇到的困難來看，顯然「法醫師法」尚非十全十美。因此，我苦思如何去改進，初步有兩個想法：

一、「法醫師法」要求在醫學中心設立法醫部門，以避免所有犯罪鑑定全屬司法部門。精神上是正確的，但法務部和原衛生署要求每個醫學中心設立「法醫部」，且列入評鑑，卻又過猶不及，反淪為空談。

因此我建議只在台灣的北、中、南、東，選擇四個醫學中心，由國家撥出經費與員額來成立之。

二、關於一般法醫師、病理（M.D.型）專科法醫師與毒物、DNA、血清（Ph.D.型）的專科法醫師之培育問題。

我認為一般法醫師應可執行解剖工作，但須有病理專科法醫師在場。因此一般法醫師在培育課程中，應接受病理解剖的訓練。

到了二〇一九年的醫學系畢業生，因為就學六年就可以畢業，不經過Intern之階段，過去醫師公會等批評的法醫所乙組學生未經Intern訓練的理由已不存在。因此，我建議成立一個新的專科病理法醫師訓練課程（如下圖），尚請諸法醫界賢達討論及斧正。

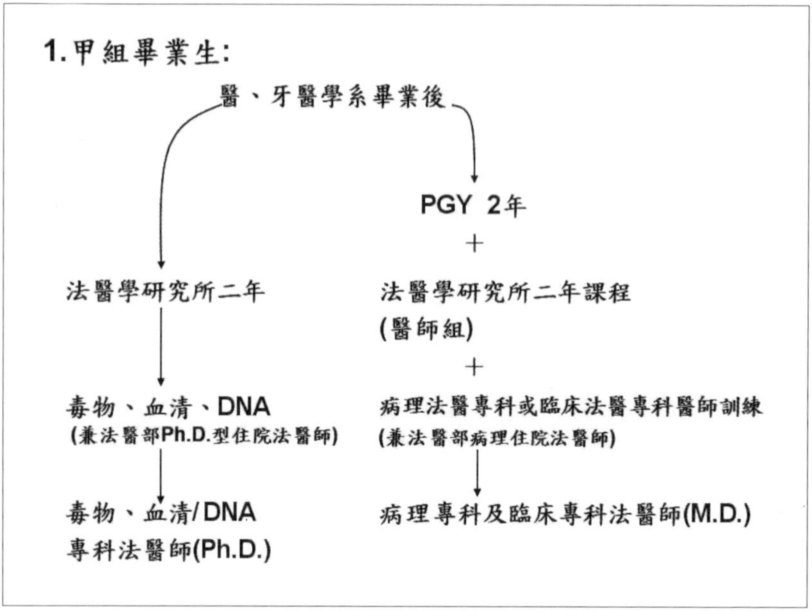
1.甲組畢業生:
醫、牙醫學系畢業後
PGY 2年
+
法醫學研究所二年
法醫學研究所二年課程
(醫師組)
+
毒物、血清、DNA
(兼法醫部Ph.D.型住院法醫師)
病理法醫專科或臨床法醫專科醫師訓練
(兼法醫部病理住院法醫師)
毒物、血清/DNA
專科法醫師(Ph.D.)
病理專科及臨床專科法醫師(M.D.)

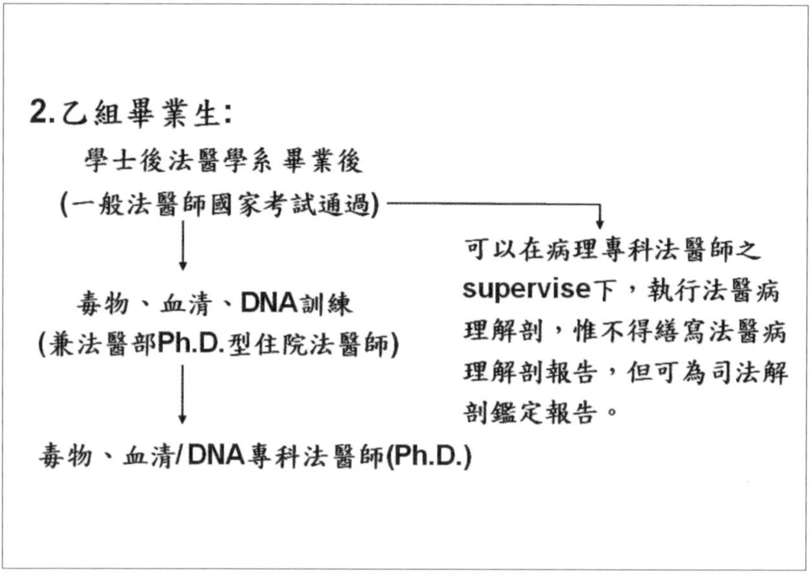
2.乙組畢業生:
學士後法醫學系 畢業後
(一般法醫師國家考試通過)
可以在病理專科法醫師之
supervise下，執行法醫病
理解剖，惟不得繕寫法醫病
理解剖報告，但可為司法解
剖鑑定報告。
毒物、血清、DNA訓練
(兼法醫部Ph.D.型住院法醫師)
毒物、血清/DNA專科法醫師(Ph.D.)

後記

二〇一四年七月，在總統府人權諮詢小組提出「訂立法醫師法」後十二年，又是澎湖空難。這次不但澎湖的法醫師是出身於台大法醫學研究所，包括由其他地檢署派往支援的法醫師，也有多人是本所的學生。

二〇一四年，也正是台大法醫學研究所成立十周年，法醫所培育出來的法醫師已遍布全台，成為地檢署法醫師的新血及主力。（左圖）他們擔任相驗工作，非常勝任及盡責。更希望不久之後能有醫學中心法醫部門的成立，讓台灣能有醫師出身的病理專科法醫師及臨床專科法醫師；以及非醫師出身，而獲有 Ph.D. 學位的毒物，及血清／DNA專科法醫師。

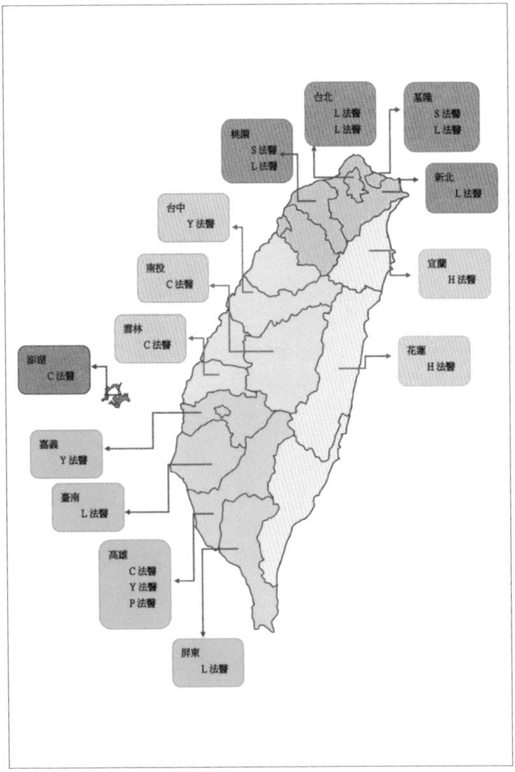

「建立台灣健全之法醫師培訓和進用制度」建言書

第一章 前言

從民主法治先進國家的經驗來看，健全的法醫制度，應該是法治社會在追求維護司法正義和保障基本人權兩者目的的過程中，發揮關鍵性影響力的機制。然而，由於司法制度發展的歷史因素使然，我國鑑定機構的公信力卻往往是司法案件當事人和輿論質疑的焦點。在台灣目前司法改革工作已經逐漸步上正軌的同時，健全的法醫制度是協助司法改革順利完成任務不可或缺之一環，而合理且具有前瞻性的法醫培訓和進用制度，則是落實健全法醫制度的唯一手段。我們認為，台灣現行之法醫人才培訓和進用制度，仍有相當多值得商榷興革之處，有賴相關部會如法務部、教育部和衛生署本於國家司法體制長遠利益的考量和社會民眾殷切的付託，同心協力進行法規制度方面的興革，以法醫培訓與進用制度的健全化，作為公正、中立且超然的專業法醫系統的基礎。

以下我們將先針對台灣現行法醫制度的缺失進行分析，接著說明如何從建立完善健全的法醫培訓和進用制度著手，矯正這些缺失，至於在此一法醫培訓和進用制度芻議下，我國未來法醫制度之展望如何，亦將一併說明之。

第二章　現行法醫制度缺失之分析

身為司法檢察系統第一線的專業法醫師異常缺額的窘狀，嚴重影響司法相驗案件之進行時效及司法判決的正確性，導致司法正義遭到扭曲，違背憲法及相關法規保障基本人權的宗旨，早是長久以來國內司法體系運作上的難題之一。過去監察院於民國八十四年即具體建請法務部積極協調教育部研究，在大學醫學院廣泛設立法醫學科（組），並提供法醫師進修及訓練的管道，足見社會對法醫需求之殷切。然自八十五年迄今，雖有八十七年法務部法醫研究所之成立，解決了部分法醫業務執行之窘況，但對專業法醫人才之培育，迄無具體方案及措施，以致整體效果不彰。

更進一步言之，由於法醫人才培訓和進用制度未上軌道，無法提供司法體系所需之法醫專業人才，導致目前各地檢署法醫室在原有之法醫師退休後未能有適當人才補缺，普遍出現專職法醫師大量不足，目前地檢署具醫師資格之法醫師僅約五、六人，以致出現由檢驗員代行大部分之法醫師工作的現象，自八十五年以來，不但未能解決，反而更形嚴重；再加上人事進用管道未能為有心擔任法醫工作者提供適當的誘因，嚴重影響司法制度運作的品質，此是絕對錯誤而有待改正的問題。專職法醫師不足的問題，可以說已經具體反映在台灣的法醫解剖率上：台灣的法醫解剖率一向遙遙落後，在民國八十六年以前大約為六至七％之間，最近幾年來在八至九％之間，距離日本的三〇至四〇％，美國的四〇至五〇％，香港的五〇至六〇％依然遙遠（參見表一）。而且，由檢驗員占法醫師缺所衍生的問題反映出，要檢驗員開具只有專業法醫師才能開具的屍體相驗證明書，實務上有很大的缺失和困難。根本解決辦法是必須有計畫的培訓專業的法醫師。此一問題在八十七年七月一日法務部法醫研究所成立之後，仍然未見顯著的改善，法醫研究所成立之旨意原亦希望能有專職法醫師，惟目前離理想值甚遠，絕大部分仍由其他機構之病理專科醫師兼任法醫顧問，主要原因在於法務部法醫研究所當初之設計理念和相應的組織規程，仍然未能真正反映出國內法醫系統的需求。

我們要指出，專職法醫師短缺的根本原因，主要在於國內尚未建立法醫師專業證照系統，導致法醫師地位不高、待遇偏低、缺乏進修升遷管道和缺乏成就感等幾個問題。在地位方面，法醫師與一般衛生署認證之醫師社會地位差距甚大，是不爭的事實。例如在有關法醫人事之法院組織法第六十八條，法醫師之職等為委任第五職等或薦任第七職等至第九職等，最高的主任法醫師為薦任第九職等或簡任第十職等，即無法再升遷。在待遇方面，法醫師的待遇僅相當於公立醫院住院醫師之待遇，無法達到主治醫師級之待遇，因此一般醫學生畢業以後，不會願意去擔任基層法醫師，更遑論具有專科醫師資格之醫師，能屈就擔任各地方檢察署法醫室法醫之理，過去成大醫學院及陽明醫學院法醫公費生構想先後全軍覆沒之前例，即為醫學系畢業生不太可能投入法醫師系統之實證。而法醫進修及升遷管道的缺乏，則更是雪上加霜。若非對於專業法醫師角色之重要性有深刻之認知及熱忱，並且對司法體系內的法醫制度深具使命感者，亦難以從法醫師之工作中獲得充分的成就感，應是不難想像之事。我們認為，從健全法醫培訓和進用制度做起，才足以為台灣建立可長可久，具現代視野的法醫制度。

表一：台灣的法醫解剖率未具已開發國家之應有水準

(甲)台灣與其他地區法醫相驗率及法醫解剖率之比較			
地區	年度	法醫相驗率(%)	法醫解剖率(%)
理想值		20.0	50.0
美國佛羅里達州	1991	46.0	63.0
美國聖安東尼奧市	1991	40.0	25.8
香港	1991	23.0	75.0
日本東京	1990	15.2	32.6
台灣	1991	16.6	**2.63**
台灣	1995	16.2	**5.89**
台灣	1998	14.7	**7.44**
台灣	1999	15.8	**6.60**
台灣	2000	15.2	**8.84**
台灣	2001(6 月止)		**8.12**

(乙)全國地檢署法醫相驗及法醫解剖案件分析表			
年份	法醫相驗案件數	法醫解剖案件數	法醫解剖率(%)
1991	17,309	455	**2.63**
1994	19,195	843	**4.39**
1995	19,255	1,134	**5.89**
1996	19,022	1,298	**6.82**
1997	18,572	1,148	**6.18**
1998	18,061	1,343	**7.44**
1999	19,987	1,319	**6.60**
2000	19,163	1,694	**8.84**
2001(6 月止)	8,976	729	**8.12**

◎法醫相驗率=法醫相驗總數／總人口死亡數

◎法醫解剖率=法醫解剖總數／法醫相驗總數

第三章　專業法醫師人才培訓和進用制度芻議

以法醫制度比較健全的國家之實際運作經驗作為基礎，每二十萬人需要一名法醫師，我們認為台灣約需一百至一百二十名左右的專職法醫師人力，才足以提升法醫鑑定水準並支援司法制度的順暢運作。此一人力配置理想遠非目前各地檢署之實況可比，法務部法醫研究所之制度亦無從滿足此一需求。我們認為專業法醫師人才之培訓制度必須從納入大學醫學院教育體系著手，方屬根本解決之道；其次，我們認為專業法醫師證照制度必須做進一步的配合修正，方能暢通專業法醫師任用管道，提供專業法醫師專心致志奉獻於司法體系的必要誘因。以下則分項說明專業法醫師人才培訓和進用制度設計的基本方向：

第一節　法醫學範疇

司法科學（Forensic Science）包含法醫學（Forensic Medicine）及鑑識科學（Criminal Science）二大範疇。而法醫學則包括法醫病理學（Forensic Pathology）、法醫毒物學（Forensic Toxicology）及法醫血清學（Forensic Serology），後來再加入法醫牙科學（Forensic Odontology/Dentistry）、法醫人類學（Forensic Anthropology）及法醫生物學等。一九九〇年代ＤＮＡ的研究及應用大有進展，因而有法醫分子生物學（Forensic Molecular Biology），將ＤＮＡ研究方法應用於親子鑑定及

人身鑑定等。

近年來，有鑑於現代知識與觀念之開放進步，人權的發展在法醫學的範疇已拓展並涵蓋至受害活人的範圍，因此臨床法醫學（Clinical Forensic Medicine）乃應運而生。除最廣為人知的「法醫精神學」（Forensic Psychiatry）外，尚包括「性侵害防治」、「藥物濫用」、「兒童保護」、「交通事故傷害」及「工作傷害」等，由於此是臨床導向，故稱為臨床法醫學。

簡言之，傳統法醫學（Traditional Forensic Medicine）涵蓋了法醫病理學、法醫毒物學、法醫血清學，而現代的臨床法醫學（Clinical Forensic Medicine）則擴大至活人的部分，如法醫精神醫學等，所以法醫學的範圍愈來愈廣，因此也必須有法醫專業及法醫細分科（或專科）之必要。

第二節　世界各國法醫人才培訓制度

隨著法醫學內涵之進展及時代的需求，單純一般醫師已不足以擔任法醫師之業務。以歐洲及日本之法醫人才培育制度為例，醫學系畢業後，須接受三年以上法醫師專業訓練，方具法醫師資格。日本基層以特聘之開業醫師作為相驗之工作，而缺乏專業之第一線法醫師亦為人所詬病，但日本的大學醫學院全部設有「法醫學教室和實驗室」，並有法醫學博士研究所，法醫師皆為大學教員，絕大多數的法醫解剖均由大學正副教授負責執行。美國則是直接進入我們後文要提及的「專科法醫師」層次。醫學畢業生在接受三年的病理專科訓練及二年的法醫病理訓練取得「法醫病理醫師」（Forensic Pathologist）之專業證照後，方得擔任直接隸屬於州或郡官職的「醫檢官」（Medical Examiner）或「主任醫檢官」（Chief Medical Examiner）之資格，而獨立於「司法檢察制度」之外。所以歐美日的法醫制度，雖有風俗人情及司法體系的不同，但其對於「法醫師」的專業專職，精神是一致的。台大法醫學科曾於民國八十八年參訪中國大陸、香港及澳門的法醫制度，他們亦皆有專職的法醫師和法醫專門培訓計畫，更甚者，中國大陸還有法醫學系及法醫學院的設立，有關台、港、中三地的比較，足供我們三思。

第三節　設立「學士後法醫學系」，建立專業法醫師人才培訓制度

國內現行法醫制度的多項缺點，已見於第二章，我們不厭其煩再分析一次：其一，法醫師人才不足，以致大部分由檢驗員占缺代行其業務；其二，在法醫解剖方面，則幾乎完全以病理專科醫師兼任之形式為之；其三，基層法醫師之進修及升遷管道窒塞。以上種種，導致法醫師之待遇、位階及社會地位皆比一般醫師為低，對醫學系畢業生毫無吸引力，鮮有人願意以法醫師作為其終生之生涯規劃，惡性循環之下阻礙了法醫專業制度及專業專職精神的建立，所以我們對於法醫人才的培育，實在有重新檢討和另闢途徑的必要性和迫切性。

我們認為專業法醫師人才的培訓，應該納入大學醫學院教育體系之中，因為法醫專業知識日新月異，需要有多階層的訓練和教育，以提高實務上之應用，此亟需有學術背景之大學作為相關

工作之後盾。至於具體有效的作法，則建議在台大醫學院設立「學士後法醫學系」，以學士後教育四年的時間，施以專業法醫師所需之基礎教育和專業訓練，畢業後直接成為各地檢署法醫室所需之專業法醫師基本人才庫。

專業法醫師教育設計成「學士後法醫學教育」，乃是以建立永久性和可行性兼備之完善法醫人才教育制度，確保法醫人才之綿亙不斷為基本目的。以台大醫學院擬議之學士後法醫學教育為例，每年招生十名左右，修業期間四年，十年左右即可培養至少五十名專業法醫師，並且未來專業法醫師之人才來源均將不虞匱乏。

學士後法醫學教育的設計，具有幾項優勢。首先，招收已經完成大學相關科系基礎教育之學生或目前之檢驗員進入法醫師培訓系統，可以針對學習動機和目標比較明確、對於法醫制度之社會責任有所體認之學生施以教育；而且，藉由學士後法醫學教育的體制和目前一般醫學系教育做徹底之分流，不但可以針對專業法醫師所需之基礎教育和專業訓練特別設計課程，不受一般醫學系教育之牽制，亦可鼓勵接受學士後法醫學教育的學生專心致力於法醫學之學習過程，避免重蹈過去成大及陽明醫學系法醫公費生失敗之覆轍。此一制度一則可建立適合我國國情的法醫師培育制度，提升法醫學術教學研究的風氣；再則亦能培育出符合現代司法制度需求的法醫師，提升法醫工作的品質，成為司法正義的尖兵和學術研究的先鋒。

第四節　訂定「法醫師法」，建立專業法醫師證照制度與進用制度

我們認為，專業法醫師人才之培訓，必須有良善之法醫師進用制度，方能竟全功，而健全之專業法醫師考試和證照制度的建立，則是最為具體可行的作法。我們認為考試院和法務部應該以國家司法人員考試的模式考用專業法醫師，核發法醫師證書。

換言之，專業法醫師證照制度的建立，不但是法醫師專業人才培訓制度健全化之所需，更是健全法醫制度之必然選擇。我們認為法醫師證照制度不應直接列入醫師法之規範範圍內，以免導致法醫師培訓制度所訓練出來的人才又回流成為一般醫師，徒然浪費培育法醫師人才之資源。而應該訂定「法醫師法」作為規範依據，由法務部主導法醫師證照制度，限制接受法醫師專業教育者只能取得法醫師執照；然而在此同時，我們也認為應該讓接受一般醫學相關教育者，在經過合理的訓練考用之後，有適當管道可以進入法醫師體系內，以便能夠為法醫體系保持一定的活力與彈性。詳言之，為了提高相驗、解剖與鑑定的品質，必須有健全的法醫師制度，而加強法醫師之數量和品質，則是健全法醫師制度的不二法門。所以，在制度規劃上，以「法醫師法」作為法醫制度的主軸，透過法醫師專業教育和法醫師證照制度兩者，確保法醫師的專業品質，應該是受到優先考量的解決方案。

第五節　設立「大學醫院法醫部」，建立「專科法醫師」晉升制度

如第一節所言，法醫學範疇甚廣，因此將來有法醫細分科（專科）的必要。為了使法醫師能夠以法醫業務為專業生涯，應該仿照目前衛生署次專科醫師的作法，責成法醫學會建立專科法醫師制度，如「病理專科法醫師」、「精神專科法醫師」、「牙科專科法醫師」等，以建立法醫師之進修及升遷管道。

為了建立專科法醫師制度，我們於民國八十七年八月即已提議，台灣至少應有一所大學附設醫院設立「法醫部」，並在其下設立一個具公信力、獨立於司法系統及警察系統外之法醫學實驗室，同時可為服務、教學與研究之用，此亦早已取得社會賢達及精英之共識，我們認為這是將來作為「專科法醫師」訓練的最佳架構。台大醫院亦以身負「社會責任」的使命感，已在民國八十九年修改的「台大醫院組織章程」內，將「法醫部」列入，只待將來上游專業法醫師人才培訓完成後，能馬上接軌進行「專科法醫師訓練課程」，如此能讓（地檢署）法醫師或一般醫師有意願進入法醫體系服務者，能有提升研究水準及在職進修及進用升遷之管道，並為未來各大學法醫學科或法醫學研究所之人才種子庫。

最後，在功能劃分方面，目前檢驗員之逐年增加與進用，是一個問題所在。查法院組織法第六十八條有關法醫師與檢驗員之設置及職等，自民國二十一年十月二十八日公布，二十四年七月一日施行後，迄今未有修改之紀錄，此法條之不合時宜甚明。我們建議法務部應重新考慮規劃法醫師人才體系之定位、升遷及指揮統屬，方能發揮未來專業法醫師之功能，提升法醫鑑定水準。

我們深信，在以上所擬議之專業法醫師人才培訓和進用制度運作下，可以使我國具備成熟法治國家應有之前瞻性的法醫制度，提升台灣的司法品質與司法人權，達成人民對社會公義的期待。我們本於對建立完善國家法醫制度的熱忱和期盼，希望對建立上述專業法醫師人才培訓制度和進用制度能夠發揮關鍵性影響力之行政院和考試院等政府機關，能夠盡速徹底檢討現行法醫制度，全力支持上述芻議，互相合作協調，達成健全專業法醫師人才培訓和進用制度的目標，則國家社會幸甚。

——二〇〇二年四月二十五日

林滴娟・葉盈蘭・法醫所

二〇〇四年八月一日，台灣將成立第一個專門培養法醫師人才的機構「台大法醫學研究所」。這個研究所的成立是許多人的寶貴生命換來的：林滴娟、吳銘漢及葉盈蘭夫婦，還有澎湖華航空難的二二五位乘客。

整整六年前，一九九八年七月三十一日，高雄市議員林滴娟客死中國遼寧海城，震驚了台灣社會。我那時因緣際會，擔任台大法醫學科主任，八月四日到了海城，幸運的做到了讓中國大陸、台灣及家屬都能滿意的處理方式。但此行最重要的影響，卻是在任務結束後才開始。歸國前，記者問我，中國大陸法醫的水準比較台灣如何，我正色回答，論個人的經驗與學養，台灣或在中國之上，但以制度與人才培育而言，台灣不如中國。該記者大概沒想到我會公開表示台灣也有不如中國之處，一臉驚訝，而記者的問話也在我心中投下漣漪。

的確，雖然台灣在醫學各方面的現況，均為已開發國家的水準，但唯獨在法醫學方面，僅能列為開發中國家。

在台灣，「醫師」當然有證照制度，連「法師」都有證照制度，但「法醫師」卻沒有證照制度。在台灣，「法醫」可能有六種不同的專業背景，而且在專業上，非醫師出身的約占八〇%。

中國大陸的大學設有「法醫學系」，還有「法醫學院」，迄今已培養一萬名法醫師。台灣只有在台大醫學系下設有「法醫學科」，只授課不招生。過去三十年內，台灣四萬多名醫學系畢業生中，以專職法醫師為志業生涯者不到五個人。

葉盈蘭女士的遭遇，也是台灣專業法醫師不足的明證。葉女士就是「蘇建和」案不幸也遇害的吳銘漢先生的妻子。本案最關鍵是，葉女士被害時是否有被性侵害，無法下結論，而當初若有解剖，真相早就大白。可是葉女士竟然只經過檢察官與非醫師檢驗員「相驗」之後就埋葬了，導致十餘年後的今天，仍無法結案。本案也使政府深刻了解，法醫師不足對司法公義會造成不可彌補的傷害。

一九九八年八月，我提議在台灣的醫學中心設立「法醫部」，建議國內原有的檢驗調查系統外，在學術機構中，建立一個超然的法醫鑑定系統，並可讓醫學系畢業生可以有法醫專業訓練的場所，獲得包括李遠哲院長、吳成文院長、黃伯超院長等的支持；但因醫學系畢業生能立志以法醫師為生涯規劃者鳳毛麟角，因此，台大醫院雖然後來在組織章程內通過成立法醫部，但迄未能落實開展。

因此，二〇〇二年四月，我在卸任法醫科主任前，又與歷屆主任郭宗禮、邱清華、方中民共同撰寫「建立台灣健全之法醫師培訓和進用制度」建言書及草擬「法醫師法」草案，向政府提出逐步解決之道：一、設立「學士後法醫學系」，建立專業法醫師人才培訓制度；二、訂立「法醫師法」，建立專業法醫師證照制度及進用制度；三、設立「大學醫院法醫部」，建立專業法醫師晉升制度。一個月後，正逢華航五二五澎湖空難，再度凸顯了台灣法醫師之不足。總統府人權諮詢小組通過以該建言書為綱本的提案，由召集人呂副總統呈報陳總統，再經行政院人權推動小組集會及各部會之支持，「台大醫學院法醫學研究所」乃成為台灣少數配合國家重大政策而成立的研究所之一。更高興的是在第一屆的招生考試，共有五十四人報考，經錄取醫師一人，醫學相關科系畢業生五人，將接受二至五年的法醫師專業訓練，成為台灣嶄新一代的專業法醫師，而法務部目前也已完成「法醫師法」的研擬，送交行政院審查中。

希望不久的將來，台灣能有最具前瞻性的法醫制度，十五年內能培育出充裕的法醫師人才，而使台灣的司法解剖及鑑定水準躋先進國家之林，司法公義不再有人懷疑。

——本文發表於二〇〇四年七月二十日《中國時報》「名家專論」專欄

醫學院設法醫部　政府應扮推手

二〇〇五年底立法院通過「法醫師法」，這是我國朝野重視法醫制度，提升司法品質，保障人權的一大宣示。更可貴的是第四十四條「醫學院或其附設醫院、一定規模以上之教學醫院，應設置法醫部門；其設置辦法，由中央衛生主管機關會同相關機關定之」的訂立，更彰顯了「法醫師法」的前瞻與進步，表示朝野期待建立法醫鑑定機制的獨立性。

因為目前我國的法醫鑑定及犯罪鑑定實務單位，不論是法務部的法醫研究所或調查局，或是刑事警察局的法醫室及犯罪實驗室，本質上均屬於檢、調及警政系統。由逮捕人犯及起訴人犯的單位來做法醫及犯罪鑑定，有球員兼裁判之嫌。台灣竟然完全沒有中立第三者的法醫鑑定機構或犯罪鑑定中心，這對司法人權而言，是一大缺陷。

法務部與衛生署也很快在二〇〇六年十二月二十八日（即法醫師法正式施行之日）公布「醫學院或醫院法醫部門設置辦法」，明令醫學院或其附設醫院應設法醫部門。在第三條明文規定，「應」提供下列服務：一、法醫鑑定。二、法醫師法第九條所定檢驗或解剖屍體。三、法醫諮詢。四、法醫教學。第七條又明文規定「法醫部門應具下列設施：一、法醫解剖室……二、法醫相關實驗室及認證：包括病理、毒物、血清及DNA等鑑定設備」。若四十四條能落實執行，將可大幅提升台灣法醫制度的獨立性、公信力及司法人權形象。

然而，徒法不足以自行。自「法醫師法」施行三年半以來，事實上，全國仍未有醫學中心做設立「法醫部門」之規劃。以筆者任職之台灣大學而言，因為擁有全國唯一法醫師培育機構的台大法醫學研究所，此一「法醫部門」之設立，不僅是宣示台灣法醫鑑定機構的超然性，更是人才培育之所需。「法醫實務部門」之於法醫學學生，其重要性，就如「附設醫院」之於醫學院學生。

筆者忝為台大法醫學研究所長，任內六年，爭取設立此一「法醫實務部門」，不遺餘力，但卻一籌莫展。此間原因繁多，但簡而言之，一般人會認為「法醫實務部門」之設立，是為了「法務部」，但目前「大學醫學院」或「法醫學研究所」歸教育部所轄；而一般實務或服務部門，則屬於「附設醫院」業務，與衛生署較相關。因此，要在教育與衛生體系內去爭取設立「大學醫學院／醫院法醫部門」之空間、人員及設備之預算編制，幾乎完全沒有著力點，有若緣木求魚，令我萬分挫折。

我自一九九八年八月因林滴娟案赴中國大陸後，有所感慨，由是以培養法醫人才，健全台灣法醫制度為己任。而台大法醫學研究所篳路藍縷，於今六年，但已成學生報考之大熱門。二〇一〇年評鑑，被列為「待觀察」，適時凸顯「大學法醫部門」未能成立之缺失，反是好事。筆者在此六年所長任期期滿之日，向政府做此呼籲，請政府能協調「法務」、「衛生」、「教育」三大部會，向大學伸出援手，落實法醫師法四十四條之規定，以完整建立我國的法醫良善制度。

——二〇一〇年八月二十四日《中國時報》「觀念平台」

台灣需要科技部

近日新竹生醫園區的爭議，引起科技界高度關切。然而，既往矣，再去數過去政治角力、地盤爭奪，於事何補？我們應該去反省的是，是怎麼樣的一個決策與執行機制的不妥善，而造成這樣「七年一事無成」，全民皆輸的慘痛結果！如果沿循舊制，勢將再陷「利益爭奪」的覆轍。我們該亡羊補牢，以求創立新局。

先檢討台灣科技重大政策執行缺失的本質。就以「新竹生醫園區」為例，執行者大都是「兼職」，而另有「本職」。因兼職而取得分配超豐富資源的權力，而且不太有具體的法律責任時，一定會把握這個難得的機會，把大部分資源分配給自己的本職及自己的人馬，這是人性。如果上述權力取得的機制並非公開（所謂委託辦理）時，想當然，被排除在外的團隊，就會「聯合」起來杯葛，計畫執行因此受到阻力。在執行不順遂之下，往往執行團隊本身也易出現責任推諉或權益之爭。這時，決策上級眼看僵局難解，只好下決心做傷害控制，收回自理。忽又一日，政治環境不變，朝野交替，於是豬羊變色，主客易位。就這樣惡性循環不已。

感想一：職位權益與責任的不對等，就表示這個制度有問題。有問題的制度，面對著「人不為己天誅地滅」的人性，就造成今日生醫園區的殘局。我們不能怪人性，只能怪制度。所以應該由制度的改進做起。

再檢討台灣重大科技政策的決策過程缺失的本質。台灣在這方面，一直是多頭馬車，有「行政院科技顧問室」、「總統府中央研究院」以及「行政院國科會」。而且，誰說了都算。

在體制上，台灣科技政策的最高決策者，是「行政院科技顧問室」。既稱「顧問」，就表示有顧才問，少有行政責任。然而這些顧問卻擁有和責任非常不對等的最高決策權。也因為顧問們只是偶爾開一次會，並非專職從事政策思考與評估，所以台灣科技重大政策的形成總是很倉促，事前的評估常常很不足。

「行政院科技顧問室」的制度是歷史沿革造成的。在蔣經國時代，「科技教父」李國鼎用了不少來自國外的專家，而以「行政院科技顧問」之名禮聘。後來台灣不再是強人時代，現在科技顧問也都是國人。到了李登輝時代，「中央研究院」院長李遠哲成為當代的科技教父，院士的地位也水漲船高，科技出身的院士紛居要職，媒體就常出現中研院院長帶著國科會主委開記者會的畫面。

在許多人的觀念中，「國科會」等同於「科技部」。然而目前的國科會，連各處處長都必須由各大學舉才借調，上任匆匆，任期有限，難以做高層次或長遠政策規劃。再加上體制上只是「委員會」，姿態一直很低。更令人擔心的是，少數決策者會置利益迴避原則於不顧，於是自己的領域專長就成了國家政策及重點發展方向，不太考慮台灣本身的優勢或弱點是否符合這樣的決策取向。這樣的決策，焉能不出現問題？

感想二：「利益迴避」的基本道義原則，台灣許多公共事務決策者與執行者常常不把它當一回事。於是決策者思考方向偏頗，執行者各個瓜田李下，都不能令人心服口服。社會精英不能做到「利益迴避」，台灣就不能稱為進步國家。

我的看法是：台灣需要一個「科技部」，才能解決現行體制上決策階層「多頭馬車」，以及執行階層幾乎無法迴避的「利害衝突」（conflict of interest）問題。台灣需要一個「科技部」，台灣的科技決策及管理執行才能建立「法治」，脫離「人治」，才能做到行政倫理明確、權責相符、政策具延續性，才能免於目前學術團隊為爭奪資源而合縱連橫搞對立的惡性循環。

作法其實並不複雜：

一、國科會晉升為「科技部」，部長總攬全國科技，並負全責。

二、「行政院科技顧問室」改名「科技部顧問室」，不再有決策權。

三、中研院專責提升台灣學術研究水準，原屬於國科會的學術研究撥款（funding）業務，由中研院來接手。

四、中研院院長同時擔任總統的科技最高顧問；與行政院科技部的互動，則遵循府院的溝通機制。

——本文發表於二〇〇九年四月二十七日《中國時報》A14時論廣場

後記

後來「科技部」真的成立了，而且聽說與拙文不無關係。

科技管理學南韓

這幾年南韓異軍突起，體育場合的表現早已勝過日本，影劇文化掀起哈韓風，在電子、資訊、家電產品，三星大敗索尼。我們還在敲WHA大門，而韓國人已當了WHO祕書長。我們常說，台灣未來的前途在生物科技，可是在這方面，南韓的藥廠早已領先台灣；另外不論基礎醫學、臨床醫學研究、SCI期刊論文發表總篇數，直到九九年，台灣均優於南韓，但到了〇一年，南韓反大幅超前台灣。

但是，南韓覺得還不夠，他們意在全球。最近五月十五日，盧武鉉大統領光榮班師回朝後的首次全國演說，更豪氣干雲地強調，經濟的命脈在「創新」，經濟的重點在「科技」，政府施政要講求創新，科技研發更要力求創新，要打開新市場，人才庫要充分供應養分。盧大統領的「拚經濟」、「拚科技」絕非說說而已，馬上劍及履及，一連串大動作下來，全國學校大改革，科技行政大整合，目標是「創新的科技文化」。總之，政府的政策是科技掛帥、創新第一，幾個大刀闊斧的措施讓科技界一步到位：

一、要錢有錢。研究費大幅增加，占總預算八．五%，高達五十三億美元，折合台幣一千八百億。八．五%這個數字，應是全世界最高，可見韓國人的決心。相較之下，台灣在九十三年度全國科技總預算為六二一億台幣，為全國總預算一兆四千多億之四．五%左右，只有南韓之半。

二、要權有權。科技部長同時兼為三位副總理之一（注意，不是副總理兼為科技部長），而且全國所有科技計畫在通過執行撥款前，都必須經過科技部的再評估，一改過去行政部門內各自為政之弊，以期達到公平與整合的目的。南韓在科技管理的改革與用心其實是最值得台灣效法的部分。我國以九十三年度而言，經濟部科技預算約二百五十億，國科會約二百三十億，農委會、衛生署科發基金各約三十多億，但各部會各自為政，只有垂直的下放，鮮有水平的聯繫。政府在科技決策與管理上，有時令人感覺外行領導內行或部會本位主義太重。在研究計畫申請上，各部會之難易程度與撥款數目往往相差太大，人比人，氣死人。

台灣的科技管理人才嚴重不足，因此連主管全國科技的國科會各處處長，必須由各大學舉才借調，上任匆匆，任期有限，在政策制定難以做到長遠的考量與規劃；再加上國科會掌握的科技預算比經濟部少，有時更要仰經建會之鼻息，這其實很不正常，因為經濟部或經建會講求的是短程績效，而基礎科學之創新研究是無法急功近利的。

三、要名有名。南韓政府有鑑於過去民間對以研發為終生職志者的評價是「收入少，名望低」，於是特別宣布，二〇〇四年政府的新職缺至少有三〇%保留給科學或工程專才，並計畫到二〇一三年，科技專才占政府高階職位之半，真是「科技掛帥」的有力保證。

此外，南韓還改革教育制度，讓大學教育制度美式化，變得更有彈性，並且建立大學與大公司直通窗口與門路。國際權威的《科學》期刊大為讚賞：「這些小步驟將造成大變化，特別是學生的訓練方式及科學的執行面上。」

南韓的科技興起，首當其衝的自然是地緣、生態、水準最接近的台灣。二〇〇三年十一月全國衛生醫療政策會議上，國人已有警覺到「過去三年，我國在臨床、基礎或整體醫學的研究成果上，不是停頓不前，就是嚴重衰退，而南韓及中國大陸都以完全相反的成長趨勢大幅向上提升」。言猶在耳，但我國還在向後反省之際，南韓已經再度向前邁步。希望我們的政府趕快拿出具體辦法來，否則也許五年後，我們必須為南韓「代工」、「代研」。

——本文發表於二〇〇四年六月十五日《中國時報》「名家專論」專欄

幹細胞篇

幹細胞的逐夢之旅

一九九九年年底，《科學》雜誌以幹細胞研究為封面，並列為當年的「Breakthrough of the Year」（年度突破）的第一項之後，再生醫學和幹細胞研究成為學界顯學。

在民間，歐美及日本的企業公司紛紛投資各種幹細胞的「研發」。但在台灣，很詭異的，企業投資的標的是幹細胞「貯存」，把宣傳噱頭放在猶處早期臨床實驗的「再生醫學」。名流貴婦流行的，則是出國接受各種幹細胞治療，目的不是治病，而是「養顏美容抗老化」。換句話說，傳統口服「保健食品」已經落伍，現在流行的是注射「保健幹細胞」，而且是揪團為之，旅遊兼養顏，雖一擲百萬，猶大呼值得。

其實幹細胞非常複雜，因為有太多種類的幹細胞，而且性質迥異，即使科學家也尚未完全了解，爭議也多。每次媒體出現幹細胞的新聞，我第一件事就是去了解新聞談的是哪一種幹細胞，是什麼技術做出來的，因為幹細胞實在是族繁不及備述，甚至連大半醫界人士都還霧裡看花，媒體記者更不可能了解。若以發現順序而言有胚胎幹細胞、各類成體幹細胞（又分成造血幹細胞、間質幹細胞；有來自骨髓的，來自脂肪組織的，來自胎盤的，來自臍帶血的，來自羊膜的，來自牙齒的），又有各器官或組織的 committed stem cell，以及最新的，二〇〇六年日本科學家山中伸弥驚世之作的誘導型多功能幹細胞（iPS）。這些幹細胞各有各的優點與罩門，各有各的特殊技術與用途研究。

幹細胞真的那麼神奇，又能再生？又能養顏美容？又能保健延年？又幾乎可以治療百病？我們常會抱怨業者誇大宣傳。但弔詭的是，其誇大宣傳可能是因為「學界目前尚未證實」，但並非表示「未來不會證實」，也許十年後就可以證明是真的。於是矛盾也由此而生。業者的說法與作法，其實是違反商業道德的。但既然細胞治療明顯是未來趨勢，顧客又心甘情願，因此在第三世界常有以幹細胞宣傳噱頭的公司或醫院。但很諷刺的，所謂「幹細胞治療中心」反而不見於醫學最先進國家，如美、日、歐等。「幹細胞旅遊」（stem cell tourism）因此已成國際性熱門倫理議題。但科技日新月異，政府的法律與規範只能在後緊追。因此在現況上，政府擬定細胞治療的法律規範之前，只能要求業者以良知自我管理，以及學界對民眾能提供社會大眾更多更正確的幹細胞研究資訊，增加民眾對幹細胞的了解，不要花冤枉錢而已。

另一方面，在電子產業之後，生技產業已成為全世界各國競逐之域。小分子藥物早已是跨國藥廠天下，未來也將不動如山。於是一些新興生技國家莫不瞄準幹細胞產業。韓國早已野心畢露，試圖建立「生技三星」（見〈敢的人捧去吃〉），日本更是把未來國家產業希望放在 iPS 之上。台灣學界當然也不甘落後，只可惜官方一直沒有強力支持。

由於一九九〇年代基因治療研究的多災多難，我也深知，一項新領域在突破之前，除了看得到人為技術或資金困難外，也有看不到的人定無法勝天之陷阱。新加坡在二〇〇二年花費鉅資投入胚胎幹細胞研究，成立ＥＳＩ公司，初期果然轟轟烈烈，《時代》和《經濟學人》都以封面報導。然而對胚胎幹細胞，我一向不看好，因為常出現癌化及不正常染色體的問題。果然不出我所料，後來ＥＳＩ終於承認失敗。連李顯龍的姊姊都站出來批判政府政策方向錯誤，於是我寫了〈胚胎幹細胞覺迷錄〉（在《財訊》刊出時為「幹細胞覺迷錄」）。不久又發生遠至俄羅斯接受未受醫學界公認安全的「神經幹細胞」移植的小孩，產生惡性腫瘤的病案，於是我寫了〈當幹細胞「種瓠仔生菜瓜」〉。在二〇〇九年左右，我對幹細胞的展望一度是相當悲觀的。在當時，胚胎幹細胞已陷入困境；間質幹細胞則被懷疑分化繁殖能力有限，因此應用上也不宜太樂觀。而山中伸弥的 iPS，雖然技術獲肯定，但世人對其是否能避免癌化，沒有信心。後來的發展，證明二〇〇八至二〇一〇這幾年，是幹細胞研究黎明以前的暗夜。

二〇〇八年，歐洲的免疫學家與血液科醫生利用骨髓間質幹細胞分化繁殖以外的另一特性，「免疫抑制」，終於證實在臨床上可以有效治療過去以傳統藥物無法治癒的骨髓移植併發症中足以致命的排斥反應 GvHD。換句話說，過去小分子藥物做不到的，間質幹細胞做得到。也因為這項成果，二〇一二年四月，自一九九二年成立之後，為從事間質幹細胞研發工作足足燒錢燒了二十年的 Osiris 公司，終於得到第一種幹細胞產品「Prochymal」在國際上市。這以後，間質幹細胞治療的捷報頻傳，在心臟病、關節退化病變及免疫疾病的療效也終於漸漸得到公認。而間質幹細胞的來源也愈來愈廣，臨床試驗愈來愈多，漸次擴張到急性肺部傷害、急性輻射傷害，以及各種抗藥性免疫疾病的治療。

也是二〇一二年，山中伸弥的 iPS 研究得到諾貝爾獎。iPS 的技術解決了胚胎幹細胞的難處，成了未來器官再生的希望所在。雖然癌化的問題並未完全解決，但似乎科學家堅信必有解決之途。而日本在經過經濟的長期低迷之後，早已將希望寄託於 iPS 衍生出來的幹細胞再生醫學產業。日本政府不但給錢，也把相關法律規範修改得更具彈性，在在為了迎接這個生技產業的「明日之星」。而學者一方面投入研究，一方面將研究成果技轉到公司，產、官、學共同開發細胞醫療產品已成趨勢。甚至世界細胞治療學會（ISCT）的主席已由學者兼公司老闆出任。

一九七五年，我還是台大醫院住院醫師，在準備讀書報告時，看了托瑪士（E. Donnall Thomas）醫師骨髓移植可以治癒白血病的系列文章，熱血沸騰，就一頭栽進這個領域。一九九〇年，托瑪士就因骨髓移植的成就得到諾貝爾獎。一九八三、一九八四年，我在台灣相繼完成了第一例自體及異體骨髓移植。台灣的骨髓移植，

1986年在香港的醫學會與骨髓移植開山鼻祖托瑪士夫婦（左）及香港學者（右）討論。托瑪士醫師是1990年諾貝爾獎得主。

在亞洲算是小有名氣的。在一九八四年，只有日本、台灣、韓國有此經驗。印尼的Dr. Harryanto曾派人到台灣取經。一九九〇年，以日本、中國、台灣、韓國和澳洲為主，創立了亞太骨髓移植組織（APBMTG），我是創會祕書長。一九九三至一九九六之間，我十多次往返胡志明市，居留近五十天，協助越南成立骨髓移植中心。外交部和衛生署的國際合作處也多所協助。一九九九年，蒙古烏蘭巴托大學的校長來台開會時，順道拜訪我，表示希望台灣可以協助他們開始骨髓移植。我依上次越南經驗，向衛生署國合處申請協助，結果收到的答覆是「屬於蒙藏委員會職權」。後來蒙藏委員會未與我聯絡，此事竟無下文。二〇一一年，我在越南遇到蒙古的血液醫師，得知他們才正要開始進行。

骨髓移植正是最早的幹細胞治療，只是那時候還沒有「幹細胞」的名詞。二〇〇〇年左右，幹細胞與再生醫學研究興起，於是國衛院吳成文院長邀請我到國家衛生研究院擔任幹細胞中心創所主任。我也將我的研究領域自骨髓移植慢慢轉型到幹細胞研究。二〇〇四年以後，我雖然為了建立台灣法醫師新制度，制定法醫師法而轉任台大法醫學研究所創所所長，但對幹細胞的研究並未中斷，也一直注意全球幹細胞研究的新知及方向，以及台灣在這方面的發展及遠景。因此，我在雜誌上寫了好幾篇幹細胞產業趨勢的文章，希望能讓台灣政府與民間作為借鏡。

中國時報 73年3月30日

異體骨髓移植初步完成

獲得病人胞妹同意・台大醫院進行抽髓

目前情況相當良好・慢性血癌患者福音

青年戰士報 72.12.17

癌症醫療獲重大突破！

台大醫院昨日宣布 自體骨髓移植成功

一張姓病患手術後已完全恢復

1984年3月10日台灣首例異體骨髓移植。病人三十年來事業與家庭皆美滿。慢性骨髓性白血病自2001年起，有口服特效藥，已不需要骨髓移植，是醫學的一大進步。

1983年10月台灣完成第一例自體骨髓移植。張先生後來不幸淋巴瘤復發過世，但我永遠感激他讓民眾了解捐骨髓無礙身體，才有五個月後異體骨髓移植的成功（左圖）。

1998年11月6日至8日，亞太骨髓移植會議在台灣舉行時，與各國代表合照。這張照片的另一意義是，台灣、韓國、泰國、馬來西亞、印度及印尼，完成第一例骨髓移植的先驅醫師均在其中。

器官移植條例修正案 立委允儘速通過

三等親可捐骨髓 病患有救了

A.

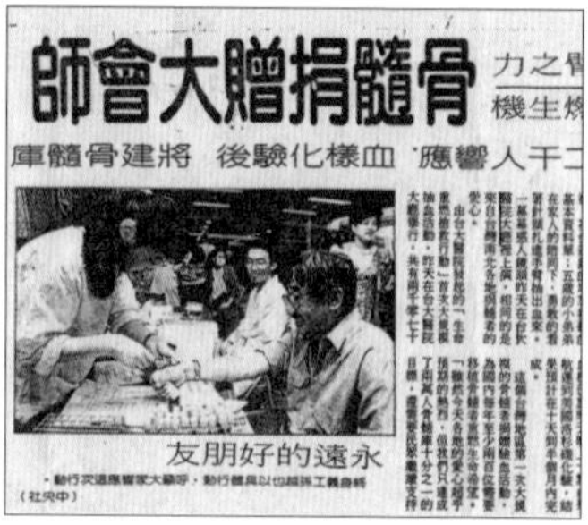

骨髓捐贈大會師

二千人響應 血樣化驗後 將建骨髓庫

永遠的好朋友

B.

台灣骨髓庫之建立過程：

A. 1993年4月，經過血癌病人溫文玲（D圖右）與我的努力奔走，衛生署張博雅署長迅速推出「器官移植條例修正案」。葉菊蘭、魏耀乾、韓國瑜等立委不分黨派，共同召開記者會呼籲支持，法案很快由立法院通過。

B. 器官移植法的修正，為骨髓捐贈與骨髓庫的成立帶來法源。1993年8月29日，我在台大醫院舉辦「生命重燃　搶救行動」，為台灣第一次骨髓捐贈驗血活動，各界二千多人響應，展現台灣人的熱情與愛心。新聞照片內為孫越先生。

C.

C. 1993年8月29日在台大醫院大廳舉行的台灣第一次捐髓運動是由全體血液科同仁的努力結果。香港血庫的醫師（左五）也遠道來協助。

D.

D. 1993年1月，作者與溫文玲共同拜會慈濟證嚴法師，說明骨髓捐贈與骨髓庫之意義。
1993年11月，我以成功不必在我，病人能有活命機會最重要，將第一次捐髓運動的二千多筆資料庫及所有募款一千多萬轉贈慈濟，成為台灣（慈濟）骨髓庫的基礎。

科學家對「再生醫學」的研究，一開始集中在心臟衰竭、心肌梗塞、腦中風、帕金森（腦部退化）疾病，以及糖尿病等中老年疾病，而喊出「人類可以活到一百二十歲」的口號。在我的眼中，這代表高齡社會的延伸，醫療花費的增加，以及世代不公平的放大。這不是我理想中醫療所應走的方向。因此我寫了〈蘋果掉下來〉這篇文章。而且在研究上，我也不再以上述老年疾病的治療為研究標的。我認為幹細胞治療的重點應該放在「免疫疾病的治療」（**病人都是年輕人**），或改善生活品質的關節疾病，或挽救突發鉅變的輻射傷害等。我有幸在國衛院與當年Fellow顏伶汝醫師研究出第一代胎盤間質幹細胞；幾年後又在台大醫學院與藥理所林泰元教授合作，研究成功第二代胎盤間質幹細胞。我們之所以選擇胎盤，是基於胎盤的生

作者擔任國衛院幹細胞研究中心主任時（2003）與中心研究團隊成員，國衛院吳成文院長（右五）及中心之國際顧問團（左三，澳洲Dr. Kerry Atkinson；左四，美國德州大學伍焜玉教授；左五，加拿大邱智仁教授；右四，日本京都大學中辻憲夫教授）。
伍焜玉院士是我1978至1981年在美國芝加哥Rush大學Rush-Presbyterian-St. Lukes醫學中心擔任血液學Fellow的恩師。他於2007至2012年繼吳成文院士之後，擔任國衛院院長。

理功能，就是懷孕期間母體與子體兩個個體竟無相互排斥的奇蹟奧祕所在，是亙古以來最成功、最不可思議的「異體移植」。因此理論上應為治療免疫疾病的最佳藥物。這個第一代與第二代胎盤間質幹細胞各得到兩個專利，我希望將來真能運用到臨床上，以造福免疫重症及其他病人。

在國衛院期間，與顏伶汝醫師共同完成之第一代胎盤間質幹細胞（源自胎兒）專利。

在台大醫學院，與林泰元教授合作培育出來的第二代胎盤間質幹細胞（源自母體）專利。
林泰元教授的父親林國煌教授，不但是我台大醫學院的老師，也是家父陳永芳醫師的小學及中學同窗；顏伶汝醫師的外祖，則是我祖父友人。皆是世交，彌足珍貴。

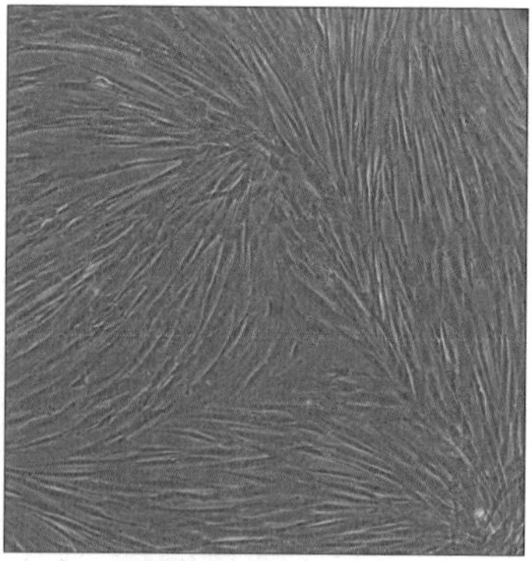

顯微鏡下的間質幹細胞。

二〇一二年，Osiris 公司成功上市的骨髓間質幹細胞，第一項適應症用於「免疫治療」，而非媒體焦點所聚的「再生醫學」，更證明我們團隊的方向是對的。

在二〇一三至二〇一四年期間，有關間質幹細胞新適應症的臨床試驗更是如火如荼展開，不但包括各種再生醫療項目（如關節、心臟、神經退化疾病），各種自體免疫疾病（如多發性硬發症、克隆氏症、皮肌硬化症、紅斑性狼瘡等，更包括以前沒有想到的肝硬化、呼吸窘迫症候群、肺部、腎臟傷害等），以前小分子藥物無法治癒的病，現在大家都冀望細胞治療能帶來希望。美國大小幹細胞治療公司林立，不在話下；連最保守的美國食品藥物管理局也公開表示支持間質幹細胞的新治療模式（2014.08.12 Bauer. SR, FDA 部落格）。

不但是醫學上，連經濟上，各國對細胞治療新領域也充滿期待。大家紛紛預測在十年後，細胞治療的市場會是現在的五至二十倍。日本最為積極。二〇一二年，山中伸弥因 iPS 而得到諾貝爾獎（見267頁〈幹細胞「山中傳奇」啟示錄〉），再生醫學的發展得到肯定。「安倍經濟學的第三支箭就是醫療產業」，這是安倍政府的口號。日本政府不但每年投入相當於台幣三百億的再生醫學研發經費，更配合修法，通過「再生醫學振興方案」，大幅放鬆細胞治療的臨床試驗程序。而日本科學家也非常努力，不論在 iPS 或 MSCs 的臨床運用皆有新建樹，因此 J-TEC、CellSeed、JCR 等細胞治療公司非常受到矚目。

韓國在二〇一二年一月之前一舉通過 Medipost 等三家公司的幹細胞產品（見259頁〈敢的人捧去吃〉），其後韓國政府被國際輿論譏為放水（見263頁〈苦幹實幹幹細胞〉）。但無可諱言的，大家對韓國在這方面的水準仍有很高評價，韓國政府每年投入相當於台幣三十億的細胞治療研究經費，希望能打造出生醫SAMSUNG。

中國大陸每年投入多少細胞治療研究經費，我不得而知。但中國政府在這方面的用心，我則深有感受。至少對岸在培育細胞治療的人才不遺餘力。二〇一四年我參加了一個中國科學院主辦的幹細胞研討會，來賓全是第一流學者。我驚訝與會者二、三百人幾乎都是三十歲上下，從事幹細胞研究的博士生，而且勇於發問。連一位應邀的日本講者都向我說，中國的新一代學生比日本學生更「aggressive」。學生的報名費（合台幣萬元）皆由單位負責，足見政府培育人才之殷。而在細胞治療的法律規範方面，我有幸遇到老朋友吳祖澤教授，他現在是中國幹細胞研究的教父級人物。他告訴我，中國政府前幾年也飽受管理鬆散之譏，因此現在已嚴令不准再做未經政府核准的治療。而政府也正在慎重擬定細胞治療的新規範。中國也有許多產學合作的新細胞治療公司，例如「北科生物」、「華大基因」、「協和」等公司，規模都不小，野心更大。

除了美、日、歐洲，以幹細胞為主題的公司，當然很多，不在話下。韓國及中國已見上述，亞太各國也都有代表性的間質幹細胞公司，例如澳洲有Mesoblast，以色列有Pleuristem，連印度都有Stempeutics。幹細胞公司自研究→動物實驗→產品→臨床試驗→上市，需時十年以上，燒錢也多，因此幹細胞公司常須有政府的各種加持。希望台灣政府也能早日扶助成立台灣的標竿幹細胞公司。

台灣政府最近也注意到這個領域，甚有作為。例如二〇一四年已在食藥署成立「再生醫療諮詢小組」，並推出一連串細胞治療相關法規，也積極參與國際會議，能見度甚高。但台灣迄無幹細胞治療產品的推出，是一大遺憾。最主要原因，是政府在幹細胞研究投入的經費甚少，還不到韓國的十分之一。其實台灣的幹細胞研究學者甚為努力，台大、陽明、榮總、中研院、中國醫大、成大等，各擅勝場，未來幾年應可進入收成階段。

學界有專利，公司有產品，然後政府有寬鬆合宜的規範，因此我積極籌設「台灣細胞醫療促進協會」（TACT），在各界的支持下，二〇一四年十二月五日即將成立。希望台灣能夠在產官學的充分合作下，為台灣的醫療及產業帶來新曙光。

2013年7月18至20日，我們主辦第四屆亞洲細胞治療會議（ACTO），對台灣產、官、學均有莫大激勵。遂有2014年12月5日台灣細胞醫療促進協會（TACT）之成立。

胚胎幹細胞覺迷錄

二〇〇七年七月二十日出版的《科學》周刊，刊登了一則約占了三分之二頁的報導，標題是：「新加坡公司放棄幹細胞治療計畫」。

這則報導的第一句就說：「（胚胎）幹細胞迅速用於臨床的希望已經破滅。」接著引述新加坡ＥＳＩ公司執行長寇曼（Alan Colman）的話：「在短期內製造出臨床應用的胚胎幹細胞產品之可能性微乎其微。」

報導中所提到的「新加坡公司」，是指ＥＳＩ（Embryonic Stem Cell International，國際幹細胞公司）。這可不是一家普通公司，而是新加坡政府在二〇〇〇年前後重要國家決策的產物，以胚胎幹細胞治療為目標，投下鉅資，在技術與人才上都是全球遙遙領先的公司。英國《經濟學人》雜誌在二〇〇二年曾經很看好：「新加坡將成世界幹細胞之都」，而今安在哉！

我的第一個反應是：奇怪，怎麼不見於新聞報導？

我認為這個消息，對胚胎幹細胞研究而言，是個「九二一級」的震撼性新聞。然而奇怪的是，我查遍各大媒體及網路，卻找不到有發布這個訊息的記載；甚至ＥＳＩ的公司網站上，也只是輕描淡寫而已。

自從胚胎幹細胞研究及再生醫學在二十一世紀初被炒熱之後，我們在媒體上不時可以看到胚胎幹細胞研究又有甲進展、乙突破。給民眾的印象雖然說不上「日新月異」，但至少是「屢創新猷」，好像「再生醫學」之夢不遠矣。

因新聞炒作的結果，民眾對胚胎幹細胞的期待，認為是無所不能。例如，因脊髓受傷而癱瘓多年的超人克里斯多夫·李維，在生前即表示希望有一天能藉幹細胞治療再重新站起來；又如死於老年癡呆症的雷根，家族也因此對不開放胚胎幹細胞研究的小布希有些不諒解。

平心而論，小布希不開放幹細胞研究的心態也許可議，理由或許牽強；但是媒體與商業的熱炒而誤導民眾產生不切實際的寄望，甚至花費，負面影響更大。

ＥＳＩ的訊息，只見於專業雜誌《科學》，而不見於一般媒體。我相信不是新聞媒體選擇性報喜不報憂，而是可能一則媒體不懂這個訊息的重要性；二則媒體認為「突破」才具新聞性，「放棄」不具新聞性。

我的第二個感想是：和博弈比起來，生物科技錢真難賺。

新加坡政府在過去十年做的兩件最大決策，大概就是前述下決心自無到有發展幹細胞，及〇六年下決心自無到有發展博弈產業。無論博弈還是科技，新加坡都是聘請外國頂尖團隊，絕不閉門造車。如今科技方面已不如預期；而博弈的績效，大概至少不如科技之耗時費日或前程難卜吧（現在新加坡賭場已成為觀光號召）！

寇曼不是普通科學家，他是桃莉羊研究團隊的要角。ＥＳＩ在二〇〇〇年成立，寇曼自〇二年起任首席科學家，〇五年起任執行長。ＥＳＩ的研發團隊來自澳洲、新加坡、以色列及荷蘭著名大學或研究機構，共二十四位頂尖科學家，國際間莫不看好。二〇〇二年八月，英國《經濟學人》說：「短短一年，新加坡由幾乎是零而一躍為世界幹細胞研究之都。」《時代》雜誌在〇三年專文介紹ＥＳＩ時，寇曼表示五年內可以進入人體試驗。因此〇五年三月本欄，我寫下：「未來如果有第一個胚胎幹細胞人體試驗，我相信非新加坡莫屬。」

甚至到了二〇〇六年十月，寇曼來台參加國家衛生研究院的幹細胞研討會時，演講中仍一再強調前途看好。不想十個月之後，ＥＳＩ就出現政策上重大的「敦克爾克大撤退」，令人意外，這與他之前好幾次的樂觀論調大相逕庭。

然而，說是意外也不盡然，我曾經多次表示對胚胎幹細胞治療的不抱樂觀。二〇〇六年十一月，我在本欄寫過：「但是對於胚胎幹細胞的未來，我們也不要過分寄予希望……因為胚胎幹細胞的臨床運用除了倫理方面的爭議外，有二個問題確實一直未能真正解決。」

這兩個問題，一是免疫排斥，雖可能藉「核轉移」解決，但尚未真正證實；二是胚胎幹細胞在增殖及分化期間，極容易出現染色體變異，因此動物實驗有不少老鼠出現腫瘤生成，而且這個問題幾乎注定無解。

我在公開場合曾一再表示，如果我是醫學倫理委員會的成員，單單染色體突變這一點，我就不可能同意幹細胞醫療的臨床試驗。

二〇〇六年十一月，我寫下：「我有一個相當悲觀的想法是，將來必須再花費數億美元及十年以上的時間，去證明不論胚胎幹細胞或成體幹細胞的夢幻大蛋糕，其實只是一些小餅乾。」現在看來，我的預言已經漸漸成真。

除了上述技術上的二項困難外，ＥＳＩ的經驗告訴我們還有第三項困難：成本太高。寇曼表示，要將胚胎幹細胞用於糖尿病治療或心臟的修補，在老鼠的動物實驗上好做；但在人體，則需要製造出好幾十億以上的細胞，則花費的成本將非常昂貴，這是最現實的問題。

ＥＳＩ決定不再繼續發展幹細胞治療人體試驗，公司未來將專注於供應「人類胚胎幹細胞株」給各實驗室。這其實是ＥＳＩ公司在二〇〇三年起就已在進行的業務；換句話說，ＥＳＩ公司在二〇〇三至二〇〇七年之間等於白幹一場。ＥＳＩ也提出未來將進行藥物發展，這一點我不知其詳，但卻令我聯想到，二〇〇一年，以基因研究出名的美國賽雷拉公司（Celera）在其「基因產品」的大夢受挫之後，也是表示要「回歸製藥」，因為藥物才是最務實的產品。賽雷拉的股價最高曾達美金二百多元以上，現在是十五元左右，遠不及輝瑞、默克這些傳統大藥廠。

當然也有其他科學家提出不同看法，例如澳洲 Monash 大學幹細胞中心主任 Alan Trounson 對ＥＳＩ的決定表示大失所望。他認為ＥＳＩ失敗的原因是「戰略錯誤」，不應該把目標集中在僅僅兩種疾病（糖尿病與心臟病）的治療，而應該建立較多的技術平台與應用可能。

這個觀點，我不以為然。我認為寇曼目前先急流勇退保全實力（資金）的作法是正確的，否則愈陷愈深，只有賠得愈多，死得更慘。造血幹細胞的大師 Irving Weissman 也說：「胚胎幹細胞仍然是在基礎科學研究層次。」

雖然ＥＳＩ已經表示不玩了，但還有兩家以幹細胞治療為號召的公司表示「依然看好」。其中一家是 Geron。Geron 當初以擁有最多胚胎幹細胞株而出名，在胚胎幹細胞治療研究上的策略，其實與ＥＳＩ相去不遠。Geron 的發言人說，他們預期二〇〇八年會開始脊髓損傷的胚胎幹細胞治療人體實驗。而我的疑慮更大，因為以全球的成體幹細胞治療經驗來看，治療脊髓損傷的難度要遠大於缺血性心臟病，何況大眾對 Geron 團隊的評價不如ＥＳＩ（參見下篇〈當幹細胞「種瓠仔生菜瓜」〉）。

另外一家是 Advanced Cell Technology，希望明年能進入新藥申請，來治療先天性的肌肉萎縮症。此公司以擁有「核轉移」的專利而聞名，但後來發生財務危機。如果他們的新藥成功，倒是窮人翻身。不過，請注意，這次他們說的是「藥物」，不是「細胞」。

然而，我最大的感慨是：當醫學與商業掛鉤時，當科技變成產業時，即使是醫學或學界人士，在談論到自己的專業時，所講的話就不一定那麼坦白、真實、可信了。

例如寇曼二〇〇六年十月在台演講時，對其公司在胚胎幹細胞的研究仍然信誓旦旦，一副充滿信心、前途光明的樣子；而我相信，其實在那時，他心中一定已經有數了。自從二〇〇〇年以後，生醫學界許多「科學中人」、「研究專家」其實都多多少少牽扯到一些商業利益，於是說出來的話就不一定公正客觀。

過去兩年，我到台灣各大學或民間演講幹細胞的展望，聽眾的反應常常是：好像其他邀請來的演講者都把幹細胞的未來描寫得希望無窮，為什麼只有你如此保守？

我笑了笑，真想脫口而說：「因為我不必藉這個賺錢，也習慣講實話。」

——本文發表於二〇〇七年十月《財訊》雜誌

後記

二〇一〇年四月ESI為美國Bio Time公司收購，正式壽終正寢。新加坡科技投資大失敗。

當幹細胞「種瓠仔生菜瓜」

二〇〇九年三月九日，歐巴馬解禁小布希八年來對胚胎幹細胞研究的限制，於是媒體又興起「再生醫學」的熱潮。幹細胞治療的前途是否寒冬已去，即將春暖花開？

要回答這個問題，用幹細胞公司的股價來說明，可能最現實，也最能代表「行家」的看法。以 Geron 公司為例。Geron 是當初全世界以胚胎幹細胞為號召的三大公司之一，其他兩個是新加坡的國際幹細胞公司（ES Cell International, ESI），以及 Advanced Cell Technology（ACT）。然而如今，ESI光芒已黯，ACT苟延殘喘，Geron 幾乎可說是碩果僅存。

Geron 公司在多年前，利用人類胚胎幹細胞株，成功培育成神經細胞，並向美國食品藥物管理局（FDA）提出「以胚胎幹細胞治療急性脊髓損傷」的人體試驗計畫。公司前前後後交了兩萬多頁的實驗資料，以證明「安全度無虞」，結果在布希任內一直未獲通過。妙的是，歐巴馬上任的第四天，二〇〇九年一月二十三日，FDA宣布通過了。

感想一：兩萬頁的實驗室報告是軟實力，但政治風向的改變才是硬道理。

Geron 的股價，原來是五美元上下，當天大漲到八美元。卻不料，二月十七日《自然》期刊馬上澆了冷水，刊出一篇〈病人打幹細胞而罹患腫瘤〉的文章。一位曾在莫斯科接受胎兒神經幹細胞移植的小孩，卻出現了神經細胞腫瘤，而在以色列開刀。以色列的醫生證實這個腫瘤源於注射進去的外來細胞，而非本人的細胞所發生。這是第一個人類因幹細胞治療而引發腫瘤的臨床報告。科學家長久以來對幹細胞人體應用的疑慮，終於呈現在眼前。

於是 Geron 的股價又悄悄溜回四．五美元至五美元的原點，連三月九日歐巴馬的宣布解禁，也未能帶動股價上揚。

> 感想二：一個科技政策的改變，也許會改變科學研究的進度，但不會改變科學研究的結果。科學的本質不會因政策的改變而改變。

因為胚胎幹細胞在臨床應用上有兩大罩門，一是免疫排斥的問題；二是腫瘤發生的問題。要突破這兩個障礙，靠的是科技本身的進步，不是靠政治力，也不是靠經費多。ESI的故事就是好例子。

二〇〇一年，小布希宣布不以聯邦經費支持幹細胞研究後，新加坡馬上利用「法律寬鬆」、「國家支持」的號召，把一大票西方幹細胞專家挖角到ESI。新加坡雄心勃勃，希望ESI能成為第一個執行胚胎幹細胞人體治療試驗的公司。二〇〇二年八月，《經濟學人》說：「短短一年，新加坡由幾乎是零而一躍為世界幹細胞研究之都。」

然而二〇〇七年七月，ＥＳＩ的執行長寇曼（Alan Colman）卻宣布，放棄胚胎幹細胞治療計畫。寇曼本是桃莉羊團隊要角，二〇〇一年由英國轉戰新加坡。在二〇〇四年《時代》雜誌的訪問中，他還信心滿滿宣稱，ＥＳＩ有信心在五年內開始以胚胎幹細胞治療糖尿病的人體試驗。因此，這項放棄的宣布震驚了對「再生醫學」抱有重大期望的人士。寇曼的理由是，胚胎幹細胞治療在實驗室小動物玩玩尚可，一旦要「量產」到人體應用，費用是天文數字，成為無法克服的困難。但我直覺認為，寇曼沒有說出來的另一原因是無法解決腫瘤發生的問題。

感想三：歸根究柢，新加坡的資源究竟無法與美、日等大國相比。所以「口袋不夠深」的小國要進軍成功性不確定的高層次生醫科技與藥物研發產業，困難度遠比大國高，值得台灣政策制定之參考。

人類胚胎幹細胞株在培養數代之後，幾乎都有一〇％以上的細胞出現染色體異常。而哈佛的一個動物實驗也顯示，在老鼠腦部打入胚胎幹細胞以治療帕金森症時，結果高達三〇％的老鼠有teratoma畸胎瘤發生，這真是「種瓠仔生菜瓜」了。多年來胚胎幹細胞的人體試驗遲遲未能通過，一方面固然是動物實驗尚未成熟，另一方面，致癌可能性也是考量因素。

《自然》這篇報導，更是在人體身上發生腫瘤的實例。國內熱中幹細胞治療的民眾，應該有所警惕。在先進國家的正派公司或實驗室，對幹細胞治療的進行，戰戰兢兢，如履薄冰，就是因為這些不可知的因素，而有些第三世界國家以賺錢為取向的「痞子」實驗室或公司，就缺少這種職業道德。

感想四：常有宣傳或媒體報導說，某某名流花大錢「醫療旅遊」，到東歐或中國大陸等第三世界國家接受幹細胞治療或美容，而且效果多好多好，我真是為他們捏了一把冷汗。花錢事小，沒效果也就算了，安全性才是關鍵。因為這些國家對幹細胞人體治療的管理過度寬鬆，常在未有完整動物試驗成果評估前就用於人體，對接受治療者的保障非常不足。

這麼說，胚胎幹細胞的研究缺乏突破，一片低迷嗎？非也。近兩年，所謂 **iPS** 正異軍突起，大家都轟轟烈烈搶進，帶給幹細胞治療嶄新的希望。

二〇〇六年十一月，日本京都大學的山中伸弥宣布，他以老鼠的纖維芽細胞做實驗，利用病毒，將僅僅四個基因帶入纖維芽細胞的DNA內，這個細胞就可以擁有像胚胎幹細胞一樣的形態、特性與功能，所以稱為「誘導式多功能性細胞」（induced pluripotent stem cell, iPS）。

換句話說，**iPS** 是一種「不需要胚胎的胚胎幹細胞」，一舉解決了過去胚胎幹細胞研究上最棘手的倫理爭議。

現在科學家更已經成功自 **iPS** 培養出血小板與紅血球。日本目前幾乎是傾全國之力研究

iPS，連中國也宣稱會將研究重點放在iPS於血液病之治療應用上。

iPS的出現，有些「倚天既出，誰與爭鋒」的味道，不但折了胚胎幹細胞的鋒頭，也大挫成體幹細胞的銳氣。因為成體幹細胞（包括骨髓、臍帶血、臍帶、乳牙、脂肪的各種幹細胞等）的好處主要是沒有倫理問題，但缺點是其可塑性遠遠不如胚胎幹細胞，甚至受到質疑。而iPS似乎這兩個限制都突破了。

然而，iPS的製造過程中，須動用到某些致癌基因，因此iPS之衍生細胞出現癌化的可能性仍高。能否解決這種關鍵問題尚在未定之天。目前科學家對iPS的期待很高，但期待愈大，失望常常也會愈大。就如山中伸弥在二〇〇八年十一月榮獲日本政府頒發「紫綬褒章」時說的：「我不希望讓民眾因iPS而對再生醫學有過度的期待！」

——本文發表於二〇〇九年四月《財訊》雜誌

後記

二〇一一年十一月十四日，Geron公司突然宣布停止進行「以胚胎幹細胞治療急性脊髓損傷」，這個好不容易才獲美國FDA通過的人體試驗計畫。二〇一三年，更售出所有胚胎幹細胞部門及專利，步上ESI的後塵。

二〇一二年，山中伸弥獲諾貝爾醫學獎，這暗示胚胎幹細胞的時代落幕。iPS勝出。

二〇一三年十月，Geron終於把公司一度視為研發重點的幹細胞部門出售了。

賽揚獎投手&幹細胞醫療風波

二〇一一年美國職棒的大驚奇之一是，紐約洋基隊用小聯盟合約簽來前賽揚獎老投手柯隆，結果大大超乎預期。五月三十一日，他完封運動家隊，目前ERA（投手自責分率，先發為主的投手在四以下就算不錯）才三．二六。

因為他隱然具有「東山再起獎」的架式，五月初，柯隆接受電視專訪，經紀人公開透露柯隆二〇一〇年在故鄉多明尼加接受「自體幹細胞治療」，於是引起軒然大波。

這個叫「大腸」（Bartolo Colon）的前賽揚獎巨投，本已英雄日暮。二〇〇九年在白襪隊的戰績是三勝六負。後來他手肘開刀，肩膀也受傷，顯然已在報廢邊緣。今年卻意外復活，而又扯上在美國屬於非法卻又很有噱頭的「幹細胞治療」，於是大占媒體版面。大聯盟馬上表示要調查，卻至少有十位大聯盟投手表示有興趣（不知也是肩傷的王建民聽了有沒有心動，呵呵）。

柯隆描述，他小時候家中沒電沒水。多明尼加的國民平均所得現在是五千五百美元左右。這樣的國家現在也能做幹細胞治療了，可見自體幹細胞治療絕非高科技。

柯隆所進行的幹細胞治療是這樣的：醫生自他自己的腸骨中抽取一百至二百公撮的骨髓，經除去脂肪、紅血球及顆粒球後，把留下的單核細胞打入肩膀傷害部位。這種治療不需細胞培養，安全性沒有太大問題，也沒有倫理、宗教和法律的爭議。只要有配合的GTP實驗室，台灣每個醫學中心都可以做。

但是，過去幹細胞再生治療臨床研究，往往把境界訂得很高，都是一些生死攸關的大病。例如說，心肌梗塞，希望藉以加速恢復心肌再生，使心臟衰竭的程度降低；或者期盼用以治療腦中風、脊髓損傷、帕金森等。因此，在大型臨床試驗未能真正證明有效之前，美國、歐洲等醫學大國，包括台灣在內，在法律上都沒有放行。

然而，許多第三世界國家，如巴西、印尼、伊朗等醫學中心卻做得有聲有色。台灣的幹細胞基礎研究雖然不錯，但在臨床試驗方面，因為規則嚴格，要證明有效確實不易，所以尚未通過為醫療新技術。歐、美、日本，也大致是如此。

於是形成了一個奇特的現象：所謂「新醫療技術」，其實一點都不難。但是小國做，大國不做。不做的原因，是因為「效果查無實據」，而非技術難度或安全問題。這是醫學倫理。

再回到柯隆。柯隆這項手術不是在美國本土進行，所以大聯盟要調查的，是他在手術中有沒有用到像生長荷爾蒙之類的違禁藥品。柯隆的醫師已經否認了。

關鍵的問題是，這項手術和柯隆二〇一一年「功力大增」，是否有直接或間接的關係？其實上文已說過了，目前專家看法是「查無實據」。何以「查無實據」？因為臨床上一直缺乏令人滿意的人體內幹細胞追蹤技術，來證明打進去的幹細胞是否真正變成治療上期待的細胞（如在中風病人變成神經細胞，在柯隆的身上變成肌肉細胞）。

我剛自荷蘭的「幹細胞治療世界大會」（ＩＳＣＴ）回來。依最新的研究顯示，輸入人體的自體幹細胞，常常在一至二天以內，九〇％以上就不見了。但研究又顯示治療上（以心肌梗塞為例）確實有些效果。現在認為是幹細胞打入後，會釋放「旁泌素」，來減少發炎，及促進該處細胞再生之故。

以自體骨髓幹細胞來進行「美容」或「整形」，例如隆乳或除皺，早有前例。但過去均先在實驗室中做長期培養，因此所需設備、費用均相當高檔。柯隆在多明尼加所做的手術，顯然未經培養，簡單而可行。雖然難以真正證明其功效，但經柯隆的「代言」，在運動界已經一舉成名。

我聽過不少台灣人士接受了所謂幹細胞治療以養顏或美容，常常是抽血↓不明程序處理↓再打回本人。我聽了總是微笑不語。理由很簡單，因為除了臍帶血外，常人血液之中不會有幹細胞。除非像柯隆那樣「抽骨髓」，或至少「抽脂」，否則不可能有自體幹細胞可用。這一點，請對幹細胞治療躍躍欲試的有錢人謹記於心。問題是花大錢出國接受不明來源之異體幹細胞者，就請自求多福了。

前幾天看到香港拍出來的世界第一部３Ｄ情色片，在美國入圍「人類貢獻獎」，讓我大悟到時代已變，「貢獻」的定義也改變了。讓垂死生命苟延殘喘，對人類是否真正有貢獻不得而知。讓年輕生命更 high、更愉快，才是「增進人類福祉」。成體幹細胞治療，除了著眼挽回瀕死重症，也不妨放眼在治療運動傷害或美容等，但均須通過臨床試驗的驗證。

多明尼加那家醫院，以後可能會成為許多大牌運動員的朝聖之地。與其讓黑市生意大行其道，歐、美、日本、台灣的自體幹細胞臨床運用的思維，是否也到了該考慮改弦易轍的時候了？

——本文發表於二〇一一年六月《財訊》雜誌

敢的人捧去吃

二〇一一年六月二十六日《中國時報》上有一則頭條新聞，「全球首例，心肌梗塞幹細胞治療劑，八月上市」；副標是「南韓搶先機，價格約新台幣二十六萬七千元，會產生暈眩副作用，是否引發癌症，尚待研究」。此為韓國 Fcbpharmicell 公司的產品。換句話說，韓國除電子業外，在細胞「再生治療」的生技領域，也已拔得世界頭籌。

我的第一個反應是：韓國人真的很敢！繼而一想，台灣人有一句話「敢的人捧去吃」，也許這就是韓國業界的成功祕訣。請注意，韓國推出的不是「幹細胞」，而是「幹細胞培養液」。更清楚一些，這裡的「幹細胞」，是「骨髓間質幹細胞」（mesenchymal stem cells, MSCs）。而「培養液」，是間質幹細胞培養三、四週後，培養液中會富含細胞的分泌素，及其成分為多種「間質幹細胞分泌素」，而非純化的單一分子。

生活新聞 A6 中國時報

全球首例 心肌梗塞幹細胞治療劑 八月上市

南韓搶先機 價格約台幣26萬7千元 會產生暈眩副作用 是否引發癌症尚待研究

2011年6月26日《中國時報》。

那麼，為什麼不用間質幹細胞本身，而去使用細胞分泌素呢？這些分泌素又是什麼成分呢？這要自間質幹細胞的發現與研究談起。

骨髓中有兩種幹細胞，大家熟知的是造血幹細胞，主要功能是製造血球。另外一種就是間質幹細胞，間質幹細胞等於是骨髓內造血細胞的支持細胞及營養細胞。

一九九三年，間質幹細胞先驅研究者 Arnold Caplan 等在巴爾的摩成立 Osiris Therapeutics，是全球第一家以再生醫學為號召的公司。Osiris 是埃及神話的神祇，被仇家大卸八塊後丟入尼羅河，他的妻子 Isis 把屍塊撈起來，拼湊後竟復生。公司乃以此為名。Osiris 本欲壟斷間質幹細胞的分離和培養，但未成功。Caplan 本人也已離開 Osiris。

有關成體幹細胞在心臟病的再生治療研究，已近十年。二〇一一年五月我到荷蘭參加了世界幹細胞治療大會（ISCT），最新的結論是：

一、以骨髓幹細胞治療心肌梗塞，病人心臟機能恢復較佳，確屬有效。

二、但有效的機制，不如原先想像的骨髓幹細胞變成心肌細胞，因為細胞很快就不見了，應該是打入的幹細胞所產生的分泌素，可以增進心肌細胞或血管的再生，加速心臟機能的恢復。

所以重要的是這些小分子，而非幹細胞本身。這也就是這次韓國公司的賣點。我依新聞報導來推測，他們產品的步驟應是這樣的：心肌梗塞病患→抽病人骨髓，提煉出分化成神經、骨頭、軟骨的幹細胞（也就是間質幹細胞）→培養三到四週→取出培養液，製備成標準劑→直接注射入病患的心臟血管內，以治療心肌梗塞。

我看到了幾個有趣之處：一項新藥品問世，最重要的是「安全性」及「副作用」的可預測性。韓國這個「全球首例」的製劑，最大的隱憂是，連公司都承認其「安全性」尚未百分之百確定。公司如是說，「凡藥皆有副作用，這種幹細胞治療劑也會產生暈眩的副作用。至於會不會引發癌症，將在今後的再審查中進行研究。」這句話真是四兩撥千斤。因為幹細胞的 stemness 維持（「幹細胞」的特質）與癌細胞的特質，一線之間而已，因此科學家最害怕的就是「幹細胞癌化」或「幹細胞分泌素會誘發癌症」。萬一將來證實有致癌可能（雖然可能很難去證明），公司就要兵敗如山倒了。

另外，韓國公司巧妙的利用了全球醫界之多年臨床試驗成果，作為製劑不可或缺的立論基礎，但該公司等於是「借東風」，占了各國學術界的大便宜。所以我說，韓國公司真的很敢，很勇敢。當然他們也有可貴獨到之處。例如他們所說，「臨床研究顯示，注射幹細胞治療劑後，能使心臟搏動增加，因此食藥廳決定准予上市銷售。」這倒是韓國的獨家臨床試驗成果，我在文獻上未見過此類療法的結論。雖然學界早有此推論，但科學研究必須按部就班，須經多中心的雙盲式臨床試驗研究證實之。而此一部分通常耗日費錢。韓國公司要達到這個結論，想必投入不少資金及人力。另一個可以預見的是，若利用骨髓間質幹細胞的大量培養，去製成上市商品，則與 Osiris 之間，難免有一些專利上的糾葛。很可能韓國公司和 Osiris 已達成某種協議（後記：現在已知不需要）。

下一個問題是，台灣要師法韓國公司的勇敢作法嗎？如果「韓國模式」能為世界所接受，台灣要跟進，技術上絕對可行。甚至台灣也有不同的細胞種類來提煉獨特分泌素，可以和韓國分庭抗禮。老實說，韓國的作法我不敢說是毫無風險，但「驚驚袂得壹等」（編按：意指老是擔心風險拿不到第一），這幾年，我們一直在談生技起飛，韓國已經啟動，台灣準備好了嗎？

——本文發表於二〇一一年八月《財訊》雜誌

苦幹實幹幹細胞

二〇二二年三月，最權威的《*Nature Medicine*》雜誌，刊出一篇質疑韓國政府政策的文章〈韓國批准幹細胞治療產品，儘管嚴謹審核之資料有限〉（"Korea okays stem cell therapies despite limited peer-reviewed data"）。

這篇文章指出，自二〇一一年七月至二〇一二年一月，韓國政府已經正式通過三種本國的幹細胞治療產品上市。雖然韓國政府一再強調過程採「國際最佳標準」，但外界專家紛紛批評韓國政府顯然以過分寬鬆的政策，蓄意讓韓國幹細胞產品掛上「世界第一」的旗幟，以利於在國際市場上搶到先機。

旅居日本理研（RIKEN）中心的英國幹細胞政策研究者 Douglas Sipp，就不客氣地批評，新製劑之相關資料及審核過程細節缺乏英文版本。也有專家則嘲諷說，外界對這些藥物的了解，竟然不是來自同儕審核雜誌，而是來自媒體報導。該文因此使用「給我數據」（Show me the data）作為文章的小標題。

這正好印證了我早於二〇一一年八月四日就發表於本欄的文章〈敢的人捧去吃〉，那時因韓國政府批准號稱世界第一項幹細胞製劑而轟動全球。在文中，我也有同樣的疑問：「韓國的獨家臨床試驗成果，我在文獻上未曾見過此類療法的結論。」但我怕是我個人的孤陋寡聞，因此又婉轉寫道：「韓國公司要達到這個結論，想必投入不少資金及人力。」

對這種作法，我感觸複雜。我又問：「下一個問題是，台灣要師法韓國公司的勇敢作法嗎？韓國的作法我不敢說是毫無風險，但『驚驚袂得壹等』，這幾年，我們一直在談生技起飛，韓國已經啟動，台灣準備好了嗎？」

韓國國內對他們在幹細胞領域的成就是非常引以為傲的。二〇一一年九月，韓國總統李明博宣布二〇一二年投資一千億韓元（約八千九百萬美元）於幹細胞研究，並大幅放寬臨床試驗及上市審核條件。李明博明確表示，繼ＩＴ產業之後，韓國政府將以打造幹細胞產業，作為促進國家成長的新核心引擎。

韓國認為他們一年八千九百萬美元之幹細胞研究經費，比起美國的一、二十億美元，只是零頭，也遠不如日本的近十億美元，而能有如此成就，他們非常引以為傲。「幹細胞為生技產業帶來原動力」，這是韓國《中央日報》二〇一二年一月二十五日的大標題。在當時，韓國就已完成九個幹細胞治療的臨床試驗，且還有十三個臨床試驗在進行中。台灣則猶在起步。

依據韓國媒體二〇一二年一月初所公布的臨床試驗結果，大約如下：在「心肌梗塞幹細胞治劑」（Hearticellgram-AMI）方面，四十位在過去五年接受治療的病人，其左心室血液噴出量改善了五．九三％，而未接受治療的病人只增加一．七六％，因此認為有效。

在由臍帶血細胞製成的「軟骨幹細胞治劑」（Cartistem）方面，有八十九位病人進入這個號稱為世界上第一項異體幹細胞再生醫學治療的臨床試驗。四十八週後之評估，四十二位治療病人之膝關節功能平均改善二六%。

Cupistem 則是世界第一個自體脂肪幹細胞的再生醫學治療製劑。三十三位庫隆氏腸炎引發肛門瘻管的病人接受臨床試驗，八週後，二十七位病人的瘻管完全痊癒。

問題是，這些數據只見於報章，而非發表在醫學雜誌。而以我的觀點，接受臨床試驗的病人數目嫌少，也不知是否是在「多中心」（multicenter）的狀況下施行；對副作用及安全性報告之著墨尤其不足。相信不少專家也會認為韓國的食藥廳會通過這些產品上市，國家商業利益的考量未免太明顯，有些偏離正軌。

國際專家的質疑，公司回答說，因為希望有更長的臨床試驗觀察結果，所以才延誤了正式發表的日期，正式論文不久就會發表。

幹細胞治療自實驗室研發、動物實驗、人體實驗、專利歸屬、公司經營到市場模式，均與過去之「藥物」有很大不同。藥物是化學分子，是固定的；細胞是活的，不可能不變的；且來源可以有很大不同，益增其複雜性。細胞治療最大的特點是細胞沒有專利；專利存在於細胞工程的特殊技術或特殊產品。這些都是以前適用於藥物的法規所無法適用的。

因此在幹細胞治療研發過程及臨床試驗等，如何規範？如何審查？如何上市？不論在法律制定或生物倫理方面，對各國政府的產、政、學三方面均是挑戰。

韓國在技術發展及市場投入方面，顯然已經領先台灣好幾年，值得台灣學習及趕上。在政策及規範方面，則韓國急功近利的作法所引起的外界議論，很值得台灣借鏡。

希望台灣的幹細胞產業，能兼顧韓國的大膽創業及日本的按部就班、苦幹實幹，一步一步去做，一出手就取得國際公信力，樹立世界一流產品的聲譽。一開始也許短空，但這才是台灣未來尋求超過韓國的最大祕訣。

——本文發表於二〇一二年四月《財訊》雜誌

幹細胞「山中傳奇」啟示錄

山中伸弥因證明可以把成熟纖維細胞變為類似胚胎幹細胞的多功能幹細胞（iPS），而榮獲二〇一二年的諾貝爾獎。

他一舉創造了不少紀錄，首先是最快得獎紀錄。自他二〇〇六年十一月發表第一篇成功製造老鼠 iPS 細胞的論文，距得獎只有短短六年，有史以來最短。不像一般醫學獎，動輒一、二十年以上。例如二〇一一年的史坦曼，死後三天才得獎，離研究發表三十八年，評審員不知他已過世，否則便喪失資格。二〇一二年另外一位得獎的 John Gurdon，他的研究更早已在一九六二年發表，正好是山中伸弥出生那年，結果兩人同一年共同得獎，這又是一項紀錄。

其次，他是第一位「Made in Japan」的諾貝爾醫學獎得主。日本人一直遺憾缺少一位日本製造的諾貝爾醫學獎得主。一九八七年因研究抗體製造機轉而獲得諾貝爾獎的利根川進，算是第一位得醫學獎的日本人。但他的研究所是在瑞士念的，得獎論文是在美國做的，得獎時也任職於美國，背景和李遠哲很像，是「國際牌」，不是「國產」。

再來，山中伸弥幾乎是論文一發表，就被公認只要不出什麼大紕漏，遲早會得諾貝爾獎。他的得獎，眾望所歸，大家都想，「終於是他」，而不是「為什麼是他？」，因為他證明了「細胞基因的程式再造（Reprogramming）確實是存在的，這是生物學家過去從未想到的觀念大突破。

尤有甚者，胚胎幹細胞研究本來充滿倫理、道德、政策爭議，各方相持不下。由於山中的突破，讓爭議完全消失，讓每一方面都成為贏家。

可是山中伸弥的成長過程，卻是跌跌撞撞。我反而覺得《經濟學人》教了台灣人的「Bumbler」，很適用於形容山中的早期生涯。他高中喜歡柔道，學了柔道後，卻屢屢受傷，骨折多次，於是去念神戶大學醫學部。如願成了骨科醫師之後，卻發現自己沒有開刀天分，於是棄臨床轉做基礎。即使在研究路上，一開始也是跌跌撞撞。

而山中又是真正的「十載寒窗無人問，一舉成名天下知」。二〇一〇年一月十四日，已名滿天下的山中應邀到美國的國家衛生研究院（NIH）演講，NIH的大頭目柯林斯親自主持這個演講。

柯林斯的介紹引言生動地描述了山中二〇〇六年第一篇 iPS 論文石破天驚的轟動程度。柯林斯說：「我清楚記得，我第一次念到山中教授論文時的場景。那時我在海濱度假，理應遠離喧嘈學界，但是有人告訴我，有一篇文章非念不可，於是就去找來。一讀之下，我脖子後的毛髮都豎直了起來，我立刻體會到，iPS 的時代降臨了。」

山中伸弥接下去介紹了他自己的研究歷程。後來許多NIH的研究人員說，那是他們聽過的最棒的學術演講。山中在府立大阪大學攻讀博士時，主要工作是研究血壓調節的分子機轉。這與他的骨科經驗又幾乎是風馬牛不相及，他真是勇於一切從頭開始。他對基因剔除及轉殖等基因工程技術很有興趣，這也成為他以後做研究的利器。

日本醫生一般都是在國內念完博士後，再出國做博士後研究，山中也循著這條路去走。於是一九九五年，山中到了舊金山的Gladstone Institute，他的老闆為Thomas Innerarity，研究的是血脂蛋白的調節。現在大家都知道「低密度膽固醇」是壞的膽固醇。這位老闆有個假說：「造出ApoBEC1（血脂蛋白調節基因）高度表現的基因轉殖鼠，希望能看到老鼠壞的低密度血脂會降低，好的高密度血脂會增高」。這個實驗就交給山中伸弥執行。如果證實，就可應用基因療法，一勞永逸控制病人的血脂肪。

棄臨床做研究一路跌跌撞撞

山中花了六個月，終於做成了ApoBEC1基因轉殖鼠。不久後，有一天，動物室的技術員告訴山中說，你的小老鼠有許多懷孕了。山中嚇一跳，因為這些老鼠都是公的。但一看，肚子真的都變大了。一解剖，老鼠全得了肝癌！原來ApoBEC1另一個角色，竟然是個致癌基因！

山中在NIH講他的這段經驗與教訓，並幽默地引伸出有名的「山中伸弥的三不」：一、科學是不可預測的（所以才需要做研究），二、不要相信你老闆的假說（他笑說，這一點最重要），三、不要嘗試在病人身上做基因治療新實驗（要自動物開始）。

六個月後，山中回日本，到母校大阪大學擔任助理教授。他說，剛回國時小毛頭一個，缺錢缺人，投稿被退。他要做的基因研究，周圍的人都認為太玄，勸他做一些臨床相關的實用性題目。他打趣說，他這時得了一種怪病，叫PAD（Post America Depression，留美後憂鬱症），幾乎要放棄研究，回頭當骨科醫生。

好不容易，山中有了自己的實驗室。這時胚胎幹細胞初問世，最熱門的是研究胚胎多功能幹細胞可以如何分化，如何應用到再生醫學。山中想，自己是不出名大學的小教授，不可能與全世界大中心的眾高手競爭，於是決定反其道而行。他提出一個看起來不是天才就是瘋子的計畫：「如何使已分化的終端成體細胞變回多功能幹細胞」。

台灣研究經費過度集中大牌

這個論述，似是癡人說夢。生物學家一向認為正常細胞只會往前分化，以為是鐵律。但其實，自然界不符合這個鐵律的並不罕見。例

山中伸弥教授（中）於2005年台灣幹細胞學會成立時，來台演講及遊覽，攝於艋舺龍山寺。當時他尚未發表iPS論文，所以台灣請得到。（左一為作者研究伙伴林泰元教授）

如繁殖花木的插枝法或壓條法時，植物的莖或枝，與土壤接觸久了，可以長出根來。可見莖細胞可以重新改變方向而分化成根細胞。他開始做這個諾貝爾獎級的實驗時，只有三個學生加入他的實驗室（此後山中的實驗過程太專業了，不再詳述）。十年之後，山中伸弥大大成功了。

台灣的科技決策者自山中伸弥的故事學到什麼？

大概台灣的學界都會同意，山中伸弥在大阪大學的研究計畫，如果向台灣政府申請，通過的可能性微乎其微；要拿到三年以上研究計畫的可能性，更是如中樂透。以台灣的評估體系，在二○○○年之前，山中的評價大概岌岌可危。現在回頭看，山中小實驗室天馬行空式的自由創意與嚴謹科學的研究方式，正是他終於成功的要件。台灣大、小實驗室的貧富懸殊非常嚴重，國家撥出的研究經費，太集中於「規劃性」的國家型計畫；太注重於所謂專利、技轉及產品，也常過度集中於一些大牌。

我認為，國家型計畫固有其必要，但若能減少約四分之一，就可以雨露均霑，讓許多實驗室節儉持家安心做個三、五年，去揮灑年輕學者的創意。

醫學的重大成就都是創意落實的成果，而不是經費堆出來的。二○一二年另一得獎的 Gurdon，大概在英國伊頓公學時古怪主意太多，老師的評語是「該生天資愚鈍，不宜從事科學」。但要有重大突破，需要的卻還是古怪創意的人才。

國內生技高層似乎認為山中的諾貝爾獎是日本傾全國之力拱出來的，那是大錯特錯。山中的基礎醫學成就，早已世界公認。日本政府大力傾注，是為了搶先建立 iPS 臨床應用的世界市場。

對山中而言，那是錦上添花而已。

那麼台灣的科技人才評估及經費分配系統，是否可以因鄰國山中的故事而稍做調整，不要太急功近利，拒絕「me, too」，鼓勵創意，讓小實驗室研究者可以獲得長期小康經費而嘗試「百草齊放」的可能性。也許百株小草中，會出現奇花異草，而一鳴驚人。這會比老是對大型實驗室的充裕經費再錦上添花要來得更有價值，更會有意外驚喜。

——本文發表於二〇一二年十二月《財訊》雜誌

一夜神奇狂漲的幹細胞公司

二〇一三年八月十三日，美國那斯達克的 Osiris 公司，一夜之間，股價由十美元變成二十五美元左右，狂漲一四五%。

Osiris Therapeutics 是全球第一家成體幹細胞治療公司，是骨髓間質幹細胞研究先驅 Arnold Caplan 等在一九九二年創立的。他們研究成體幹細胞（adult stem cell）的醫療應用，自實驗室研究到動物實驗到人體研究及臨床試驗，燒錢燒了二十年，好不容易在二〇一二年五月，第一種細胞產品 Prochymal 經證明治療骨髓移植的 GvHD 排斥反應有效，故通過紐西蘭及加拿大的FDA（食品藥物管理局）而上市，成為第一個在國際上市的成體幹細胞產品。

Osiris 成體幹細胞領先群雄，而其他種類的幹細胞產品，包括ACT公司的胚胎幹細胞和日本傾全國之力在研究的 iPS（誘導性多功能幹細胞），雖然也開始進入臨床試驗，但離市場化階段至少還有十年以上。也因此，Osiris Therapeutics 已成為現階段全球幹細胞治療的指標公司。

二〇一二年 Prochymal 上市時，Osiris 也曾由七美元漲到十四美元，漲一倍。那麼，是什麼大利多，讓 Osiris 再度大漲一四五%？答案是，Osiris 公司另一個幹細胞產品「Grafix」的臨床試驗報告出爐，顯示在糖尿病病患之慢性皮膚潰瘍或燒傷病人急性傷口上，治療成效不錯。Grafix

之治療組有六二%有傷口癒合，而控制組只有二一%。Grafix 包含三種成分：一、細胞外基質（matrix），可以提供組織修復之三度空間架構。二、生長因子及蛋白質以支撐細胞遷移、生長及成熟。三、間質幹細胞、纖維母細胞及上皮細胞，以協調組織修復過程，並分泌各種生長因子。Grafix 之應用及市場預見要比 Prochymal 大得多，因此 Osiris 股價大漲。

因為成體幹細胞在上市方面拔得頭籌，所以世界的生技先進國紛紛成立成體幹細胞治療公司，像澳洲的 Mesoblast、以色列的 Pluristem、美國的 Athersys、韓國如 Medipost 及日本的ＪＣＲ公司等。有趣的是，這些成體幹細胞來源不一定像 Osiris 一樣來自骨髓，有來自胎盤、臍帶血或血液等。因為不同來源的成體幹細胞會有不同的特性與應用，未來這些公司的價值將取決於他們選定的幹細胞的性質及治療成果。

二〇一二年 Prochymal 國際上市，證明了成體幹細胞免疫醫療產品成真；而二〇一三年 Grafix 臨床試驗成功，則證明了再生醫療產品也踏出第一步。雖然有人質疑，認為 Grafix 的效果不應該和成績只有二一%的傳統治療去比較，而應該和已上市的其他公司外傷治療產品比較，並證明其優越性，才算突破。到九月初 Osiris 股價又回跌到十八美元左右，但比十美元的起漲點仍上漲八〇%左右。此顯示市場已具共識：幹細胞醫療將不再只是紙上談兵。雖然離重大疾病的治療如脊髓損傷、心臟衰竭、腦中風等，還相當遙遠。

台灣則迄今為止，尚無真正的幹細胞治療公司。現在台灣的臍帶血公司，做的主要是冰凍貯存，少有進一步研發再生醫療或免疫醫療產品者。反倒是一些萌芽中的公司，以再生治療為導向，值得期待。

二〇一三年七月，國內的細胞治療研究者在台灣召開了「第四屆亞洲細胞治療會議」。台灣學者講演水準甚高，與會人數也超過預期。尤其官方的衛生署與醫藥品查驗中心也多人與會，積極參加討論，並表明將加緊腳步，讓「細胞治療人體試驗法案」早日定案，顯示國人對細胞治療已積極行動中。

有一個迷思是，迄今為止，全球幹細胞公司沒有一家賺錢。雖然大家對細胞治療的未來都寄予厚望，也認為幹細胞治療可以開展出目前做不到的醫療目的。但問題是幹細胞的研究成本太大了，比起小分子藥物的藥廠平均大約要燒錢七年而言，Osiris 燒了二十年才有第一種產品。產品價格奇貴，而且銷路也很有限，公司營收少得可憐。在這種長期幾乎只出不進的狀況下，國家的政策支持就變得非常重要。Osiris 能夠撐到今日，其實也虧得美國政府的「暗助」，二〇〇八年一月在未通過本國FDA之前，美國軍方向 Osiris 訂購大批幹細胞，費用達兩億兩千四百萬美元。我認為美國軍方所以如此做，意味著在軍方眼中，幹細胞是一種戰略物資，研究幹細胞相當於研發國家戰略物資，因此非撐住 Osiris 不可，不能讓它倒，以免功虧一簣。我真佩服美國政府的戰略視野與行動落實。

——本文發表於二〇一三年九月《財訊》雜誌

保存臍帶血是政府的責任

二〇一一年十一月我參加了一個非常特殊的骨髓移植醫學會。

首先，與會人士都是受邀的，而地主國只是負責籌備，經費都是世界衛生組織（WHO）負擔，與一般學會不同。

台灣醫療高科技移植越南

再則，會議性質為骨髓移植會議，但是與會國家有不少是尚未開始進行骨髓移植的國家，或者正開始要進行骨髓移植的國家，例如蒙古、剛果、奈及利亞、印尼、菲律賓等。

最有趣的，開會地點選在河內，凸顯了聯合國及歐美國家心目中，越南在第三世界的龍頭地位。越戰結束已三十六年，俱往矣，連老美都在拉攏越南。

原來這個會議的召開動機與目的是，WHO把骨髓移植（正確學術名稱為造血幹細胞移植）視為一個國家在醫療衛生方面的進步指標，希望進步國家能協助尚未起步或剛剛起步的國家發展骨髓移植。

我對越南被聯合國看中，選為這個第一屆初起步國家（原文是emerging countries）骨髓移植會議的主辦國，心中五味雜陳。因為越南的骨髓移植是我們台灣去教出來的。一九九三年，我先到越南胡志明市的輸血及血液醫院去演講。然後他們派了一位醫師、一位護理師及一位技術人員，到台大醫院接受一整年的訓練；也獲得當時台大醫院戴東原院長的協助，贈送了一些儀器、試劑給他們。

九三至九五年之間我在台北、胡志明市之間往返十次以上。九五年夏季，台大醫院的骨髓醫療團隊的醫師及護理人員更是精銳盡出，輪流到胡志明市與他們本土團隊合作，成功完成了三例異體骨髓移植。當年來台訓練的醫師 Nguyen-Tan-Binh 如今已是該醫院與該學院院長，經過這樣完整的訓練過程，越南其後就自力進行此一醫學高科技，迄今已完成兩百多例。因此越南成為聯合國眼中的模範生。

因為此一淵源，所以這次雖然是WHO主辦，我也應邀參加，但在會議中的發言頗受重視，因為這是迄今為止，全球唯一骨髓移植團隊完整與成功的技術輸出。

九六年或九七年開始，台灣為了加入WHO，台灣的醫界與政界人士年年到日內瓦努力；當時越南政府並未因台灣全力協助越南骨髓移植，而在外交議題上有所回應，讓我們有些失望。不過這個 credit，總算在這次大會中得到與會各國遲來的肯定。

其實，台灣對外屢有由國家發動的醫療外交，自三十年前的赴沙烏地阿拉伯醫療團、賴索托醫療團等，就知道醫療援助應該只作為人道主義之助人最樂，而不必期待不切實際的官方利益回饋。

A.

B.

骨髓移植援越大事記：

A. 台大醫院的骨髓移植團隊於越南胡志明市書寫中心醫院的會議室。右起：越方院長、穿針引線的越南Sandoz藥廠總經理Bousquet、越方陳文賓副院長、作者、林凱信醫師、林敏哲醫師、陳瑜芸護理長。後立者為Nguyen Tan Binh醫師，曾來台訓練一年，目前已擔任該院醫學院與醫院院長。

B. 1994年2月21日，胡志明市輸血中心醫院與台大醫院正式簽約。（前排右起，越方輸血中心醫院院長；越方醫學院院長；台大醫院院長戴東原；作者）

C. 1995年7月18日，西貢《解放日報》刊登台大醫院團隊在越南完成第一例骨髓移植。

D.

2011年11月10日至12日，WHO在越南舉行之造血幹細胞移植會議。與會者均為WHO邀請。（作者在前排左三）

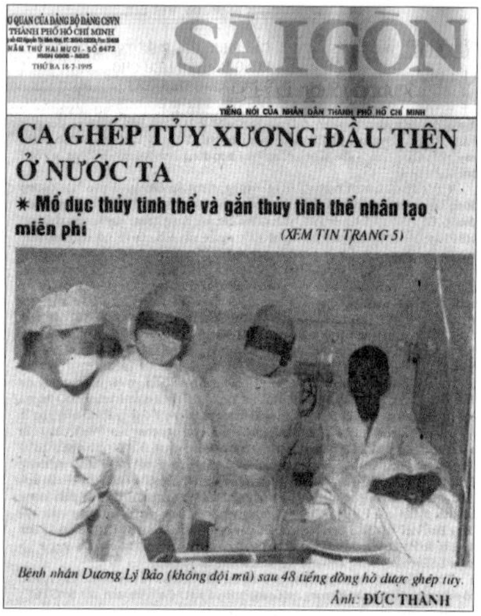

THỨ BA 18-7-1995

SÀIGÒN

TIẾNG NÓI CỦA NHÂN DÂN THÀNH PHỐ HỒ CHÍ MINH

CA GHÉP TỦY XƯƠNG ĐẦU TIÊN Ở NƯỚC TA

* Mổ đục thủy tinh thể và gắn thủy tinh thể nhân tạo miễn phí

(XEM TIN TRANG 5)

Bệnh nhân Dương Lý Bảo (không đội mũ) sau 48 tiếng đồng hồ được ghép tủy.

Ảnh: ĐỨC THÀNH

C.

D.

這次的大會上，還有一件事值得一提，那就是WHO基本上是反對私營臍帶血公司的。世界臍帶血移植的發源地是歐洲，歐洲人認為，只要公共臍帶血庫或骨髓捐贈庫發達了，不太可能找不到適合的捐髓者。

再者是，過去的骨髓移植非常強調HLA（人類白血球抗原）要相符合，近年科學的進步，使得家庭中成員只要HLA半套符合（所謂haploidentical family donor），成功率已經提高到相當可以接受了，WHO認為，根本不需要花大錢去買臍帶血的保險。

「半套符合家庭捐贈者」之移植

也因此，對這些「初起步國家」，WHO邀請的骨髓專家給他們的建議，是不用花大錢去成立骨髓捐贈及配對中心（所謂MUD，無血緣之HLA符合捐髓者），或去建立臍帶血貯存庫（不論公用或私人），而盡量去做「半套符合家庭成員」的移植。因為一定有來源（只要父母或子女，就是半套符合），絕對不會被拒絕，花費大為減少，也幾乎完全不用等待。

以目前的台灣來說，因為台灣有很大的慈濟骨髓庫，所以台灣的病人若找不到兄弟姊妹之捐髓者時，超過八〇%的人可以找到所謂的MUD捐髓者。但是，很諷刺的，台灣雖然私營臍帶血庫數目高居世界第一，約有十分之一的父母為他們的新生兒存了臍帶血，也可能是世界第一；但台灣臍帶血移植的個案並不多，雖然慈濟及和信兩個醫學中心有很不錯的臍帶血公庫，但使用得很少，非常可惜。

台灣民眾對貯存私人臍帶血如此熱中（而非捐贈公用），有兩個因素：一是商人以實際上尚未成熟的再生醫學作為號召；二是當年前總統的醫師家人出面代言，因而一炮而紅。而臍帶血移植反而不多，則是因為臍帶血太貴了，自公庫取，每袋台幣三十萬。反觀日本，每袋只要日幣十六萬，合台幣五萬元，因此臍帶血移植非常普遍。

我一直認為，如果將來有一天證明臍帶血確實能作為再生醫學的用途，則為新生兒保存臍帶血就應成為政府的責任。

台灣每年以二十萬名嬰兒計算，每名收集及保存臍帶血的費用約三萬元，每年才六十億元；以政府的年度支出而言，不算是大錢。如果我是總統或副總統候選人，我一定宣布，若醫界開始推薦保存嬰兒自己臍帶血的時機已到，則政府就有義務為台灣的每一個新生兒保存臍帶血。但如果像目前的狀況，連WHO都不贊成私庫臍帶血時，自然無此必要。

——本文發表於二〇一二年一月《財訊》雜誌

後記

二〇一四年十二月四日，我在《財訊》專欄又寫了一篇〈幹細胞就在你的肚皮中〉，表示個人臍帶血之貯存已更無必要。但來不及收入本書。

蘋果掉下來：細胞的自殺基因

佛家說：自一顆沙粒看到世界。生物學家說：自一個細胞也可以了解到社會。

最近日本明星狗狗「雅夫」死於淋巴癌；去年木柵動物園無尾熊「愛克遜」也死於淋巴癌。媒體提到這兩位時都說是「英年早逝」。

人類也是一樣。一般癌症，常好發於中年以後。但淋巴系統的惡性疾患（包括淋巴癌及淋巴性血癌），則每一個年齡層，包括兒童、少年、青年、壯年、老年皆可發生。奇特的是，癌細胞行為常常與罹患者相似，例如，小孩子長得快，年輕人有活力，而兒童與青年的淋巴惡性疾患也長得快，迅速蔓延全身，如果不治療，病人常在幾個月內就不治；如果以強力化療治療，倒是成績不錯，近半數可以痊癒，可說「不是你死，就是我亡」。

反之，在老年人的淋巴惡性疾患，這些癌細胞常常也顯得老態龍鍾，生長緩慢，在短期內對人體不太構成威脅。病人往往可以和這些淋巴癌或血癌和平共存一段相當長的時間，甚至不一定要治療，再說化療的效果也不好。像以前的鵝媽媽趙麗蓮，得了慢性淋巴性白血病後，仍然繼續主持教學節目，至少存活十年以上；以及近年來新加坡前總統王鼎昌，他在九〇年代擔任副總理時罹患淋巴癌，並未離職，其後還當選總統，罹癌十四年後才去世。

同樣是淋巴癌，何以疾病表現和預後如此不同？科學家經長期研究後，有一些很有趣的發現。這個發現，是由染色體及基因研究而來的。

我們都知道，癌細胞的出現常常是染色體的突變所造成。兒童淋巴癌與老年淋巴癌的突變點幾乎截然不同。人類有二十三對染色體，但出現突變的總是那幾個特定染色體的特定基因，其中有一段基因位在第十八對染色體上，老年和平共存型淋巴瘤或血癌常見這段基因的突變。這段基因的功能非常有趣，是負責執行「細胞死亡程式」（Programmed Cell Death）。

正常淋巴癌細胞在生存一段時間後，這段基因所執掌的死亡程式就會啟動，這個細胞就會自動凋亡，這段基因也就稱為「凋亡基因」。如果，「凋亡基因」因突變而失去正常調控功能，那麼這個淋巴細胞就不會「執行細胞死亡程式」，於是細胞「老而不死」。這群「老而不死」的細胞愈積愈多，就成為癌症。

換句話說，「和平共存」型的淋巴惡性疾患，是因為成熟的淋巴細胞死得太慢，而「你死我活」型的

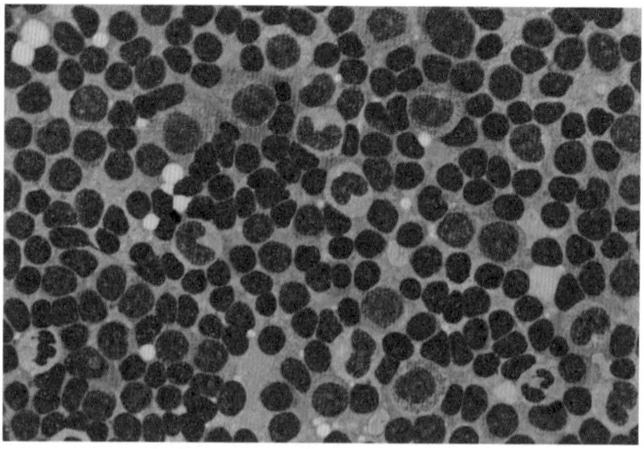

因為基因突變，導致「細胞死亡程式」或「凋亡或自殺基因」失靈，因而「老而不死」的B淋巴細胞愈積愈多，就成為「低度惡性淋巴瘤」或「慢性淋巴性白血病」。

淋巴惡性疾患，是因為不成熟的淋巴細胞繁殖既多且快。於人，是「老而不死是為賊」；於細胞，是「老而不死是為癌」。

這段執掌「細胞死亡程式」的基因，中文稱為「凋亡基因」。但其原文則甚有意思，稱為 apoptosis 基因。apo 是希臘文 from，但我在一次美國血液研討學會上聽得很清楚，apo 在此就是 apple（蘋果）之意；ptosis，則是掉下來（falling）；apoptosis，就是「蘋果掉下來」。蘋果熟了，就非掉下來不可，這是人人皆知，認為理所當然、沒人去注意的現象，牛頓則能領悟成最重要的物理「重力」原理。

我也有兩個領悟。

一、蘋果熟了，就掉下來。那麼，人老了，就非凋亡不可，這是大自然鐵律。但反觀現代社會與科技，似乎正在逆向而行。

二、生物體怎麼會那麼神奇，神奇到會在自己的細胞內安裝上「凋亡基因」，講白了，就是「自殺基因」，來執行「死亡程式」。

二〇〇二年的諾貝爾醫學獎，就是頒給以線蟲為動物模式來研究「凋亡基因」的三位科學家，分別是 Sydney Brenner、H. Robert Horvitz 及 John E. Sulston（此人曾到台灣擔任行政院科技顧問），他們發現了線蟲中控制細胞凋亡的關鍵基因。二〇〇二年底，加州大學舊金山分校的 Cynthia Kenyon 發現，如果破壞凋亡基因，線蟲的壽命是可以延長，然而付出的代價為喪失生育能力（本身不朽但無法傳宗接代），大自然太神奇了。這印證了要「生生死死」，才能「循環不息」；沒有死，就沒有生；沒有循環，反而沒有永恆。

我們念歷史，讀到秦始皇求長生不老藥，會覺得荒唐。但是我們看到現代科技熱中發展「再生醫學」、「回春治療」，希望再造人類器官，或染色體「終端酶」研究，大做「未來人類活到一百二十歲」、「長保青春」的美夢，豈不是五十步笑百步。人體因為淋巴球死得慢，就形成淋巴性白血病，不就是相當於「高齡化社會」嗎？高齡化社會的來臨，絕對表示「人類社會生病了」，而幹細胞醫學、再生醫學的應用，絕大多數是讓老人更苟延殘喘，讓社會更失衡，這哪裡是「美麗新世界」？

更不只如此。現代精英一方面追求長壽與青春，另一方面更以種種理由來合理化「不生」或「少生」小孩。自然界的死、生兩大法則：「蘋果熟了，就要掉下來」、「生物以傳遞自己的DNA為生命第一目的」，在本世紀同時受到了愚蠢人類的挑戰。

歷史上人類一向以克服大自然的艱難環境為榮，例如化沙漠為綠洲、克服不孕症、消滅傳染病等。但若誇大到要挑戰自然界的「生」、「死」法則，我覺得就太過分了。人類使用能源的不知節制，已造成氣候暖化的副作用，人類在這方面，尚有反省，例如「京都協定」就是亡羊補牢之舉。但在挑戰大自然「生」、「死」兩大法則方面，人類的反省顯然不夠，只怕將來覺悟得太遲，已無法扭轉所謂「族群慢性自殺的厄運」。現代精英濫用科技來遂行個人的自私，而置下一代甚至整個族群的未來於不顧，這是很不道德的事。

這幾年，婦產科門可羅雀，小兒科門前亦冷落車馬稀。相對的，醫學中心紛紛設立「老人醫學科」，「幹細胞研究」成為顯學。還好我認為人類對「幹細胞研究」的期望不切實際，幹細胞不太可能像某些人期待的，讓器官重生、讓人類活到一百二十歲。但我希望強調，老年醫學中心的目的應是讓老人活得健康有品質，而不是以醫療設施（如呼吸器）千方百計去延長老人的生命，或不計其生活品質與社會代價——特別是像台灣健保制度的設計完全脫離「使用者付費」的原則時。所以我傾向把我的幹細胞研究方向放在治療「年輕人的致命疾病」，而非「老年人的延年益壽」。

「蘋果掉下來」，連小小細胞都有這樣生理時鐘的設計，人類應該大徹大悟。台灣傳統，老人八十歲以上謝世，訃聞是紅色的，表示已享高壽，心滿意足，乘鶴西歸了。知足常樂，勝於永不滿足、永無止境的追求，不是嗎？

——本文發表於二〇〇七年一月《財訊》雜誌

迎接細胞治療新時代

十月中旬自日本宮崎開完第二屆亞洲細胞治療大會（ACTO）回來，最大的感受是：「細胞治療的時代終於來臨了，台灣應如何去準備」。二〇一一年諾貝爾獎頒給發現樹突細胞及樹突細胞癌症免疫療法的先驅學者，正好為這個大趨勢做了見證。

這次會議的最大特色是，除了學者的論文報告以外，東亞各國的政府代表也濟濟一堂，就細胞治療，政府方面對細胞公司應如何管理，對細胞產品製程應如何規範，對細胞產品的上市程序與條件應如何訂立等，進行討論。

一九七〇年代發展出來的骨髓移植或造血幹細胞移植，是治療骨髓惡性疾病、先天性疾病及骨髓衰竭的一大進步。為二〇〇〇年代以後的幹細胞研究即「再生醫學」帶來曙光，也為「細胞治療」帶來新境界。而這些新治療模式常常必須以過去三十多年的骨髓移植臨床經驗及成果為基本思考模式。

所謂「細胞治療」，除了二〇一一年諾貝爾獎的「樹突細胞」，尚包括淋巴細胞、自然殺手細胞，各種不同來源的成體幹細胞、胚胎幹細胞或近年最紅，遲早可能得諾貝爾獎的誘導性多功能幹細胞（iPS）等等。而製備這些細胞所需之工程技術包括自最簡單的分離、篩選、純化到複雜的大規模培養，以及最尖端的基因工程。而治療範圍至少包括三大領域，一、抗癌治療，二、再生醫學，三、免疫抑制治療。所能治療的疾病更是包羅萬象，自救人性命的癌症、中風，到改善生活品質的關節炎、運動傷害、失明，到整型或抗老化等，不一而足。

細胞治療自實驗室研發、動物實驗、人體實驗、專利歸屬、公司經營、市場模式，與過去之「藥物」有很大不同。藥物是化學分子，是固定的；細胞是活的，不可能不變的。細胞治療最大的特點是細胞沒有專利；專利存在於細胞工程的特殊技術或特殊產品。

因為這個領域太新也太包羅萬象了，世界各先進國目前一方面嚴格管制，卻又制止不了高收費又不見得中規中矩的地下市場。因此各國的法令與管理制度均在後面苦苦追趕，又必須順應各國的社會觀念與結構。在這樣的大勢與環境下，台灣應如何思考？

細胞治療最大的特點是細胞沒有專利，專利在細胞工程的特殊技術或特殊產品。雖然美國及歐洲已有一千多家細胞治療公司，但不像他們的跨國藥廠那麼龐大驚人。和藥物研究不同的是，這個領域沒有縱橫天下、獨霸全球的巨人公司。

更令人興奮的是，日本公司在會後立即來信表示與台灣之合作意願。我預測，為了成本及效益，將來細胞治療可能也應該朝著區域合作去進行。所以將來政府在訂立管理辦法時，應考慮為國際合作製造良好大環境。

所以，這是亞洲的機會，也是台灣的機會。台灣要發展生技，至少應該藥物領域與細胞領域並重，免得十年以後又自怨自艾說，「為什麼韓國能，台灣不能」。如果台灣的細胞治療將來能夠蜚聲國際，那就是未來「旅遊醫學」的號召力及吸引力所在。而除了研發，細胞治療也能帶給病人福祉。我以為台灣應發展的是：一、青壯年的病，而不是老年人的病，二、能改善生活品質的治療，而不是花鉅資去讓苟延殘喘的老人多活數月的研究，三、政府適度管控，不要過分嚴格，但也不可流於浮濫。

值此關鍵時刻，政府除訂立規範外，更需迅速營造國內產學合作的環境；產學雙方也必須合作，和政府建立對話平台，積極創新研發及拿出成績。產官學三方勿急功近利，一步一步為台灣的生技產業和旅遊醫療打開另一道大門。

——本文發表於二〇一二年一月《當代醫學》雜誌

2014年8月衛生福利部食品藥物管理署成立「再生醫學諮議小組」，正式認定「細胞」是一種藥物。此圖片攝於第二屆小組之成立會。

FDA 人類細胞治療產品臨床試驗申請作業及審查基準

衛生福利部食品藥物管理署

中華民國一〇三年九月十七日

政府積極立法之後，希望台灣的「細胞治療產品」能早日問世，在全球擁有一席之地。

後記

以上這篇文章，是我二〇一一年十一月寫的。二〇一一年底，諾貝爾醫學獎頒給樹突細胞的研究者，等於宣布「免疫細胞治療癌症」的時代來臨。緊接著二〇一二年底，諾貝爾醫學獎頒給以iPS震驚全世界的山中伸弥，也等於宣布了「幹細胞治療」時代的來臨。

台灣方面，也在加緊腳步。政府先在二〇一四年八月成立「再生醫學諮議小組」（288頁上圖），隨即在九月十七日頒布「人類細胞治療產品臨床試驗申請作業及審查基準」（288頁下圖）。

二〇一三年七月，我代表台灣主辦了第四屆ACTO之後，立即邀請熱心同儕及產業人士籌組「台灣細胞醫療促進協會」，於二〇一四年十二月五日召開成立大會（下圖），希望能建構產官學對話平台，加強民眾教育，提升台灣細胞產業及促進細胞醫療的發展。

醫學與社會篇

臨終・人權・ＫＰＩ

「經世致用」是我從小就對自己的期許。學醫的目的，當然為了救人；而人生的目的，則是貢獻社會，不以學醫而自滿。所以我的人生定位，救病人固然是天職，對社會改革也思盡一己之力。我之勤於寫專欄，因為我自認這些文章對於台灣社會的 Impact Factor（影響係數），絕不少於一般的醫學論文。可惜國科會或大學的ＫＰＩ（Key Performance Indicator，關鍵績效指標）算法極其狹隘，是典型的見木不見林。這也許會使台灣的大學在世界的排名愈來愈好，但在社會上的公信力及影響力卻愈來愈差，這個趨勢，已很明顯。

工作表現有ＫＰＩ，死亡方式也可以有ＫＰＩ。對病人而言，死亡愈有尊嚴愈好；對社會而言，死亡之前所消耗的社會資源愈少愈好。而目前各醫學中心的「死亡方式ＫＰＩ」，老實說，非常不理想。

在演講，或在私人餐敘，我每每喜歡即席做兩個議題的「民調」，一項是在最近媒體常常提到的「廢死」，另一項是與醫學領域較有相關的「安樂死」，或真確的說法應是「自殺協助尊嚴死」。在廢死議題，台灣社會精英反對的比例仍高達約八〇％。但是出乎我意料之外的，贊成「安樂死」的，在各年齡層的聽眾都有七〇至八〇％左右。這結論非常有趣，因為以較開放自由主義的西歐、北歐來說，「廢死」幾乎已成各國共識，全球也已有過半國家通過。相反的，通過「自殺協助尊嚴死」法律的只有荷、比、盧（及瑞士？）。以美國來說，州公投通過「自殺協助尊嚴死」的，也只有華盛頓州、奧勒岡州、新墨西哥州及蒙大拿州。而台灣卻似乎正好相反，贊成廢死的少，而贊成自殺協助的多。

其實我心中還有兩個議題想問，一是「醫療過失除罪化」，但這一點和我的專業太近了，要避嫌；另一個議題是「大麻合法化」，像荷蘭一樣。這樣，像柯震東等可以不用被關，不用浪費諸多司法資源。但我也知道台灣公民自我管理及誠實的水準尚不及西歐，大環境尚未成熟，因此我也不提了。雖然在我心目中，至少「大麻醫藥化」是可以考慮的。

再回到「自殺協助尊嚴死」。自殺協助若能成為共識，對台灣社會別具意義。因為台灣的病人家屬往往不太尊重病人對他自己生命的掌控權，而這是一個華人社會較獨特的人權議題，即使DNR（不急救）也常是家屬簽署而非病人預立。若台灣能通過「自殺協助尊嚴死」，等於生命權回歸病人自身，另外一方面也可以減少臨終時不必要的巨額醫療花費或浪費。

我也希望國人能愈來愈接受「在家過世」，那其實是我小時候親自經歷的我祖父母過世的方式，也是過去幾千年來祖宗們的過世方式。當了醫生以後，我反而覺得現代人的過世方式其實很可憐，都是孤零零的在醫院死亡者居多，特別是在加護病房過世者，身上大小管子一堆。遠不及過去，在家屬環繞中離開人間。那要莊嚴肅穆多了。

蔣渭水的臨終照片，更是讓我震撼。人要走，就要像這樣。我希望能「臨終復古」，在家過世，對生者死者都是莊嚴有情，節省醫藥費還在其次，這才是一種對死亡的尊敬。最近賈伯斯也是選擇不急救，在家尊嚴過世。日本也有近二〇%的病人選擇在家過世。

「救到最後一分鐘」的近代醫學觀念，其實不人道又浪費。大約一九八〇年以後，「加護病房醫學」大行其道，也改變了人的臨終方式。人生最後一刻留下來的場景變成美化的告別式場景，而非自然的臨終場景，因為臨終場景往往變得不堪。

我想也許不久之後，台灣會有人發起一個運動，鼓勵台灣社會盡量施行「在家過世」，並推動「自殺協助尊嚴死」的立法，以改善台灣社會的臨終人權及死亡KPI。

臨終方式的改變，也許是目前在台灣最值得去努力的人權議題之一吧！

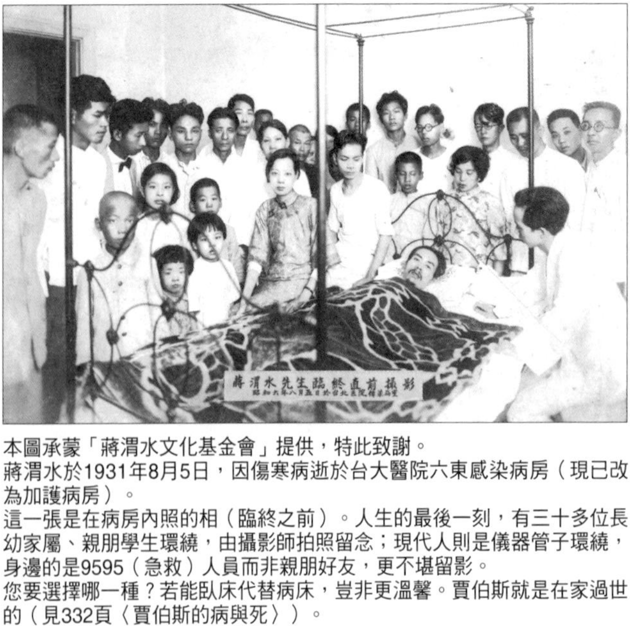

本圖承蒙「蔣渭水文化基金會」提供，特此致謝。
蔣渭水於1931年8月5日，因傷寒病逝於台大醫院六東感染病房（現已改為加護病房）。
這一張是在病房內照的相（臨終之前）。人生的最後一刻，有三十多位長幼家屬、親朋學生環繞，由攝影師拍照留念；現代人則是儀器管子環繞，身邊的是9595（急救）人員而非親朋好友，更不堪留影。
您要選擇哪一種？若能臥床代替病床，豈非更溫馨。賈伯斯就是在家過世的（見332頁〈賈伯斯的病與死〉）。

非洲醫師啟示錄

又到了甄試與聯考季節了。儘管台灣早已脫離日本統治，走過白色恐怖，經歷政黨輪替，台灣人可以擔任總統了，但六十年來，醫學系始終是大部分高中畢業生或家長的首選。儘管在健保制度下，醫師們大都叫苦連天，醫病關係也不復當年，但醫學系的熱門度屹立不搖，不但未被輪替，甚至未被挑戰，真是耐人尋味。

我以為，這是因為醫師這行業除了收入穩定外，還帶有救人生命、紓解苦難的意象連結，所以讓學生有憧憬，民眾有敬意。如果有醫師能發揮人類大愛，拋下優裕環境，遠赴異國（尤其是非洲），救助生活匱乏遑論醫療的可憐群族，社會更不吝給予更高敬意，此常見於有宗教情懷者。史懷哲就是個典範。

更進一步，如能長駐異國，擔任「奉獻型臨床醫師」，又能成為「研究型醫師科學家」而有新發現，更將其受益對象擴展到全人類，那真是醫者的最高境界。本文要介紹的，就是一位這樣的上醫——丹尼斯．巴森．博積德（Dennis Parson Burkitt）。

博積德醫師在一九一一年二月二十八日生於當今北愛爾蘭的 Enniskillen。老一輩看過大衛．連電影《雷恩的女兒》者，對那時愛爾蘭宗教衝突下的暴戾社會一定印象深刻。博氏屬於新教徒家庭。他小學時，有一天走路上學途中與其他男孩幹了一架（應與宗教有關），導致一眼失明。

博氏父親是工程師，他也想克紹箕裘，十八歲時到都柏林的三一學院學工程。沒想到一年之後，導師致書柏氏父親：「令郎資質不佳，如果將來未能畢業，請勿怪罪本人。」學父不成，於是改學叔。他叔父是教會醫師，於是博氏改行學醫。

啟示一：小時不了了，大未必不佳。

感想：台灣的中產階段，在「精英」、「金字塔」情結下，學童如果未能列名班上前三分之一，父母小孩都很失意，於是注定了台灣至少一半的家庭都不快樂，間接助長「少子化」。一個人三十五歲以後，二十歲前的「分數」已毫無意義。也請媒體勿再鼓吹「一個諸葛亮勝過三個臭皮匠」，誤導精英主義的意涵。

要感謝這位教授的識人不明，否則一位醫學奇葩也許就此埋沒在其他行業了。因此，寫這封信說不定成了這位教授一生中對人類最大的貢獻。不過，他的直言不諱應該是發自內心對學生的關懷與誠實表現，不能說他不是好老師。也許博氏真的不適合學工。

啟示二：對你最不客氣的人，往往就是讓你受益最多的人。

感想：人生的是非恩怨，福禍因果，常常不是我們當下所感覺的那麼單純、直接。所以人應該心胸寬大，避免鑽牛角尖，報老鼠冤。

畢業後，博氏決心成為外科醫師，於是一九三八年到愛丁堡外科學院受訓。一畢業，他馬上希望能遠赴海外屬地教會醫院去發揮所學，不料出師不利，一再被婉拒，應與他的獨眼有關。他不氣餒，翌年又廣發申請函，結果得到的答覆是「尊駕已三十歲，年紀過大」。他滿腔宗教熱忱，卻一再被上帝轄下的教會所棄。終於，機會來了，這回拉他一把的卻可說是魔鬼。希特勒開戰，許多醫師上了戰場，他才得以補上缺。一九四三到四五年之間，他在肯亞、索馬利亞、烏干達擔任軍醫，官至少校。

啟示三：一個人再衰，也有時來運轉之際。

感想：很希望將這句話獻給遇挫折就有自殺傾向的青壯人士。

一九四五年大戰結束，他一秉宗教精神，續留非洲，地點是烏干達首都坎帕拉，維多利亞湖畔的 Mulago 醫院，也是 Makarere 醫學院的教學醫院。到一九六六年才正式回到英國，共奉獻給非洲人二十三年。

啟示四：真正實踐「世界大同」的是宗教家，不是政治家。

感想：西方教會的醫療人員，像赴非的史懷哲、博氏，來台灣奉獻的馬偕、藍大衛等，都是遠赴異鄉，自地方語言學起，長期或終生奉獻，他們是人類史上最偉大的一群人。如果台灣的宗教醫院或醫師也能赴東南亞、大洋洲、中美洲、中亞長期行醫，一定更能贏得世人的衷心尊敬。

一九五七年，博積德看到一位五歲男孩，下顎有大腫瘤，幾天後又遇一女孩，病情幾乎一模一樣。此病擴展極快，數周後病人即不治。博氏做了切片，發現是一種病理表現極特異的淋巴瘤。他深信這是一種新病症，於是決心來個非洲大考察。他帶著兩位助手，展開一萬六千公里的非洲大陸醫學 Safari（大狩獵），行遍東、南非洲六十家大醫院。博氏雖非才高八斗、學富五車，但「慧眼獨具」，具有無比銳利的觀察力、劍及屨及的行動力以及化繁為簡的邏輯推理能力，然後大膽假設，終又能證明他的假設都很接近事實。

日後證明，這次長征對這個病的了解大有裨益。他除了證實這幾乎是非洲特有的幼童淋巴瘤外，並發現此病有特殊區域的分布，病童大都住在山區，他因此認為此病的發生可能與某種流行病的病媒（例如昆蟲）所帶的微生物有關；後來，這種淋巴瘤就稱為 Burkitt 氏淋巴瘤，在癌症中雖然少見，但全球各地包括台灣都有，只是臨床表現不一。

一九五八年第一篇論文發表，但因為是英國千里外蠻荒非洲的病，大家興趣缺缺，反應冷淡。一九六一年，有一次他回倫敦演講，再度推銷他的病媒微生物論，聽眾中一位病毒學者艾普斯坦（Michael Epstein）大感興趣，他請求博氏寄新鮮腫瘤標本給他做研究，這成了醫學史上重要的一刻。E B 病毒就這樣發現了。

啟示五：先知是寂寞的，但不會永久寂寞，因為真理遲早會顯現。

感想：科學的先知，可以靠實驗來證明；政治的先知，只能靠時間來檢驗。就科學先知而言，「行動」是最好的政策；對政治先知而言，只能「等待」。所以才智之士適合做科學；堅毅之士適合從事政治；既才智又堅毅則可以是第一流科學家或政治家。

一九九五年，台大醫院百年慶典，艾普斯坦應邀來台發表演講，我也躬逢其盛。艾氏回憶三十四年前：「……博積德醫師遠自非洲寄來的標本，運送數周才到我手上。打開一看，盛放標本的瓶內培養液已長滿微生物。所以我發現這個病毒，幾乎是探囊取物，而後主要的工作只是病毒特性之研究及鑑定……」

此病毒也是以發現者來命名。E就是艾普斯坦，B則是他的女助手 Yvonne Barr，後來遠嫁澳洲。EB病毒與癌症或免疫疾病均有關，相當重要。

1995年台大醫院百年校慶，EB病毒發現者艾普斯坦是貴賓。（右起：陳振陽、作者、李鎮源、艾普斯坦、美國骨髓庫主持人John Hanson、澳洲骨髓移植專家Kerry Atkinson）

博氏對醫學的貢獻並非到此為止。博氏另外一項觀察，對人類健康也有貢獻，那就是我們現在奉為圭臬的「高纖飲食」概念。說來好玩，這個重要發現純是他自非洲人的大便這樣的小事觀察出來的大道理。

啟示六：科學新發現三部曲：一、敏銳觀察；二、大膽假設；三、小心求證。

感想：敏銳觀察就是「能自平常見其不平常」、大膽假設就是「邏輯推理的功力加上靈光一閃的創意」、小心求證則有賴於「建立新實驗技術平台」。台灣目前最缺創意人才，所以在中學、大學教育應加強訓練「觀察力」、「邏輯分析」及「創意思考」。

博積德發現，非洲人的糞便量比西方人要多得多，而且糞質軟，排泄快而順暢；不像西方人量少、常便祕，解大便要蹲半天如生小孩。他注意到非洲人食物富含植物纖維，西方人則以動物脂肪肉類為主。非洲人很少有大腸癌、糖尿病。為證明是飲食習慣不同所致，他做了一個簡單而聰明的實驗。他利用無法消化的材質讓受試者吞下去，結果非洲人大約一天就排出，西方人則需要二至三天才排出。於是，導出一個重要的結論：高纖食物讓腸子蠕動快，高脂飲食使腸子蠕動慢。因此，他早在一九七一年就提出：「慣吃低纖飲食者，致癌物質會在腸道中多所停留，而引發腸癌。」而現已廣為接受。博氏以外科醫學起家，卻以敏銳觀察力而成為倡導「預防醫學」的先鋒人物。

以下是「博積德語錄」，雖久彌新，音容宛在。

「與其在懸崖下放救護車，不如在懸崖上圍籬笆。」

「即使早期診斷或最佳治療也很難消滅疾病，但預防則能讓疾病消失。」

「西方醫師像是個很差勁的水管工人。當水管漏水時，他們試圖以昂貴的機器與技術要抽乾漏出來的水；應該有人教他們把水龍頭關上，然後在水管補漏。」

「要害一個人，就送他一個炒鍋。料理食物不該用油，我們的身體比較適應石器時代老祖宗吃菜葉草根的食譜。」

「美國是一個便祕的國家……如果排便量小，醫院就必須要大。」

「我在非洲行醫二十年，只開過一顆膽結石。」

「西方飲食體積少而熱量高，因此通過我們腸子的食物量太少而又太慢，不足以維持腸子的健康。」

一九九三年三月二十三日，博積德去世、留下典範。因博氏而發現的EB病毒後來又如何與台灣人扯上特殊關係，請見本書有關鼻咽癌的文章。

——本文發表於二〇〇六年四月《財訊》雜誌

臨終的醫學與哲學

我的一位人權工作者老友，他的九十三歲高齡老父在醫師發出十一次病危通知後，「終於」過世了，原因是慢性呼吸衰竭。

在我作為醫者的眼光看來，慢性呼吸衰竭是一種最痛苦的折磨。想一想長期半窒息，然後愈來愈嚴重的樣子就可以體會。

在初期，只要用鼻管給予氧氣就會舒服一些。惡化時，就得用氧氣罩；再進一步惡化，必須使用呼吸輔助器，施用壓力把氧氣灌入患者的呼吸道。如果患者的氣道阻塞，或痰太多，就需要自病人口腔內放入氣管內管，就是所謂「插管」，一方面輸入氧氣；一方面要常常抽痰。最壞的狀況是患者的肺部已經纖維化，或肌肉無力無法自己有效呼吸，那除了插管外，還要加上人工呼吸器。換句話說，不是患者在呼吸，而是機器在規律運轉，把空氣強壓入病人肺部。這時如果拔除人工呼吸器，病人大約幾分鐘或幾個小時內會宣告不治。

換句話說，病人完全靠人工呼吸器來維持生命。如果病人有幸在兩周內恢復自行呼吸，就可把呼吸器移開，再慢慢把氣管內管拔掉，這就是「拔管」。相反的，如果病人依然無法自行呼吸而必須繼續倚賴人工呼吸器，則必須「氣切」，將病人頸部切開一個小口，將氣管內管自病人口中取出，接到這個造口上。

我為什麼要囉囉唆唆寫這麼一大堆，是因為通常病人需要「插管」時，常為緊急狀態或接近緊急狀態，醫師既無法為病人詳細解釋，家屬通常也缺乏概念，雖有醫院的簡短書面說明及選項，也沒有太長的時間去了解。吾友在醫院發出病危通知，必須決定是否讓父親接受插管時，曾打電話向我徵詢意見。後來他就告訴我，你們醫生簡短而輕描淡寫的文字說明，根本無法讓醫學外行的病人或家屬理解到實際影像狀況。他看到老父插管後，接受抽痰以及喘氣時的全身震動，覺得非常悲痛不忍，而且病人插管後根本不能言語，不能進食，不能上下床，讓他覺得父親雖然因為插管而多活了幾天，但那純粹只是痛苦折磨，毫無生命意義可言；甚至等於用醫療資源來延長痛苦，既浪費又不人道。他後來與我談及此事，激動不已。

老友所說的事，其實已是老生常談了，所謂「要走得有尊嚴」，但問題是要如何執行。我也提到一些近年來因人工呼吸器的使用所產生的醫療經濟學問題，於是他要我把這些都寫出來，讓社會大眾好好討論與省思。因此，這篇文章可能會很無趣，但有其嚴肅的一面。

在幾十年前，醫學沒有這麼發達，也沒有醫療保險制度，而民間觀念也認為非萬不得已，一定要回到家中在親友環繞下，嚥下最後一口氣的時代，死亡的儀式反而是比較單純、莊嚴，而且合乎醫療經濟學原理。

大約自三、四十年前，臨終急救的藥物及儀器大為進步，以及「生命無價」被奉為圭臬，成為倫理觀念並幾乎落實為法律層面時，就開始出現一些見怪不怪的現象：

首先是，如果家屬提出要求自動出院，返家嚥氣時，醫護人員往往會投以「奇怪」的眼光，意思是何以觀念如此保守，何以無盡力救助自己的親人到最後一分鐘的「愛心」；其次，「救到最後一分鐘」已逐漸變成背後其實有千奇百怪的真正理由。例如，為了等待在國外的家屬能見最後一面，或為了遺產的處理，或為了相士之言，有不少家屬要求醫護人員使用人工呼吸器讓呼吸動作一直延續下去，而不停地施打強心針，讓實際上已經三魂出竅的患者心跳硬是撐到不能再撐為止。最近健保局副理巫敏生在報上投書說，竟然有病人在臨終前光是強心針就打了一千多支。這不叫「急救」，叫「硬拖」、「凌遲」、「浪費」。

特別在台灣健保制度背離「使用者付費」的大原則下，家屬在反正不用付一毛錢的心態下，臨終醫療的花費有相當大的比例被用於不具治療效果，只能延長生命跡象而不是生命能力的醫療行為。醫療資源是公共財，臨終搶救不具實質醫療意義，卻大量耗用醫療資源，非常需要省思。有時是家屬逼迫醫師為之（否則有醫療糾紛陰影）；有時則是醫護本身的慣性作法（例如病人明明已經近乎絕望，醫生仍然投與最好的藥物，日耗萬元）。

同樣是器官衰竭，在目前醫學上的表現差別卻很大。例如腎臟衰竭，現在靠「洗腎」不但可以活好幾年，而且患者還可以趴趴走，工作、旅行……心臟衰竭的病人比較有活動限制，但至少可以在家裡走動。肺臟失去機能也就是呼吸衰竭的人，一旦到了要以「插管」等手段來行呼吸照護的時候，雖然意識清楚，差不多只能在床上奄奄一息，不能下床，不能講話，甚至不能進食。如果是中樞神經受損影響到呼吸功能，而仰賴呼吸照護甚至呼吸器，則可說是連神智都不清而幾乎接近植物人。所以呼吸衰竭與中樞神經受損病人，其生命雖然可以維持，但生命品質是幾近於零。

依照健保局統計，單單在二〇〇五年，台灣的人工呼吸器依賴病患有三萬一千一百零三人，總住院費用二百七十三億元，是住院花費的第一名。換句話說，全國健保費用的七%左右，是花在人工呼吸器的使用上。這三萬多名呼吸器使用者，平均每人住院天數一百三十天，一年有四個月住在醫院，平均每次住院費用八十八萬元。自二〇〇一至二〇〇五年，使用呼吸器人數由一萬八千八百五十五人增加至三萬一千一百零三人，花費自一百四十六億元增加到二百七十三億元，平均每年增加四二．八五%，是所有疾病中人數與花費成長率（四二．八五%）第一名。相較之下，腎臟衰竭（洗腎）之全年健保花費二百零三億元，但病人相對得到的生活品質之改善程度則遠遠超過。

更令人啼笑皆非的是，為了瓜分這塊高成長的健保「大餅」，各醫療中心紛紛加強成立「呼吸照護中心」，各醫療教育機構也紛紛成立專門的「呼吸照護相關學系」。每年約招收二百人，畢業後可以報考「呼吸治療師」執照。

高雄醫科大學有一篇研究「長期使用呼吸器」病人的分析。大致上，病人一旦使用呼吸器超過一個月，有四〇%的人就得長期使用下去，所以「成長率」高，正是累積而來。而這些長期累積者，其生命意義實在值得我們深思。健保最高紀錄是有位植物人已使用九年多，花費二千二百萬元，且在繼續創紀錄中。

所以，在人口老化時代，醫療科技及藥品進步導致的生命之無意義延長，及醫療資源之無意義浪費，讓「生命無價」的觀念須重新被檢視；讓「生命尊嚴」與「醫療行為」的關聯也要再被衡量；「安樂死」的意義更需被審思。

目前台灣的DNR（臨終不急救）是消極避免臨終前的過度醫療，而「安樂死」則是主動或積極停止臨終前醫療。積極性「安樂死」有自殺協助之意，而「人不可以企圖扮演上帝的角色，來創造生命或毀滅生命」。在胚胎幹細胞之爭，是「一個受精卵是否等於一個生命」；在安樂死之爭，則是「所謂人權，是否包含生命自主權」的問題。

「安樂死」的前提，必須是「尊重生命」。唯有尊重生命，才能有生命的尊嚴，讓人體會到「自殺協助」是「協助生命的有尊嚴或人道結束」，才能讓世人接受「安樂死」。現在在歐美，寵物幾乎等於是家中的一員，這類人與寵物的情感，在台灣也慢慢出現，特別在少子化的時代。而「協助寵物死亡」已被普遍接受，並不被視為「不合狗道」、「不符貓道」。我認為，隨著臨終醫療的過度實施，人類個人意志的展現，高齡化及少子化的影響，當未來老人乏人照顧，或國家、家庭無法承擔醫療費用時，「生命無價」不會再是普世價值，「安樂死」會慢慢被有條件地接受。

二〇〇二年四月一日起，荷蘭成為世界上第一個接受安樂死合法的國家。這項法律承認安樂死可以成為一種幫助患者解脫痛苦的手段，法律同時也為實施安樂死規定了幾個條件：病人的病情必須是不可治癒的、病人必須在意識清醒的情況下完全自願地接受安樂死、病人所遭受的痛苦被認為是難以忍受的。醫生須以醫學上合適的方法，為病人結束生命。十二至十六歲病人必須先獲得家長同意。

據悉，在此法通過前，安樂死在荷蘭其實已一直在實行之中，每年大約有千餘起安樂死，荷蘭社會已默認患者用這種方式來結束自己的生命。據荷蘭安樂死志願者協會統計，僅一九九九年就有四千多名患者被施以安樂死或輔助性自殺。荷蘭的醫生每年批准約三分之一的安樂死要求，約占總死亡人數的一・八％。

從醫療手段來區分，安樂死尚可進一步分為主動（即積極安樂死）及被動（即消極安樂死）兩種。主動安樂死是指醫務人員或其他人員負責採取某些措施以縮短病人的性命，而被動安樂死是指中止維持病人生命的醫治措施，任病人自行死亡的行為。台灣社會也許尚無法接受積極安樂死，那麼是否可以認真考慮一下消極安樂死的立法呢？

二〇〇五年，《外交季刊》為三十五年後的未來世界做預測時，最先被提出來的就是對「生命神聖」的質疑。普林斯頓大學的彼得・辛格說：「傳統認為人類生命是神聖的，但未來這個觀念將在科技發展及人口老化壓力下分崩離析。到了二〇四〇年，會認為人類生命從受孕到死亡都有其神聖性的，大概只剩下一些活在象牙塔的基本教義派人士。」安樂死的逐漸為世人接受，大概只是時間問題而已吧！

——本文發表於二〇〇七年八月《財訊》雜誌

後記

我在二〇〇七年寫這篇文章時，台灣社會的氣氛大概可以用同意「拔管」之消極安樂死，而對「協助自殺」式的積極安樂死，能接受的甚少。但在七年後的今天，好像大家的生死觀大大不同了。

「自殺協助尊嚴死」公投的成熟民主

十一月四日美國總統選舉日，各州也同時「公投綁大選」，就各種形形色色的議題由州選民投票來決定。

這些「州級」的議題，有些受到跨州的廣泛矚目。其中一個是華盛頓州的「創制公投第一千號——尊嚴死法案」（Initiative 1000 Death with Dignity Act，簡稱為 I-1000），正是通俗說法的「安樂死」，但「安樂死」的名稱不甚正確，我以為「自殺協助」是手段，「尊嚴死」是目的，因此在以下之文章，我均使用「自殺協助尊嚴死」代替過去泛稱之「安樂死」，以求意思之精準。或可簡稱為「自尊死」，算是我創造的新名詞。

這個法案在華盛頓州為捲土重來。它的前身是一九九一年的 I-119，當年以四六%比五四%未獲通過。反倒是在九四年，鄰州的奧勒岡通過了，成為美國第一個也是迄今唯一合法承認安樂死的州。這個華盛頓州的第一千號創制公投，許多募款來自奧勒岡州的跨州拔刀相助。全美國人的焦點是：如果這次華盛頓州通過了「自殺協助」合法化法案，下一個骨牌應是加州。所以，是一個對未來思潮具重要性的公投。

更有趣的是，十一月四日的投票結果，總統選票開出一百七十三萬九千六百六十七票，

I-1000 公投票開出二百四十九萬七千五百四十三票，公投票比總統選票多出四成多，可見華盛頓州居民關心自己生死遠超過總統人選，這才是進步的公民，成熟的民主！

I-1000 法案的內容是未來該州州民若罹患不可治癒之疾病末期，但仍具行為能力者，可自行或要求醫師開具致死藥物，尋求尊嚴死亡，因此正名應為「自殺協助」。其規則甚為複雜周詳，為了真正了解其內涵，我在此把法案要件詳述如下：

- 病人須為成年（十八歲以上）。
- 病人須具行為能力，並有兩位醫師出具證明（或經精神評估者）。
- 病人應由二位醫師診斷確為末期病人，未來生命未達六個月者。
- 病人須自動請求，無任何強迫外力，並經兩位醫師出具證明。
- 病人須經告知其他選擇，包括緩和治療及安寧照護。
- 病人須經兩次口頭請求及一份書面請求。自第一次口頭請求至書面表達意願之間，須有十五天之等待期。
- 自書面請求至開具處方之間，須有四十八小時之等待期。
- 書面請求須有兩位獨立見證人士之簽名，其中至少有一人與病人無親戚關係，亦非該醫療照護機構之員工。
- 鼓勵病人與家屬討論（但因隱私權之規定，故並非絕對需要）。

•病人可隨時改變心意中止請求。

這樣的法條，猜猜看，在觀念尚稱自由開放，歐巴馬幾乎絕對勝選的華盛頓州，有哪些人會贊成？哪些人會反對？

宗教團體會公開反對，這是想當然耳，包括天主教及基督教組織。（我很好奇佛教及伊斯蘭教教義者會持什麼觀點與立場？）華盛頓州有一個「反對自殺協助大聯盟」，包括各教會團體、安寧照護工作者、醫護人士及其他立場相似者，他們列舉了四大反對理由：

一、I-1000 未能真正保護憂鬱症或精神疾患者。因為病人一旦被告知罹患絕症時，難免產生憂鬱傾向，這種情緒低潮應屬暫時性，但條文規定的等待期只有十五天，不一定夠用，因此一些自殺式的「呼喊救助」得到的反而是一瓶致死藥物，而非鼓勵與治療。

二、I-1000 傷害夫妻與家族感情。在 I-1000 之規定下，為保護個人隱私，配偶或家族可以不必被告知病人事實上死於藥物過量，因此，家屬可能永遠不知道真相。

三、I-1000 危及健康照護系統，特別是貧困人士。此法案對殘廢無生活能力者造成歧視，他們認為殘障者將憂心自己會成為家人的負擔。這些殘障者需要協助及解決痛苦，而非鼓勵自殺。

四、I-1000 未明文規定病人臨終時須有見證人。在這樣的情形下，未能保證其繼承人或其他人士在病人未同意下施以毒手，而以 I-1000 為掩護手段。

還有一個您可能意想不到的反對團體：華盛頓州醫師公會。公會主席 Brian Wicks 說：「我們認為，這種醫師自殺協助條款在基本上違反了醫師一貫的治病角色。病人一向信任醫生，把命運交給醫生，但這條議題無可置疑會破壞病人對醫生的信任感」。全美醫師公會及四十九個州的州醫師公會也都聲明反對「自殺協助條款」。「I-1000 賦予醫師們不想要的權力，這種權力有違我們的行醫方針，我們應該堅持照護末期病人，而不應該轉而幫他們自我了斷。」然而Wicks的說法，反而顯示他或醫師公會之所以反對，其實是反對醫師在此條例下的「新角色」，而不是站在病人的立場考慮後去反對。

但 Wicks 也舉出一些專業的特殊憂慮：「若 I-1000 通過，那麼假設有一位肺癌病人引用該條款，由醫師開具致命過量藥物（一般是嗎啡等麻醉品），則開具死亡診斷書時，即使明知病人是藥物過量死亡，也必須開具死因為肺癌。這樣的死亡診斷書等於是法律強迫偽造文書。」

我認為如果以醫生專業觀點來看，另一位名為 West 的醫師說得更好。「這個條例如果濫用，會將一些心理較脆弱的病人，例如憂鬱及貧窮者，置於險地，這樣的弱勢人士如果不幸罹患末期疾病，他們雖然精神並非異常，但因前途無望，又罹患病痛，只要經過幾次談話及十五天的等待期後，他們可能就容易傾向選擇請醫師開處方藥一了百了。」

「當我還是醫學生的時候（那時的生活多麼單純），我記得在醫事倫理學的課上，在這種『尊嚴死』的議題上，我也是選擇贊成的，因為不少癌末病人確實痛苦難捱，或幾乎無法行動。然而，十五、二十年後的今天，我們有安寧病房，有緩和醫療，對癌痛的治療已經大大改善，頂多只有一至二%的病人，其癌痛確實難以解決，因此我不認為這種以自殺協助來加速死亡在今日依然有其必要。」

West醫師的結論則非常模稜兩可。

「我贊同這個觀念，我同意病人有權死得尊嚴一些，但我不確定我們是否真正需要這樣的法律。即使在奧勒岡，過去幾年來，使用這條法律規定的權利的病人也不多，每年十來個而已。」（我找到了精確的統計數字，奧勒岡的安樂死法案在九八年上路，二〇〇七年止，十年內共有三四一人引用此條例而死亡。）

醫生們的態度其實沒有醫師公會那麼一致反對，而是較為分歧，也有不少表示贊成的。有名的西雅圖Fred Hutchinson Cancer Center骨髓移植醫師Paul O'Donnell就力表支持，「我的第一個太太死於癌症，我知道癌痛之可怕，然而更重要的是，我知道病人希望能擁有這個生命選擇權。」

「允許醫師對病人給予處方以加速死亡，應該被視為緩和醫療的一部分，我不會主動施予任何病人，但是這是病人應可擁有的選項。」

此法案提出者，前華盛頓州州長Booth Gardner及州議員Darlene Fairley則強調，「個人對自己生命應有控制及自主權，讓病人自己決定要接受什麼形式的醫療以及忍受疾病的痛苦多久。」支持者認為本法案是免於痛苦死亡的「保險政策」。

最有趣的是「華盛頓州精神科醫師公會」聲明中立，但卻又表示：「病人之所以選擇死亡協助，若出於病人的自主意願，及希望避免在瀕死時之尊嚴喪失，而非出於精神狀態不佳或缺少財富或缺少社會支持，則此法律確實具有改善緩和醫療的正面效應。」說穿了，精神科醫師公會是支持的，只是不願去觸怒其他絕對多數的醫師公會群。

《Newcastle News》支持此法案寫道：有些反對者稱此「生命死亡選擇權」為「自殺協助」，但此不等於自殺，這是生命應該終結時的「人道終結方式」。

投票結果：贊成五八·一七%，反對四一·八三%，投票率七一·〇三%，通過。如果和總統選舉的票數去比較：歐巴馬五八·四六%，麥肯四〇·八九%。兩者幾乎都是五八：四一，非常有趣。

我很好奇台灣社會對這「尊嚴死」新潮思維的反應，下一期本欄再來談談台灣人的「臨終哲學」以及我國這方面的法律。不過，我更感興趣的是，這種攸關生老病死或婚姻家庭的題材，才是公投的最佳議題。瑞士（可能還有不少歐洲國家）的「幹細胞政策」也是全民公投決定的。要到什麼時候，台灣人民才可以把各種生活倫理、道德議題搬上公投舞台，可以行使這樣的創制權。

美國因為聯邦憲政體制，只有州公投而無全民公投，所以布希可以依總統的權力去否決國會的幹細胞決議。台灣幅員小，計票迅速，且民智甚開，很適合施行全民創制公投，替代無能國會來直接立法以彰顯民意，適度制衡目前體制中總統「太超過」的大權。

然而，以台灣目前的「鳥籠公投」，在短期內國人是期盼不到的，這暴露了台灣民主制度的不夠完整。同樣的，陳雲林來台引起的亂局，朝野雙方皆應有制度面的檢討及人性面的反省。美國在台協會的楊甦棣旁觀者清，以一句「台灣是 premature democracy」評此事件，實一針見血。而成熟的民主，除了完整的制度，更需要冷靜的公民。願台灣民主快快成熟。

——本文發表於二〇〇七年十二月《財訊》雜誌

拔管的授權·垂死的尊嚴

傳統上，人罹患重病之後，要何時死，如何死（死的方式，不是原因）幾乎都不是本人決定的。多數情況下，醫生本著生命神聖的原則與醫療法的規定搶救病人到最後一刻。少數情況下，家屬替病人做了插管或不插管，急救或不急救的決定。特別在台灣，醫生大部分重視家屬的意見更甚於患者本人，因為若有爭執，對象是家屬，而不會是已過世的病人。然而，以醫學倫理來說，這是很不適切的。總而言之，在台灣，「死亡權」很少是在病人自己手上。

在〈「自殺協助尊嚴死」公投的成熟民主〉中，介紹了美國華盛頓州的「自殺協助公投」。在這樣的法律下，病人本身擁有死亡權或尊嚴死。最近，媒體也陸續出現來自世界不同國家之人士爭取「死亡權」的報導，可見「生是人權，死也是人權」的想法已漸漸成為一種新潮流，一種新自由主義的思維。

「自殺協助」也好，「積極安樂死」也好，總之，「尊嚴死亡」的概念，或「自尊死」條款的作法，這個想法與作法，是由荷蘭人提出來的。不要小看荷蘭，本土面積比台灣少一些，人口也比台灣少一些，就哲學與現代思維，她可是一個大國。荷蘭人的祖先都是一些追求思想與信仰自由的新教徒，所以他們的思考特色是尊重個人意願，維護個人自由與利益。尊重每個國民的自由與自主權，目前已成為荷蘭人的最高準則。只要是在法律規定範圍內充分「自律」，個人就能享受無限的「自由」。而隨著時代的變遷，法律也應相對改變，而荷蘭就是法律能隨著社會改變而及時改變的國家。荷蘭法律的原則很明確：「只要不給他人帶來損失，什麼都允許！」

簡而言之，在荷蘭的法律，對他人帶來直接損失的肉體傷害、財產損失，自然是法律嚴格禁止的；會造成他人精神傷害的行為，法律也不能允許。但是，如果在道德上、倫理上有可能為他人帶來不愉快的行為呢？

荷蘭人在這方面有其獨特的前進看法。通常，道德和倫理的行為標準是由宗教或傳統來規範或釐定的。比方說，在歐洲其他國家，所謂道德倫理標準，常是依基督教精神與傳統所列出來的界線。而荷蘭人則認為，只要不對他人造成直接損失，就可以不管什麼基督教精神或傳統。例如：以宗教精神而論，生命的出生或滅亡，只有上帝才能決定，墮胎的行為是違抗上帝的大罪。但荷蘭人則認為，要不要孩子是懷孕婦女的問題，而不是上帝的權責，所以不該以法律去限制。

同理，個人的生死問題若涉及宗教道德或倫理時，還是應該由個人做決定。生固如此，死亦相同。所以是否讓自己的生命終止，這也應尊重個人的意願。幫助不可能康復的患者舒舒服服離開人世，這是合理的。反對者會引傳統思維說：「生命是可貴的，任何人都沒有權力以任何理由剝奪生命，否則是謀殺」。荷蘭人不信服這一套，他們質疑：「以尊重生命為藉口，讓不堪病痛折磨，懇切地希望離開人世的病人苟活下去，難道是人道嗎？」因此，荷蘭人認為「一個人有結束痛苦生命的選擇權」，這是「自殺協助尊嚴死」的真諦（以下均以「自殺協助尊嚴死」代替過去泛稱之「安樂死」，以求意思之精準）。

目前已立法施行「自殺協助尊嚴死」的國家除了荷蘭外，有比利時、盧森堡、瑞士、西班牙自治區的安達盧西亞、美國的奧勒岡州以及華盛頓州。

這幾年大家很熟悉的日本漫畫大師弘兼憲史，以「島耕作系列」出名，另有個很受歡迎的系列「黃昏流星群」。很有趣的，他在第十二冊「垂死之星」討論到了日本在未來安樂死（自殺協助）的必要性或可行性。可惜的是他提的主要是老年人的厭世自殺，而不是疾病末期者的「尊嚴死」，所以不能算是正統的安樂死討論。另外，島耕作書中的老年人之所以厭世，常常是與「經濟壓力」有關，結果，死，不是「權利」，倒反而像是「義務」了，這更是大違尊嚴死的初衷。不過他的寫法倒可以反應一般人對安樂死的誤解，所以也值得在此說明。

西歐人士的思維，特別是荷蘭人，認為國家是由國民組成的，國家是為國民服務的，只要有良好的制度，讓人民安居樂業，國民身心健全，國家也就會健全，所以是「人本」。在人本的大前提下，「自殺協助」乃是以尊重個人意願為最高原則之思維。

東方人受到儒家的影響，則強調每個國民是國家或社會的一部分，國家社會才是主體，所謂「社稷」的觀念，無法同意個人主義而常傾向國家主義。許多在西歐或荷蘭不太具有爭議的想法，在台灣都很保守，甚至比新加坡和中國大陸還保守。台灣迄今為止，死刑無法廢止；彩券大賣，賭盤盛行而博弈無法除罪化；個人的性觀念開放，墮胎數目驚人，而通姦無法除罪化，性產業無法合法化。這些都與儒家思維有關。美國，特別是中西部白人，在這方面較像亞洲而不像西歐，因為清教徒清淡節欲及宗教與國家至上的觀念，其實近似儒家對被統治階層的要求。

「自殺協助」是否能被台灣社會接受？首先醫師組織大概比美國更保守，「穿白袍就是要救人，怎麼可以去協助自殺！」不可諱言的，台灣醫師與民眾守法的觀念，普遍不如美國；再說，台灣醫師的醫療糾紛頻繁，而醫師的社會地位，比起二次大戰後，已經是大大不如，若再加上「自殺協助」的權力，又遇上台灣非常複雜的家族財富分配問題，一旦有醫師捲入這樣的糾紛，這樣的法律有可能受到挑戰。其次，民間的思維也不可能太前衛，「怎麼可以自殺？怎麼可以不珍惜上天賜予的生命」，所以就現階段而言，安樂死或自殺協助，在台灣都很遙遠。

其實，即使在開放的西方，也有下列質疑：

- 要尊嚴死，就自己自殺好了，為什麼要把醫師拖下水？（評：在安樂死法律下自殺協助之死亡診斷書上仍寫著原來疾病，診斷書上看不出自殺，家屬也不一定知道內情。這是法律的悲憫面。）
- 自殺協助，為什麼一定要借助穿白袍的（醫師），何不去找黑袍的（泛稱，例如倫理學家、宗教界或司法界人士），以讓白袍維持醫者形象？（評：所以有人倡導：「自殺協助」，是「仁心仁術」的一部分，也是醫療的一部分。或者，以我的看法，應相當於武士道中切腹時，「介錯」的角色。）

我認為，台灣也許不必急著推行積極安樂死或自殺協助，但「拔管」的限制則應該適度放寬，以讓病人「尊嚴死」。

這種看法其實不只台灣才有，二〇〇八年十一月三十日，南韓地方法院核准首例「尊嚴死」的消息成了國際新聞，可見這個議題至少在亞太地區普遍具有討論價值（因此案例非本人提出，故我避免用「自尊死」之詞）。

一位七十五歲女病人於二〇〇八年二月在首爾延世大學附屬醫院，在接受肺部腫瘤組織檢查的過程中腦部受損，陷入昏迷，宣布腦死。她的子女希望讓她平靜而有尊嚴地離開人世，於是請求醫院移除她的生命維持系統，但醫院拒絕這個請求。於是家屬向法院提出請願。

法官金全洙做了這個至少在南韓是歷史的判決。判決書說：「若維生系統導致身心痛苦、傷及尊嚴與人格，病患可以要求醫生移除。」他表示，即使金女士無法表達意願，但考慮到她「康復無望的狀態」，家屬的請求應該被接受。

要知道，在現行的南韓法律認定移除腦死病人的呼吸管為謀殺。

我想，這樣的傳統型認定，才是延世大學附屬醫院拒絕病人家屬的真正理由。如果沒有法院的判決與授權，而醫院方面貿然為家屬移開呼吸管（拔管），若有第三者控告醫院「謀殺」，則沒有人能保證這個罪名不成立。

這個事件如果發生在台灣，台灣的醫師會與南韓一樣，沒有醫師會去主動拔管，除非病人心跳停止。

這也使我想起大約十五年前，報紙上的一則新聞。當時，某內政部員工因公重傷，救治無效，僅靠人工呼吸器維持生命跡象。內政部長（現仍位居要職）到加護病房探視。報紙寫得文情並茂，大約是部長輕撫著病人的額頭，默禱之後，然後拔掉人工呼吸器與氣管內管（插管）的接頭，也就是所謂「拔管」。病人終於嚥下最後一口氣，家屬則對部長之照顧及體恤下屬稱謝不已。

很感人吧。不過我看了報導卻是驚訝大於感動，如果該部長有仇家去控訴部長殺人，以當時的法律論之，是有可能成立的，就好像南韓的法律認定一樣。

那時台灣尚無「安寧緩和醫療條例」。二〇〇〇年六月七日，安寧緩和醫療條例由總統公布實施，末期病人可以簽署「不實施心肺復甦術」的意願書。如果屬於末期病人意識昏迷或無法清楚表達意願時，可以由近親出具同意書代替之。

問題在於已插管，但醫療判斷上幾無可能脫離呼吸器，而又陷入深度昏迷或器官衰竭的病人，就像南韓的案例一樣。

台灣的醫院也是不會在病患未斷氣前幫他拔管的，即使家屬顯然一致同意，而病人也幾乎拔管以後應該會馬上停止呼吸，醫院也不會去做。也因此，耗費了不少醫療資源，常包括多類藥物而不只是呼吸照護而已（參見〈臨終的醫學與哲學〉）。

南韓的案例，目前只是法院的「判例」，尚未形成法律。台灣的法律則在這方面有些不夠明確。將來如何讓醫生有法律明白授權，在家屬同意下，讓病人能「尊嚴死」，以及節省一些很明顯的醫療浪費，有待法律專家及立法諸公的智慧。

——本文部分發表於二〇〇九年一月《財訊》雜誌

後記

1.台灣立法院已在二〇一二年十二月二十一日完成「安寧緩和醫療條例」的第三度修法。此新法賦予末期病人在臨終時可以選擇不接受心肺復甦術（DNR）；也可選擇萬一被插管急救無效，即未能恢復意識及自行呼吸能力時，可以因生前預立選擇不接受維生醫療，而可以順利拔管。病人未立志願書者，可由家屬經協商後，由一位最近親屬代表簽署DNR或不做維生醫療同意書，而要求醫師不插管或拔管。

2.截至二〇一四年八月止，全球已通過「自殺協助尊嚴死」立法的有荷蘭、比利時（小孩在內）、盧森堡。哥倫比亞通過法律，但找不到醫師願意執行。法國總統賀蘭德建議全國性辯論，國內氣氛偏向允許，但尚未真正通過立法。瑞士其實並非真正合法。美國有五州合法：華盛頓州、奧勒岡州、蒙大拿州、新墨西哥州及佛蒙特州。

是訂做「健康寶寶」，不是訂做「救人寶寶」

近代在生殖醫學方面的進展，由於避孕藥丸、避孕裝置，人類對生與不生控制自如；又如精子銀行、代理孕母、生男生女的選擇、複製動物等，人類對「生育產品」也已經逐漸在扮演「上帝造人」的角色。最近又多了一項：受精卵著床前基因診斷術（pre-implantation genetic diagnosis, PGD），就是所謂的「訂做寶寶」。

二〇〇五年十月，只有美國、英國可以做；兩年半後的今天，台灣也可以做了，而且是亞洲國家第一。媒體的大標題是：「亞洲首例，訂做救人妹妹治癒哥哥」。副標題是：三次人工生殖，篩選了十六個胚胎，才找到救人寶寶。三歲，移植臍帶血，擺脫終身輸血命運。而且副標題還寫著：「媽媽說，訂做的事，不想小兄妹知道。」

最近台灣出版了一本《姊姊的守護者》，作者是Jodi Picoult，翻譯成「茱迪・皮考特」，但正確念法是「匹庫」。她四十出頭，是哈佛教育碩士。她的小說專寫「醫學倫理」的相關議題，包括安樂死、青少年自殺、「優生絕育法」等，甚獲重視。

很巧的，這本《姊姊的守護者》（美國二〇〇四年出版，台灣譯本二〇〇六年出版），就是寫有關PGD的議題，媽媽為了拯救罹患血癌的女兒A，利用PGD（其實小說中的一九九〇年還沒有這項科技）生下了與女兒A有完美基因配型的女兒B。十三年來，B不斷地供應A血液、白血球、骨髓、幹細胞，甚至要移植她的腎臟。無法忍受再被當成藥糧的B決定反擊她的父母，控告父母奪走她的身體使用權。

然而，我很不同意這本書的內容。理由是，PGD本是一個對人類非常有貢獻的重要新科技，可惜匹庫所寫的《姊姊的守護者》卻引用了一個偏頗的例子，讓讀者對PGD這個新科技產生了某個程度的誤解；更不幸的是，台灣在完成亞洲首例PGD後，主治醫生未能真正體會到自己有準確向民眾說明這個新科技的用途的社會責任，竟也陷入與匹庫相同的迷思。

我為什麼如此說呢？因為PGD科技的產生，其原始意義並非為了替病人訂做出一個HLA相符合的「守護者」或所謂「救人寶寶」，可以在必要時隨時捐贈骨髓／臍帶血或其他器官。PGD是讓有家族遺傳性嚴重疾病的父母，可以不必冒著精神上的莫大煎熬，靠運氣去生小孩。如果我們身為攜帶疾病遺傳基因的父母，就能了解到，這解除了多少父母的焦慮，防止了多少殘疾幼兒的誕生，免掉了多少家庭必須無奈耗掉家中積蓄，而仍只有眼睜睜看著兒女的生命來不及開花就凋萎，替人類節省了多少醫療或其他社會資源。

讓我來詳細說明。先天性遺傳疾病是會讓兒女夭折無法長大成年或終身殘障的疾病，在二〇〇一年「人類基因體計畫」（Human Genome Project）完成後，幾乎都可以找到其在染色體上的位置及結構。過去父母如果不幸均帶有疾病基因，即體染色體有一個正常，一個不正常時，統計學上有四分之一的機會，生出來的兒女會罹患這些嚴重疾患，這些稱為「體染色體隱性遺傳」。

這個體染色體隱性（autosomal recessive）遺傳又可以分成兩大類。第一類缺陷細胞是由骨髓中的造血幹細胞分化而來，因此可以用造血幹細胞移植（骨髓移植或臍帶血移植）來治療，例如「重症地中海型貧血」或是有一陣子曾經轟動台灣社會的「羅倫佐病」；第二類是缺陷細胞與造血幹細胞無關，因此無法以造血幹細胞移植來治好，例如台灣常見的威爾遜症（Wilson's disease）及猶太人常見的囊纖維化症（Cystic Fibrosis），這些疾病目前都可以在產前做基因診斷，而PGD則更進一步可以在最早的胚胎時期做出基因診斷。

換句話說，可以用PGD來篩選胚胎，訂做「健康寶寶」。健康寶寶的積極意義，遠大於救人寶寶。有了這個技術以後，有家族遺傳重症的父母在懷孕時，不再有心靈上的折磨，如果我是決策者，這個技術可以列入健保給付！

所以台灣醫師在介紹PGD這個新科技時，應該強調「訂做」。小孩的父母為了生出正常沒有重症地中海貧血的兒女而「訂做」胚胎，我舉雙手贊成；利用新生兒臍帶血去拯救其罹重症的兄姊，我也舉雙手贊成，但應該說明「訂做」是主，「救人」是副，不應該在向社會大眾介紹這個科技時卻反客為主，強調「移植」，扭曲了這個科技的真正價值，甚至產生了倫理上的疑慮。

至於匹庫的小說，完全不採用真正罹患先天性遺傳疾病的家族當作書中主角，卻以後天性疾病的血癌病人為主角，最後又牽扯到腎臟移植去，未免誇大牽強。這樣的寫法，讓人對PGD的觀念產生太大的扭曲。雖然本書似乎佳評如潮，但幾乎都強調其感性的一面，都來自對PGD一知半解的非醫學界。說不定我是對本書最嚴苛的批判者，基本上，我也不認為現在的醫學團隊與

IRB（醫學倫理委員會）會批准這種只為訂做「守護者」而做的PGD。

最近十年，我最深刻的感受是這個時代除了「全球化」、「M型化」以外，還有一個特色是「跨領域化」。所謂「專家」，常常必須懂得兩個領域，學法律要懂科學，才能進入科技法領域；學醫學要懂物理化學，才能了解奈米醫學；學工程的要懂生物，才能掌握醫學工程。同樣的，要談醫學倫理，要懂哲學，更必須對生物科技有真正的了解。

最近在報刊上看到精神科醫師陳興正談醫學倫理的一篇文章，極具深意，就用來結尾吧：

「相對於醫學倫理滿天飛的台灣，西方醫界很少談這個。就算有的話，也必然是內涵嚴謹的知識活動，而不是自欺欺人的空洞精神訓話。發言主角一定是哲學家、法學家或社會學家，而不是醫生，更不是自以為德高望重的醫界大老。它是一種嚴謹微妙的思辨過程，而不是道德訓話；更不是老是講一些什麼『視病猶親』或『四大原則』（行善、自主、無害及正義）的教條八股。」

在這種科技進展超快速的時代，談醫學倫理，更應該是一個嚴謹微妙的透徹了解與思辨過程，不應該加入任何功利考量或引喻失義。

——本文發表於二〇〇八年七月《財訊》雜誌

CEO的健康也該透明化

二〇〇八年十月三日，有人上CNN的iReport網站上po了一條新聞，內容是：「（蘋果執行長（CEO））史蒂夫・賈伯斯在數小時前心臟病發作。我有一位內線人士告訴我史蒂夫因胸痛及呼吸急促而召醫，我的消息來源無法具名，但極為可靠……若有人有進一步消息，敬請分享」。結果蘋果的股價應聲大跌，後來證明消息不正確，但當天仍大跌一〇%。現在美國正在追查這個顯然是惡意造謠，干擾股市的元凶。這也是翌日台灣《蘋果日報》的頭條，蘋果對蘋果，特別惺惺相惜。

股票分析師常常掛在嘴邊的一個用詞是「公司透明度」。而公司透明度除了財務之外，顯然CEO的健康狀況也是一個很重要的指標，特別是那種天縱英明，公司深度倚賴的CEO或企業集團精神領袖。經營之神王永慶在紐約旅途猝逝，台塑集團的股價馬上反應。而跨國公司CEO的健康受到全球矚目的程度，更可能是他們本人所想像不到的。例如上述蘋果電腦的賈伯斯，在短短三十六天之中，有關他健康狀況的報導，就兩度成為全球媒體的熱點（另外一次是八月二十八日，彭博通訊社誤登他的訃聞）。證明在這個全球化時代，一個超級大公司CEO健康的國際重要性，絕對不亞於世界任何一個中級國家的元首。賈伯斯在被誤登訃聞時，曾經輕描淡寫引用馬克・吐溫之詞曰：「有關我死亡的報導被誇大得太超過了」。看來，不是被誇大，而是他本身太小看自己了。

賈伯斯曾經在二〇〇四年宣布他罹患胰臟癌，但已動了醫學上稱為 Whipple operation 的大手術，故腫瘤已完全切除。但他最近看起來一直不是很健康，令外界一直懷疑他癌症復發。二〇〇九年六月十日的《華爾街日》報甚至用「面黃肌瘦」（cachexia）來形容他。蘋果公司則表示：他有一些「尋常病菌」的感染，因此在服用抗生素中。六月十三日《*Fortune*》（《財星》雜誌）還專文刊載關於 Whipple operation 的文章。

《*Fortune*》的文章似乎是要給賈伯斯下台階的，因為該文表示，用 Whipple operation 的後遺症就可以來解釋賈伯斯目前「瘦到幾乎皮包骨」的理由，而不一定是癌症復發。一般而言，胰臟癌的預後是很差的，若不能完全開刀切除，一旦復發或轉移，對化學治療或放射治療的反應，大都不理想，所以平均大約只能拖個六個月至二年左右。

賈伯斯已經算是不錯了，他是二〇〇四年中開刀的，比較特殊的，他不是普通胰臟腺細胞癌，而是一種神經內分泌細胞癌。Whipple 手術是一個難度很高、幾近斷尾求生的手術，為了徹底切除腫瘤，要切除大部分胰臟，大部分的十二指腸，所有附近的腸系膜淋巴腺，甚至包含脾臟。由賈伯斯的病程，既然已經開刀四年，我判斷應該是成功完全切除的，而且復發的可能性也不高。因為是個大手術，拿掉太多器官，因此後遺症甚嚴重，會導致胰臟酶缺少，且食物太快進入小腸，因此病人可能長期腹瀉，小腸吸收養分能力差，病人一副營養不良的樣子。更因為正常胰臟所剩不多，病人易發展成糖尿病而體重減輕。

六月二十一日的蘋果卻回應說這是賈伯斯的「個人隱私」。然而從後續諸多有意或無意的傳聞，以及蘋果股價自六月中的一八〇美元到十月十日最低價八十多美元，明顯落後道瓊大盤與費城半導體的表現看來，媒體與大眾似乎不認同「個人隱私」這樣的輕描淡寫。

但也幾乎在同時，出現一個有趣的對比。九月中旬，Google 共同創辦人、現年才三十五歲的賽基・布林（Sergey Brin）在他的個人部落格中宣布：經DNA檢測後，他帶有「LRRK2」變異型基因，而帶有這個 LRRK2 的變異型基因者，未來容易產生帕金森氏症。布林說：「顯然我未來罹患帕金森氏症的風險較一般人高出許多」。而帕金森氏症是老年人最常見的神經學退化症之一，患者有顫抖、僵硬與動作緩慢的運動性功能障礙，最終會造成生活上的失能、無法行動。罹患帕金森氏症的名人包括毛澤東、前中央研究院副院長張光直及電影明星米高・福克斯等。

大略而言，約有一%左右的人口在年老時會罹患帕金森氏症。布林則引述一些相關醫學研究報告，認為體內有 LRRK2 變異基因（專家稱為 G2019S）者，未來發展成帕金森氏症的風險為二〇至八〇%。然而有些研究人員認為，這個數字也許高估了。他們認為相關研究的誤差幅度過大，是否值得做這樣的結論有待商榷。因為有些帶有 LRRK2 變異基因者經長期追蹤後，不見得罹病。

所以賈伯斯和布林這兩位全球聞名的CEO算是兩個極端。賈伯斯對現在進行式的健康狀況輕描淡寫，一直避免去談他是否癌症復發，是否正在接受化學治療；而布林則相反，對未來也許是三十年後的非必然發生現象先昭告天下，令人有杞人憂天，過猶不及之感。一個上市公司，在財報方面，都常有基本遊戲規則，但對公司CEO的健康狀況的處理則沒有一定的規定，而到底是要如何做才算恰當呢？

布林在他的部落格上說，能得知自己體內基因的組成是一件「幸運的事」。他說：「所有的人在遲暮之年，身體都難免會出一些狀況，只是我們都無法預先知道。我現在比大家更能猜到自己未來可能罹患的疾病，並且有數十年的時間未雨綢繆，預做準備」，而恰巧帕金森氏症正是現在許多幹細胞再生醫學研究的重要對象或指標。

老實說，讀了布林的這一番話，我以小人之心度君子之腹，覺得他在部落格上（而不是由公司發表）披露他帶有帕金森氏症基因的動機，似乎有打廣告之嫌。打什麼廣告？就是打一家叫作「23andMe」的公司之知名度與新產品技術。

這家叫作「23andMe」（23與我）的公司有二位共同創辦人，其中一位正是布林的老婆大人安妮・沃契琪（Anne Wojcicki）。23代表人體的二十三對染色體。這家公司正是能以最先進的技術來檢測我們體內各種疾病基因，而布林正是接受這家「23andMe」公司做最先進的DNA疾病檢測，結果顯示他體內有帕金森氏症指標LRRK2變異基因。布林這篇部落格文字，不費吹灰之力及一毛錢，頓時讓這家「23 andMe」名滿天下，任何廣告都比不上，真是高招。

台灣有不少知名企業的CEO或精神領袖，國人對其健康狀況也一直有類似華爾街對賈伯斯式的關心。這些企業的態度也好比蘋果公司與賈伯斯，常以類似「個人隱私」的說詞去搪塞。然而現代的跨國公司或是企業集團其實就已經像是一個無邊界王國，其投資人就像王國的子民一般，且遍布世界。

過去，一些威權統治的國家，人民對領導人的健康狀況往往一無所知，但在民主體制及選舉掛帥的國家，候選人的健康則是被嚴格檢驗的項目之一，而絕非「個人隱私」。像過去法國總統密特朗，將他「攝護腺癌」的病情一瞞近十年，而且還大言不慚地說：「我用我的頭腦，而不是攝護腺，來治理國家」的時代，已經一去不復返。當然，CEO和總統不一樣，CEO不是投資者一票一票選出來的，但公司若高度仰賴CEO，而猶堅持CEO的健康狀態完全是「個人隱私」，卻也說不過去。台灣也不乏這樣健康狀態莫測高深，而公司又密切繫於該創業CEO之安危者。

特別是經過這次金融風暴之後，投資人對公司財報及CEO健康所要求的透明度一定更大。去公布CEO的基因檢測結果當然仍無必要，但對CEO的病歷摘要至少不應該故意去隱瞞，才對得起投資人。也許在不久的將來，公司在公布「財報」之餘，也得公布CEO或精神領袖的「健報」（健康報告），股東會才算圓滿閉幕吧！

賈伯斯的病與死

賈伯斯真是個設計天才，連死亡也設計在事業的最顛峰，不知他是怎麼做到的。二〇〇八年十一月賈伯斯因健康問題休假。那時 iPad、iPhone 4 尚未誕生，他還沒譽滿天下。如果他那時死了，絕不可能擁有目前媒體給他的歷史定位，和牛頓、愛迪生、福特齊名。

賈伯斯的偉大，在於他生命中最有創造力的時期，幾乎等於他罹癌的晚年。而看他在舞台上及專業上的演出，一點都不像被癌痛所苦、並且換過肝的病人。世人對他的尊敬，不只源於其創新、經營才能，也來自其克服癌症折磨的偉大精神力量。

我以醫師觀點來看賈伯斯的病與死，更是有不少感觸。他是不世之才，但是終究在他非專業的領域上，仍會犯錯。他竟先選擇了非正統醫療方式來治療自己的重大疾病，因此也許少活了好幾年。

替代療法未必安全

為什麼一位尖端科技天才會選擇毫無科學根據的替代醫療，而虛擲了生命中最關鍵的九個月？這也是東方社會常見的迷思。以血統而言，賈伯斯正是半個敘利亞人。我們在台灣社會也常常可以看到民眾對西醫的誤解。

舉例來說，在我的門診，也常有病人看了藥袋上的藥品副作用說明後而不敢吃藥——雖然基本上他們還是相信西藥。但因為西藥上市前都必須經過臨床試驗，而依照現行法規，必須把觀察到的一些可預期及不可預期的副作用均一一載明。這樣做雖然是《醫療法》的明文規定，但以我的觀點來看，弔詭的是，那事實上保護的是藥商及醫院，表示「已善盡告知之責任」；病人並未因此明顯受益，因為病人並不會看了這些說明而增加服藥效果，而使副作用減少，也甚少因而導致副作用的處理有所改善。反而有些病人看了，杯弓蛇影不敢服藥而貽誤病情。

所謂替代療法，通常缺乏完整的臨床試驗與數據。再加上從事替代療法人士總避談該療法的有效性，而只強調安全性。所以非專業人士（占社會上的絕大多數）都會有「西醫療法是激烈而充滿副作用的，替代療法是安全及和緩」的迷思。

然而，替代療法真的安全嗎？台灣須洗腎、做腎臟移植或肺臟移植的病患，事實上有不少是因替代療法的副作用之誤。大部分的替代療法，不論是效果或副作用，都沒有好好被攤開檢驗。

賈伯斯自最初的拒絕開刀到後來的肝臟移植，這表示他的大徹大悟。

賈伯斯的肝臟移植，是別人死後捐贈的異體移植，而不是親屬捐出來的活體移植。那位田納西州車禍喪生的二十歲青年的死後善行，讓賈伯斯多活了二年半，也間接改寫了全人類的生活方式。他如果死後有知，了解自己捐出來的肝臟對世界的巨大貢獻，一定非常欣慰。

然而賈伯斯如果在台灣，大概等不到肝臟。原因是：台灣人身後器官捐贈的風氣差美國太遠了。一個田納西州的醫學中心，一年可以做二百一十個肝臟移植。所以賈伯斯可以等得到肝臟，而且他沒有插隊。

希望賈伯斯的例子，可以推動台灣人死後捐贈器官的風氣。也許有一天，我的肝臟或心臟藉著受贈者做出國家級或世界級的貢獻！這會不會是一個可以讓許多人動心的好理由？

賈伯斯正好死在 iPhone 4S 發表會的第二天，實在巧得不可思議。因此坊間曾有傳言，他其實早已過世，只是公司「密不發喪」巧做安排。

這一點，我不相信。因為在現代國家，死亡時間是不容虛報的，否則會有好幾個人被牽連坐牢。

自然地在家死亡

但我曾有另一段奇想：「賈伯斯會不會是安樂死？」這裡的安樂死，不是指拔管或關掉呼吸器讓呼吸停止，或停掉點滴讓心跳停止。荷、比、盧三個前衛國家及美國奧勒岡、華盛頓州所合法的「自殺協助」（suicide assistance）條款，真正「死得有尊嚴」的安樂死，我前幾篇文章所提的「自殺協助尊嚴死」或簡稱的「自尊死」。

然而加州公投並沒有通過「自殺協助尊嚴死」，而只由州長簽署了可以停掉維生系統。否則，賈伯斯很可能做此選擇。他不會甘於在臨死之際，完全無助而像木偶一般被操縱。那不是賈伯斯的 style。

所以，賈伯斯選擇了在家過世。他甚至不要那些呼吸器及注射液等維生系統。雖然依照死亡診斷書，他死於呼吸停止（respiratory arrest）。

賈伯斯沒有死在加護病房，沒有死在病房，甚至沒有死於安寧病房。曾是披頭世代自然主義者的賈伯斯，希望自然地死在家中，死在妻子、兒女的環繞中。這既是一種生命哲學，也是在這種高齡化社會中節省醫療資源的最根本作法。

最近日本政府也開始鼓吹病人病危時由醫院返家過世，以節省醫療資源。對此類病人，日本政府並補助醫藥費。現在日本約有二〇％的國民「在家過世」。不知台灣民眾這樣的比率有多少？賈伯斯的作法，若能帶動這種溫情純樸自然又節約的臨終方式蔚為風氣，則真的是「遺愛人間」。

——本文發表於二〇一一年十一月《財訊》雜誌

一場生技規範的戰爭

幾個月前，媒體都刊載了一則有關谷歌創辦人賽基・布林（Sergey Brin）和妻子安妮・沃契琪（Anne Wojcicki）婚姻觸礁的八卦。這位沃契琪不但是耶魯生物系畢業的高材生，也是一家名科技公司23andMe的創辦人。沃契琪流年不利，在感情、事業皆不順，其公司被美國FDA（食品藥物管理局）盯上，業務大受挫折。這則新聞背後，其實有嚴肅的社會意義。

先說「23andMe」這家公司的賣點是什麼，23指的是人類的二十三對染色體，這家公司就是最先進的基因檢測公司。二〇〇一年人類基因體計畫集歐美科學家之力，花了十二年，好不容易把人類全部二十三對染色體的DNA全都定序出來，費用大約是一億美元。科技進步驚人，到了二〇一三年，此一費用已劇降到約五千美元。因為成本及流程大減，23andMe就有了很大的揮灑空間。

二〇〇七年開始，該公司推出一套很吸引人的檢驗，客戶只要用一根棉棒，伸入口腔內，沾一沾唾液，抹一抹黏膜，公司就可以由檢體萃取出客戶足夠的DNA，經分析後，向客戶提供兩種資訊：一、客戶祖宗的來源；二、已知疾病基因的狀況。

例如，布林曾公開說，他未來罹患帕金森氏症的可能性，比一般人高二至三倍，而布林的母親正是帕金森氏症患者；更有名的安潔莉娜・裘莉，因為證實帶有乳癌好發基因而做了預防性乳腺切除，則是顧客因基因檢查而導致重大醫療決定的例子。

這個直通客戶（direct to customer, DTC）的唾液ＤＮＡ檢驗法，在二〇〇八年被《時代》雜誌選為年度發明（Inventions of the Year）。而費用呢？由於ＤＮＡ定序成本大減，因此該方案的收費已降到不可置信的九十九美元！換句話說，只要新台幣三千元，客戶就可以了解本人之二五四個疾病基因的狀況，外加祖宗緣起。而在美國，一位專科醫師的掛號費用，早已不止此數！

那麼，這套物美價廉的檢查，觸犯ＦＤＡ的哪一項天條而被勒令下架呢？ＦＤＡ的理由是，該公司無法提供這種「個人基因檢驗」分析上或臨床上確實有效的證明。另外，ＦＤＡ也關心客戶如何使用這些癌症突變基因的檢查資訊。ＦＤＡ更擔心，客戶不經過醫師或遺傳諮詢學者的判斷而導致錯誤結果。事實上，公司和ＦＤＡ自二〇〇九年起就持續溝通協議，但自一三年五月未再持續對話，因此，ＦＤＡ在等待六個月後，在二〇一三年十一月底去函公司下令禁止。

民不與官鬥　守法令人嘆服

ＦＤＡ的鐵腕措施，公司表示服從，自十二月五日後，就停止和客戶訂約。妙的是，輿論的回響，其實以反對ＦＤＡ措施的居多。

《Slate Magazine》的評論者說：長遠而論，ＦＤＡ的作法毫無意義，因為這只是醫療父權主義者的負嵎頑抗，就好像過去病人取得自己的病歷需要醫院及醫師的同意，現在病歷屬於病人所有，早成共識。同樣的，客戶的基因資訊，也屬個人所有；個人有權去知道，不必經過醫生。

至於ＦＤＡ所關心的，客戶是否會因此錯下決策？《華盛頓郵報》認為，客戶若因而決定採行之醫療處置，其實其執行（例如切除乳腺）也都經過醫生，因此ＦＤＡ實為過慮。有人更進一步說，病人有對自己身體的自主權（autonomy），也可以對醫生的建議表示不同意而自行執行自己喜歡的方式。

看到這裡，我不禁為兩邊都叫好。我佩服美國ＦＤＡ的魄力，因為23andMe是谷歌老闆之妻所有，絕對算是大咖，比起台灣政府對許多公司的明顯誇大宣傳而束手無策，ＦＤＡ令人叫好！

我也為 23andMe 喝采。23andMe 的作法，並不屬於誇大宣傳，只是醫學倫理上見解的不同。雖然輿論偏向他們，但公司沒有挾有利輿論去反抗或拖延，他們尊重政府的命令，兩天後公司立即撤下電視廣告，並發表公開信說：「我們承認我們沒有在規定期限內完成ＦＤＡ所要求的回應，這個領域對本公司和ＦＤＡ來說，都是嶄新的，因此ＦＤＡ的規範過程極其重要。本公司與ＦＤＡ互動過程，有助於ＦＤＡ未來對此新興產業領域其他公司的規範思考，也對公眾的安全更能建立一套保障防護標準。」一周後，斷然停止這項ＤＮＡ檢測的簽約行動。

ＦＤＡ與23andMe的這個案例，是台灣政府與生技公司的極佳範本。政府依法執法，不偏權貴；業者也依法就事論事，對政府表示尊重，難能可貴啊！

——本文發表於二〇一四年二月《財訊》雜誌

超人時代的生技魅影

聯電曹興誠先生常常掛在嘴邊的一句話是：「現代科技已經把人類變成超人。」曹董的意思是，當我們坐在電影院觀賞《超人》電影時，往往沒想到，若以古代人的眼光來看，我們在各方面早已是不折不扣的超人了。

不是嗎？我們早已超越了神話或幻想故事的風火輪、觔斗雲、千里眼、順風耳。而網路、手機、太空科技、人工智慧等，更是古人所無法想像的境界了。

而在醫學方面，藉由避孕藥丸、避孕裝置，人類對是否生育控制自如；又如精子銀行、代理孕母、生男生女的選擇、複製動物等，再加上之前介紹的受精卵著床前基因診斷術（pre-implantation genetic diagnosis, PGD），人類已經可以選擇「生育產品」了。

「訂做」還只是選擇生命個體而已，更不可思議的是「創造生命」。以前我們以為只有不可知的上帝才能創造生命，而有些生物科技實驗已經不需要受精卵，而直接以化學機制合成DNA，再聚合成一個染色體，所以完全由人工製造出來的生命、人工病毒、人工細菌……將來指日可待。我們在小說及電影尚看到未來人類被自己所創造的人工智慧機械人所反噬，而依我之見，搞不好將來人類被自己在生物實驗室創造出來的人工細菌或微小型實驗室怪物（lab monsters）所消滅的可能性要大得多！二〇〇三年九月的《新聞周刊》就曾經批判及預測，未來二十年在有些醫學實驗室的研究會是「瘋狂醫學」（mad medicine）。

在曹董所說人變成超人的過程中，電子工業所創造的電腦、網路、手機，無疑扮演了一個很重要的角色，其正面是人變成超人，其負面則是監測系統的發達讓政府對人的監測也變得無所不在，喬治・歐威爾在《一九八四》中早已預測到「老大哥」。現在已是二〇〇八，「一九八四」早過，雖然拜民主體制之賜及政府的自抑，讓「老大哥」之憂未完全成為事實，但是政府的監聽系統、滿街的監視器、詐騙集團與狗仔隊，早已讓個人隱私蕩然無存。

另外一個讓人變成超人的領域是生醫科技，已如上述。相較於電子資訊領域而言，生醫科技更專業，而且其運用往往有特定對象，不如電子資訊領域那樣影響到每個人的生活，偏偏生醫科技的專家往往在人文素養上較欠缺，對自己所做的先端科技對社會之影響認知不足，於是這些日新月異的生醫科技產生了人類不少社會、法律及倫理的新議題，不但在學界有廣泛討論，也成了小說或電影的新題材。又因為這些新生物科技的發端，幾乎都在美國，因此，這些新議題、新小說、新電影的發端，也都以美國為主。

先談學界。學界方面，固不乏有真知灼見者，像詹姆士・華生（James D. Watson）在一九八九年負責主持影響全人類的里程碑「人類基因體計畫」時，就提出這些先進科技計畫須有三至五%的預算，用於談新科技對倫理（Ethical）、法律（Legal）與社會（Social）之議題（Issues）或影響（Impacts），這就是有名的ELSI。然而倫理學常常知易行難。二〇〇七年，這位二十五歲就發現ＤＮＡ而到達學術高峰，三十四歲得諾貝爾獎，六、七十歲仍為世界基因研究泰斗的科學界大老，因一時失言而被控歧視黑人，竟然被自己所創立的冷泉實驗室停職，令人唏噓。

至於以醫學議題為招牌的美國作家，在我看來，最重要的有三位：Michael Crichton、Robin Cook 以及 Jodi Picoult 他們三人正好分別涵蓋三個領域。克萊頓談生物科技的ＥＬＳＩ，柯克談醫學風暴，匹庫談醫學倫理。匹庫在〈是訂做「健康寶寶」，不是訂做「救人寶寶」〉一文已經介紹過，本文我們來談克萊頓與柯克。依年齡算起，柯克最老（一九四〇年生），是哥倫比亞大學醫學畢業生，但眼科醫生之訓練是在哈佛。克萊頓（一九四二年生），先念哈佛文學系，再轉考古人類學系，畢業後又進哈佛醫學院。匹庫（一九六六年生）不是醫生，是哈佛教育碩士，比上述兩位足足年輕二十多歲，屬於另一世代。此三人皆哈佛出身，豈偶然哉，可見波士頓地區人文薈萃。

先談 Robin Cook。當今世界上有二個 Robin Cook，一個是前英國外相，而我們要談的是美國醫師作家的柯克，迄今仍為執業眼科醫師。他寫了二十多本小說，題材自器官移植、染色體、藥物到病毒等洋洋大觀，包羅萬象。最有名的就是改編成電影，由達斯汀・霍夫曼主演的《危機總動員》（*Outbreak*）。他的小說通常以戲劇性情節見長，被歸類為「驚悚小說」（Thriller）。柯克但求小說情節能取悅讀者，克萊頓則不同，他要「文以載道」，載他自己的觀念與想法，他要教育，甚至說服讀者。

克萊頓可說是當今地球上最聰明的人之一。這位哈佛醫學院的畢業生向我們證明了醫學畢業生要名利雙收，兼又表達自己的理念，最佳途徑是「寫作」；也證明作家要成功，最好念文學以外的科學，才有廣博知識與創造空間。他是下列書籍的作家：《侏羅紀公園》（寫ＤＮＡ、分子生物學）、《奈米獵殺》（奈米科技）、《恐懼之邦》（地球暖化）、《桃色危機》（性騷擾）、《危基當前》（基因治療）、《剛果》（考古學），最近才出版的《死亡手術室》（墮胎手術），還有許多未翻譯成中文的作品。

寫而優則導。他也是風靡全美多年的電視影集《急診室的春天》的導演兼編劇兼製片。他也導演不少電影，像是《昏迷》、《火車大劫案》等。他自己就是《火車大劫案》的原作者，在書中，他寫了維多利亞時代的倫敦，比美歷史學者。他還出版電腦遊戲，寫電腦專書，且都大賣。這個人簡直無所不通。

他的著作幾乎每一本都成了暢銷書榜首，並改編成電影。一九九四年十二月，他創造了一項紀錄：全美電影賣座冠軍《侏羅紀公園》、電視收視率冠軍《急診室的春天》、暢銷書小說類冠軍《桃色危機》。這樣的三冠王，有如是美國某年的職籃、職棒及美式足球三項的年度ＭＶＰ都是同一個人，有些不可思議吧！

克萊頓的作品每每指出現代高科技乍看似為高度成就，其實是走火入魔、不負責任、極端危險，卻又因為太專業、太艱深而往往未被質疑，終於演變成社會的大災難，《侏羅紀公園》就是最典型的代表作。我在本欄的文章結集在二〇〇六年出版時取名為「生技魅影」，其實也表示了認同這個觀點。先進科技的ELSI，何止重要，簡直是攸關未來人類的命運。

克萊頓在一九六八年還是實習醫師的時候，就寫了一本*A Case of Need*，談墮胎合法化的必要性，中文翻譯名為「死亡手術室」。他舉了一個例子去討論「墮胎」。在墮胎是不道德的前提下，墮胎醫師是有罪的，可是墮胎又不可能在「道德」的大帽子下消失，所以婦女只好找不合格的醫師墮胎，結果死在墮胎的冤魂不知凡幾。那到底是墮胎比較不道德，還是禁止墮胎比較不道德？所以他認為道德必須跟著科技同步發展，法律也必須跟著科技同步發展，可說是最早期的有關科技的ELSI觀念。ELSI的學術論述，往往很重要但卻枯燥無味。克萊頓很聰明的用小說的方式去切入這些議題，既表達了自己的理念，批判了無知或不負責任的科技專家，又喚起社會大眾的注意，兼又名利雙收。

克萊頓認為現代科技常常是刀之兩刃，有好的一面，也有壞的一面，這是正確的。但是克萊頓因為厭惡現代科技的譁眾取寵與傲慢自大，因此有時會反調唱過頭。例如，近幾年來，因為全球暖化和氣溫變遷的議題蔚為風潮，克萊頓認為這是「信仰」，不是「科學」，於是花了三年收集這方面的資料，寫了《恐懼之邦》，和「全球暖化論者」大唱反調。書中引經據典，都是氣象專業文章、數據與圖表，宛如一本科學論述，卻又有偵探小說的迷人情節，真是功力雄厚。二〇〇五年九月，他甚至應參議員詹姆斯•英霍夫（James Inhofe）之邀，到美國國會為氣候變遷作證。該參議員是有名的全球氣候變遷懷疑論者，曾宣稱全球暖化是「有史以來對美國人民最大的騙局」。結果這本《恐懼之邦》雖然大賣，在美國第一版就賣了一百五十萬冊，是亞馬遜書店網購第一名及《紐約時報》排行榜第二名，但卻大受氣象科學家及科學雜誌、環保專家的抨擊，說他引用及詮釋錯誤，甚至有扭曲之嫌。二〇〇六年高爾得了諾貝爾和平獎，全球暖化說已證明是科學，不是信仰，也證明了聰明與接受深刻科學訓練如克萊頓對科學本身仍不免有偏見。

「道德」與「道德」之間如果發生衝突，就是哲學，例如「墮胎」，就是「不要殺死胎兒」與「必須保護要墮胎的婦女」之爭論。而哲學是沒有標準答案的。「信仰」與「科學」之間，即使天縱聰明，也難免會有盲點或偏見存在。「進化論」、「超能力」等，則是另一個「信仰」與「科學」的戰場。ＥＬＳＩ所代表的「倫理、法律、社會」的三邊關係，當然就更複雜了。現代科技也許讓人類生活更進步，但在超人時代，人與人的際遇則變得更懸殊，價值觀更難有共識，心靈也更矛盾了！

——本文部分發表於二〇〇八年八月《財訊》雜誌

後記

1. 寫本文時，在ＩＴ方面還沒有 iPad，沒有這麼進步的智慧型手機，沒有這麼多網路安全問題；在生技醫療方面，還沒有 iPS，沒有指日可待的再生醫學或細胞治療。再過幾年，更難以想像了！

2. 克萊頓在二〇〇八年十一月四日突然在家中猝逝，死因是淋巴瘤。淋巴瘤一般是可以治癒的病，至少可以活上好幾年。我猜他可能是門診化療之後，不幸敗血症休克，來不及送醫而猝死。身為醫生的他可能沒有料到自己會突然過世，令人唏噓。

科學界的女神卡卡

我很好奇未來的歷史會怎麼定位他。

他的聲名顯赫，美國《時代》雜誌選他為二〇〇七年一百位最有影響力的人物之一；英國《政治家》列為二〇一〇年世界最有影響力人物的第十四名。科學家要達到這個境界，真了不起，也應該名垂青史。

他是科學家：得過美國國家科學獎章及「能源研究諾貝爾獎」的EWI獎等。他同時是很出色的生意人，當過全美生醫科技股王的執行長。通常這兩種身分不會聚焦在同一人身上。

他的青少年生涯和我們熟悉的科學家截然不同。他生於一九四六年，中學的成績單，不是C就是D，畢業後竟日在南加州海灘上衝浪。沒有人認為他將來會成大器。他的最高志願是拿奧運帆船金牌，於是他入伍，希望能入選國家代表隊。

改變他的是越戰。一九六八年，他在越南服役，他的IQ測驗最高，於是被分發到峴港當海軍醫護兵。接著，越共「春節攻勢」，美軍死傷慘重，他負責收屍及急救。看到年輕的陣亡戰友的屍體，他覺悟到生命如朝露。於是，他忽然脫胎換骨。

他再入大學，在UCSD（加大聖地牙哥分校）念生化，再拿到生理藥理學博士。不久，當了名大學正教授，再轉進美國國家科學院。他擁有全世界最快的DNA解碼方法，但被視為「撇步」而拿不到國家研究經費。相對的，他也對當時蜚聲國際的跨國「人類基因體計畫」看不順眼，認為那是沒有效率的慢郎中。一九九八年，他和創投合作，創立「賽雷拉（Celera）基因公司」。以後的故事，大家耳熟能詳。他是Craig Venter。

二〇〇〇年，賽雷拉比國際合作團隊更早一步發表人體DNA解碼。當柯林頓總統與布萊爾首相在聯席記者會發表人類DNA解碼，他和國際團隊的Francis Collins共同列席，也一起上了《時代》雜誌的封面。

後來他和賽雷拉鬧翻，自創「J. Craig Venter Institute」。二〇〇七年發表了世界首次個人的DNA完整解碼，共有六十億對鹼基。而解碼對象正是他本人。妙的是，他具有「反社會化行為」之危險基因。

二〇一〇年，他創造出有史以來第一個「人造生物」。他們將黴漿菌內的DNA掏空，然後打入人造DNA，借殼上「世」。這隻細菌暱稱Synthia。Synthesis是「製造」之意。

「在科學及哲學面，都是人類史上的一大步」，他告訴媒體，「這改變了生命定義，生命起源及生命運作」。談到神，他說，「真正的科學家不會相信超自然的解釋。」他期待創造出可以解決環境汙染的人工細菌，包括油汙、碳排放等。

他聲名大噪，而諷亦隨之。《科學人》雜誌稱他是「科學界的女神卡卡」，因為他善於表演及標榜自己。生物倫理專家對他多有批評，說他熱中於扮演「神」的角色。《新聞周刊》以他為封面，標題就是「Playing God?」。

和他正好成對比的是Francis Collins。Collins則是由無神論轉向信仰神，而且還寫了一本論著《*The Language of God*》，認為科學與神的存在並不衝突。Collins也是名醫學家，以發現不少遺傳性疾病之DNA突變點而望重國際。因此James Watson找他來繼任「人類基因體計畫領導人」，也正是二〇〇〇年Craig Venter打對台的對象。Francis Collins現在是美國國家衛生研究院的院長。

我認為，他在走鋼索。如果人造細菌證明確有大裨益，他會是牛頓級的科學大師；如果不幸像核電一樣，失控而出了亂子，那就很難說了。

——本文發表於二〇一一年五月一日第二六三期《非凡新聞e周刊》

後記

二〇一四年六月，Venter得到來自美國國家衛生院的研究經費二千五百萬美元，希望他的研究團隊能經由DNA定序找出微生物能很快突變產生抗藥性的機轉，以幫忙克服感染病。天才與尖端科技，用對方向，造福遠大；走錯方向，災禍無窮。

進化弄人

最近看到一篇評論，認為影響人類歷史上最深遠的科學家是達爾文。因為他的進化論間接否認了西方宗教的「創世紀說」，撼動了上帝的存在，也開啟了近代的「基因信仰」風潮，成了「科學的聖經」，並一舉超越神學的聖經。

猶記二〇〇四年底，小布希再度勝選美國總統時，有一條新聞指出，民意調查結果，相信「達爾文學說」的，全美國大約在四〇%左右，而在中西部或南部較保守諸州，甚至不及三〇%（數字也許略有出入）。發布這個新聞的，自然是自由派，意在諷刺小布希是靠宗教力量當選，間接暗示他「反科學」，甚至「反智」。而小布希堅決反對「胚胎幹細胞研究」的立場更坐實了這項控訴，讓他被冠上「政治干預科學」的罪名。這股浪潮，在二〇〇五四月黃禹錫向世界發表他的「突破」時達到最高潮。美國國會在「胚胎幹細胞研究」的議題上正式和小布希對上。沒想到年底黃禹錫由南韓國寶變成國恥，研究成果由「偉大創造」變成「加工製造」，不知是否會改變美國國會議員對此議題的看法，是一件值得觀察的後續發展。

達爾文提出進化論迄今也有一百五十年了，不但生物學家將進化論奉為真正的聖經，連文學的胡適之等，也要引用「適」者生存來命名。那麼，百年來又有哪些科學新發現來印證「進化論」的存在呢？

首先，生物是如何「進化」呢？理論上，進化的過程有兩種：一種是漸進式的「用進廢退說」。例如，由黑猩猩演化到人的過程中，手部及腿上的小肌肉愈用愈多，就愈發達愈靈巧；用得少的其他肌肉則愈來愈退化；這既是形態上（硬體）的變化，也是功能上的演進。又如喝酒的人，愈喝則體內負責酒精分解的酵素 Aldehyde Dehydrogenase 會愈來愈多，酒量就愈來愈好，這是此酵素的基因放大（amplification）之故，且可以傳諸後代，這是「軟體」的演化。

另外一種則是「突變」。人類基因圖譜與大猩猩比較，只差了一％不到。人體有三萬多個基因，一％表示三百多個基因左右。換句話說，自大猩猩變成人類的演化過程，最重要的一部分就是靠著數百萬年中的可能三百多次的基因演進，平均起來，大約一、二萬年產生一次有里程碑意義的基因突變。

如何引發這些有意義的突變呢？是不是 Try and Error（嘗試與錯誤）的結果呢？因為在醫學上，我們看到的突變其實都是病態的或與疾病相關的。這個奧祕自然尚未揭曉，不過人類紅血球中血紅素基因突變的故事，倒是一個很有趣的參考。

血紅素基因突變的結果，就產生異常血紅素，就是所謂「地中海型貧血」。台灣大約有六至八％，也就是一百五十萬人左右帶有突變的血紅素基因。全世界帶有突變血紅素基因的人口，超過一億人，遍布各大洲，而這種基因的突變位置，依人種而各有不同。何以全球各地不同族群的人類會不約而同發生各式各樣的血紅素基因突變？根據科學家的研究，是為了抵抗瘧疾。在人類歷史上，幾千萬年來，瘧疾是威脅人類生命最大的天敵，而生物史上，人類為了抵抗瘧疾，在演化上也就使出了「血紅素基因突變」的怪招。一言以蔽之，就是「先自殘，以自保」。

瘧疾殺人的過程是這樣的。瘧原蟲經瘧蚊之叮人而進入人類血管，在紅血球內繁殖而破壞之，因而造成發燒、溶血、貧血、衰弱、死亡。遠古的人類，為了讓紅血球不受瘧原蟲的侵犯，有時讓整段基因的好幾十個「密碼」胺基酸都被刪除（deletion）剔掉（α型以此種變異為主）；有時則在操控血紅素的基因DNA的密碼胺基酸發生突變，而且常是單點突變（single mutation，β型以此種變異為主）。

就靠這樣簡單的血紅素基因突變，在人體紅血球內就產生出異常血紅素。帶有異常血紅素的紅血球，雖然攜帶氧氣的效率稍差，在體內存活的時間也較短，因此有這樣紅血球基因突變的人類，會有輕度貧血，但卻可以抵抗瘧疾原蟲的入侵，在沒有特效藥物的年代，擁有這樣的突變基因，是一種優勢，可以不怕瘧疾而存活下來，真可說是「上帝的選民」。雖有輕度貧血，即所謂「輕型地中海型貧血」，但不影響體能，不影響壽命，不影響生活品質。

更奇妙的是，全世界不同的瘧疾盛行區，各地居民產生基因變化的位置也不同，結果出現於人體的異常血紅素也不同，但抗拒瘧疾的作用則一樣。此病的發現，最早是在地中海沿岸的南歐、北非各地，故稱為「地中海型貧血」。血紅素的構成是由α及β兩種蛋白鏈組合而成，在薩丁尼亞以α鏈的變異為主，故稱為α型（或甲型）地中海貧血；希臘、埃及以β鏈的變異為主，稱為β型（乙型）地中海型貧血；塞普勒斯則兩型皆有，二〇%以上的人口有基因變異。

後來又發現，亞洲的黃種人和非洲的黑人也有此病。亞洲主要集中於東南亞的泰、緬以及雲貴高原、廣西等這種「瘴癘之地」。但其間又有不同：廣西屬血紅素H，與地中海沿岸的 α 型近似；泰、緬與雲南則為新變異的血紅素E，新幾內亞甚至八〇%以上的人口有異常血紅素基因。非洲黑人是 β 鏈的變異，但變異點也各成一格，成為血紅素S。帶有此突變基因的紅血球不是圓的，而出現鐮刀型紅血球，甚為特異，非裔美人有高達二五%帶有此基因變異。

造化弄人。物換星移，瘧疾被撲滅後，這種強勢基因反倒成了劣勢基因，於本人倒無妨，只是「輕症地中海型貧血」。但若不巧夫妻兩人都各有一條染色體帶此突變基因，則其子女有四分之一的機率因兩條染色體皆帶突變基因而罹患「重症地中海型貧血」。若為重症 α 型，則胎兒在懷孕末期會胎死腹中；若為重症 β 型，則出生不久就須倚賴輸血而活不過二十歲。台灣兒童做骨髓移植者，有不少屬於此症。

由於血紅素的多元變異，我們可以得到結論：人類或生物在面對長期外在困境時，確實可以使基因的某一點發生突變，改變自己，以適應環境，達成「物競」，再求「天擇」。這似乎是一個「嘗試與錯誤」或「嘗試與正確」的過程。突變正確則向前演化，突變錯誤則成為人類種種先天性罕見疾病。

然而，再深入思考，生物的進化與物種的起源完全是基因突變的結果嗎？基因的威力有如此之大嗎？

生物體所需的生理上「固定構造」化學元素，如血紅素或其他生長激素、酵素等，可由基因來代代相傳，固為必然；那麼，「非固定型」的長相或形態如何靠基因而遺傳呢？鬈髮可以遺傳並不意外，如黑人的鬈髮，其胺基酸之硫鏈與白人或黃種人不同，故有特殊髮質。但基因如何將媽媽的酒窩與高顴骨，爸爸的招風耳與酒糟鼻傳到下一代呢？基因密碼的內涵如何決定哪一塊骨頭的某一部分要突出一些或扁一些？哪些肌肉與軟骨要共同形成某種特殊形狀呢？甚至要在笑的時候才表現出其特徵呢？這實在太奧妙了。

尤有進者，性格不是在某種程度上也能遺傳嗎？我們常說，老大不服輸像媽媽，老二神經質像爸爸，老三狂放像祖父。如果基因也能掌握個性，那是否意味著基因產物可以決定個性？也就是說，個性是取決於一個人的某些化學物質？例如說，某段基因若在某人特別發達，則某人為「貫徹始終型」，在另一人基因產品不多，則成為「虎頭蛇尾型」。當然後天的教育與訓練會影響個性，但先天因素也絕對無法等閒視之，於是所謂「本性難移」有其科學上的證據。再推演下去，如果可以找到「貫徹始終」基因，純化其基因產品成為「藥物」，則將來父母可以用藥物來改變兒女的個性？

那麼是否基因或物競天擇理論真能解釋一切生物的嬗變或表現嗎？我們試以斑馬為例。皮膚上黑白分明又相間重複平行線條真像是個圖案設計的作品，那麼斑馬體內的基因是靠什麼神祕力量，讓一線之隔的黑線條的毛都是黑毛，白線條的毛都是白毛，而不相駁錯雜呢？這真是太神奇了。

斑馬的黑白分明，還只是平面的色彩分布，孔雀尾巴的圖案顯現就更不可思議了。孔雀尾巴有整排的圓形大眼睛圖案，而且圓內有圓。這些大眼睛圖案是好幾十支部分重疊的羽毛，在特殊位置上以其部分圖案像拼圖一樣，交錯拼出來的。如果不是先畫出模型再像拼圖一樣拆開分解，怎麼能做到？這應該已超過「無意識」的基因所能達成的極限。簡單的孔雀羽毛，讓我「格物致知」，體認到「造物者」的存在。

更引人深思的是，在「人類基因體計畫」研究解讀揭曉以前，科學家臆測，要承擔那麼複雜繁多的人體奧祕，人體組成的基因數目應有十萬個以上，結果出乎意料之外，人體基因只有三萬多個；而看似簡單的稻米，基因數目竟然也是三、四萬個，不遜於人類。以科學來說，人類區區三萬個基因，卻可以決定或影響這麼多細胞、組織、器官、形態、個性等，這是真的嗎？說不定未來基因科學的進展，反而讓大家了解基因的極限，而相對提供了「玄學」、「神學」的存在空間。

所以我相信進化論的「物競天擇」、「適者生存」，但對進化論的「物種起源」之說，則不無疑問。進化論只能否定「創世紀說」卻仍然無法否定有「造物者」。可能有那麼一天，神學的「造物者」、玄學的「造化」與科學的「進化」可以並存不悖，甚至互補。也許在這樣的理念下，人類方可免於科學認知、玄學思考與神學信仰的精神分裂。

——本文發表於二〇〇六年三月《財訊》雜誌

現代提燈女郎

一八四五年，在那個東西方都有男女授受不親觀念的時代，一位英國上流家庭出身、年方二十五歲的小姐，矢志要把她的一生奉獻於病人和窮人的照顧。她的家庭強烈反對，要她回歸英倫上流女性的角色：扮演好妻子、好媽媽。她則一方面自我教育，研習照護病人的科學與藝術；一方面忙著拒絕來自貴族子弟的提親，她認為婚姻會妨礙她的事業。

這樣一方面要在內心自我肯定，一方面要向家庭及社會抗拒婚姻，內外交迫的壓力，有一陣子，令她幾乎心神崩潰。

一八五三年，她終於站了起來，草創了「Care of Sick Gentle Women」的授課班。

一八五四年，克里米亞戰爭爆發，她和三十八名學生也遠赴戰場。那時傷兵因感染及營養失調，死亡率高達四二%，她的科學化護理，讓這個數字在六個月後降到二•二%，將士們暱稱她為「提燈女郎」（The Lady With The Lamp），南丁格爾的事蹟立刻揚名全歐洲。

南丁格爾的毅力與努力，讓「護理」成為一個全世界公認的科學而神聖的專業。一八六〇年，她在倫敦的聖托瑪士醫院成立了「南丁格爾訓練學校」，這是全球第一所專業護理學校。

南丁格爾也是非常傑出的統計學家。她曾任牛津大學應用統計學的主任。一八五九年，她成了英國皇家統計學會第一位女性院士。她也是美國統計學會院士。

現在英國街頭上有南丁格爾的雕像，有她的博物館，克里米亞有她的紀念館。女性主義者也尊她是先驅。她對這個世界的健康及心靈的貢獻遠超過被封為聖徒、榮獲諾貝爾獎的德蕾莎修女。

我之所以重提這些老掉牙的故事，是因為「提燈女郎」南丁格爾所創立的「護理」這個行業，到了東方國家，所得到的尊重與待遇卻遠不如在西方國家。

在日治時代，「護理」這個行業，由於是女性行業中少數接觸到異性肉體者，再加上日本傳統極端的「男尊女卑」，因此，雖是醫療體系之一環，護理人員只是「看護婦」，而不是專業的「護理師」。好不容易近年來，「專業護理師」的地位在台灣社會漸獲肯定，卻又因日本情色產業的扭曲，讓這個科學而神聖的專業一直未能獲得應有的尊重。影藝人士應自我節制，不要汙名化這個崇高的行業，而護理師公會若遇這種情形，應出面控告，申請妨害名譽賠償（例如賠償公會會員每人一萬元），好好教訓這些不尊重專業者！

在英、美，護理還可以結合各領域的研究，有各種專業證照，有相當高的社會地位與收入。東非的坦尚尼亞與肯亞，三分之二的護理學生一畢業就被挖角到英國。英國的護士分成八個等級。美國有各種專科的護理師，就像台灣醫師也分為麻醉科、心臟科、腫瘤科……一樣。每個證照，就代表著專業地位及收入，有些護理師還可以像醫生一樣開具處方。

最近我曾在台大醫院住了幾天，這個護理站只有一位「提燈女郎」值大夜班，除了病人的照護外，第二天清晨，她竟然一個人包辦了整個病房的抽血，令我好佩服。台灣資深護士的打針與抽血技術是一流的，比起一些菜鳥醫師好太多了（現在不少醫學生視抽血、打針為「routine」而不屑為之）。而在美國，這些都不是護士的職責。台灣對這些默默貢獻醫療、忍受委屈的女性專業人士，真應該說聲抱歉而重新評價。大家口口聲聲要「提高醫療品質」，卻常以使喚的態度、有色的眼光來面對這些現代南丁格爾，寧無愧乎！

隨著高齡化社會的來臨，護理這行業其實是愈來愈重要的——比醫師還重要！

經建會指出，現代人晚婚（首次結婚年齡，男性三十一歲，女性二十八歲），適婚女性大半不婚（二十五至二十九歲的女性，六八％為未婚），五十歲以上婦女離婚率大增（二〇〇八年五千三百五十七人，二〇〇〇年，才二千三百五十二人），平均壽命增加（近八十歲），小孩很少（現在一對夫妻平均生不到一個小孩），高齡產婦蔚為風氣（可生時不生，不可生時偏要生）。未來所謂「兒孫滿堂」的場景大概已不多見，倒是「長輩臥床」會成為常態。

目前的台灣，如果家裡有人住院，除加護病房外，醫護人員做的只是醫療相關照護，而台灣的病人也習慣有家人全日陪伴。這幾年，因小家庭制及夫妻幾乎都全職上班，大都聘請本國或外籍看護代勞，因此，病家的支出其實不少，否則就得醫院及住家之間疲於奔走，全家在醫院輪流「值班」。

然而，在絕大部分的已開發國家，醫院的護理方式早已邁入「全責照護」（Total Care），連病人的吃飯、洗澡也由醫院來負責，醫院設有護佐來幫助沒有能力執行者，家屬則成了訪客，在固定時間內才准予到病房探視，但不需另聘看護。如果住的是單人病房，則家屬逗留的時間較不受訪客時間之限制。

為什麼做不到「專業全責照護」？很簡單，專業分工不足。有一段時間，高學歷護理師大量流失轉業，因為這些專業護理師被迫必須做許多較非專業的護佐工作。如果台灣能有足夠的護佐，讓專業護理師能安於位與盡其才（如發展「居家護理」），讓醫院可以做到「全責照護」，才是大家皆蒙其利。

「護佐」是日本用語，在日本，屬於醫院正式編制。在台灣，則或稱「病患服務員」、「照顧服務員」或「看護」，不屬一般醫院之編制，然而事實上又是醫院內不可或缺的一種工作類別。因為不屬正式編制，專業的要求上也較低，在醫院的短期訓練班（約一百小時）結業之後，就有考證照的資格。

台灣高齡化時代即將來臨。政府必須培養出大量具專業水準的護佐，正式列入醫院編制，才能做好「全責照護」，提高醫護品質，落實未來的「長照」政策，也才能因應高齡社會的醫療新困境。

要把「護佐」正式列入醫院編制，自然相當程度會增加醫院的成本與支出，而健保的財務目前已經非常吃緊，立法院和民間對健保保費的調整甚為敏感。

但這個問題如果不突破，「全責照護」、「居家護理」、「老人長照」等，在台灣就永遠是個夢，台灣醫療體系的照護水準就永遠無法提升到已開發國家的境界，甚至會影響到台灣在「旅遊醫療」上的競爭力。

——本文發表於二〇〇九年七月《財訊》雜誌

雷射醫療船隊下南洋

突然對古巴有興趣，是因為發現古巴和台灣竟然有這麼多相似的地方。

・台灣是亞洲大陸東南隅最大島，古巴是北美洲大陸東南隅最大島。

・兩國的緯度相近。台灣有北回歸線通過，哈瓦那離北回歸線也很近。

・台灣一水之隔，是中國。古巴一水之隔，是美國。兩國都是以小敵大，離靠山的距離都很遠。古巴不復有蘇聯當靠山，台灣的靠山，會是台灣永遠的靠山嗎？

・都是土地肥沃，人力充足。古巴為西班牙統治，台灣為日本統治時，兩個島上都種了許多甘蔗，蔗糖都是重要外銷品。

・都有許多颱風。

・都曾經獨裁統治。台灣有蔣介石，古巴有卡斯楚，都算是世界級名人。

・一九六〇年前後，都有世界性危機。台灣有「八二三炮戰」，古巴有「驚爆十三天」。

・都很喜歡棒球——現在兩國除了「以球會友」外，幾無來往。

・兩國的醫藥健保和公共衛生都很發達。古巴的醫療援外計畫甚至比台灣要出色多了。

- 政治光譜極端。台灣幾無左派，古巴只有左派；台灣一面倒親美，古巴一面倒反美。
- 古巴是美洲新世界的舊世界，一四九二年，哥倫布發現美洲，也發現了古巴；台灣是亞洲舊世界的新世界，到十六世紀才真正為人所知，還勞煩遠道而來的葡萄牙人命名。

有關古巴的醫療公共衛生系統，真是有些不可思議，舉一些數字：

- 一九九九年，古巴每一萬人有五十八位醫師；台灣一萬人約有十七位醫師，古巴醫師數目，是台灣的三倍多。
- 一九六〇年，古巴有一半的醫生都逃亡到美國去了，全國只剩三千名醫師和哈瓦那大學醫學院的十六名醫學教授。現在古巴的醫師總數則超過六萬名，過去四十年增加二十倍。

一九七〇年前後，台灣有一半的醫學畢業生都留學去了，有時在加州的校友比在台灣還多。現在台灣醫學生已極少出國。二十年來，醫師人數增加二倍，由二萬增加到四萬多。

- 二〇〇七年，古巴宣稱已建立全國血庫、醫學影像，和洗腎的網路連線。這方面，之前只有法國做得到，古巴是全世界第二名。

二〇〇七年，台灣的病人電腦ＩＣ卡也進入實用階段，將來病人帶著自己在各醫院的病歷滿街走。這說不定是世界首例（很遺憾，已過了七年，但未成真）。

・去年古巴平均壽命七七・二三歲，拉丁美洲第一。嬰兒死亡率超低（每千名新生兒六・〇四人）與加拿大並列全美洲冠軍。

台灣的平均壽命與古巴幾乎相同。

・古巴的醫療公共衛生服務極佳，但每人每年只花費二百五十一美元，為英國的十分之一。

台灣的健保體系，也曾被視為烏托邦。估計每年約有七％的ＧＤＰ花在醫療照護加健康食品上。換算起來，每人每年花費約一千一百美元，是古巴的四倍，英國的四〇％。

因為古巴在醫療照護體系的優異表現，二〇〇一年英國官方及議會均派人到古巴考察借鏡，並與英國本身之體系做比較。報告指出：

・兩國最大不同是醫師人數。古巴每一百七十五人有一位醫師，醫院、社區、第一線照護之整合度佳。英國每六百人有一位醫師（但古巴醫師之訓練較不足，約為臨床護士之程度）。

・古巴醫師通常待遇低（因為程度也較差）。二〇〇二年，古巴醫師之平均待遇只為國民平均收入之一・五倍。

・醫療機構之設備、監督、藥品常不足。

・病人與醫師之間幾乎無法互相選擇。

然而古巴醫療援外之成就輝煌。在第三世界國家，常見古巴醫師擔任重要角色。目前至少有二萬五千名古巴醫師在六十八個國家擔任援助角色，包括南亞海嘯、巴基斯坦地震都有古巴醫師參與救援。古巴的醫療外交至少在其拉丁美洲區域外交有相當重要的角色。

古巴與委內瑞拉在二〇〇五年合作完成了「開刀奇蹟」專案。兩國合作目標為免費為加勒比海及拉丁美洲六百萬人民做眼科手術。在此方案下，委內瑞拉和其他拉丁美洲病人飛到古巴接受眼科手術及其他重大治療，而委內瑞拉則以特惠價格每月供應古巴九萬桶原油。目前，此方案已延伸到巴拿馬及尼加拉瓜。病人之旅費、住宿、食物則由委內瑞拉政府補助。二〇〇六年，就做了五十萬次手術！

古巴的醫療旅遊也做得不錯。二〇〇二年就有五千名外國病人，帶來四千萬美元的收入；古巴的醫藥產業也不錯，出口低價疫苗。

英國人認為，卡斯楚得以長期屹立不搖，其國民健康照護的偉大成就是關鍵原因之一。而古巴醫療援外，更是古巴「國威」的發揮。

我的看法是，古巴的健保系統，是均貧共產社會（所以醫院與病患之間無自由選擇權），人人吃限量之自助式滷肉飯配青菜豆腐（少數特權才可以有大餐），不算美味但營養充足，所以平均壽命可以和台灣並駕齊驅。因為是最基本消費，所以民眾不必付費。

台灣的健保系統，是自由市場。人民至少有各級飯店的滷肉飯加青菜豆腐還加蛋。但有不少人可以到牛排屋或大飯店吃牛排加沙拉加甜點水果；更有辦法的人還可以花些小錢，甚至免費，餐餐五星級料理，還要講究侍者是否美麗恭敬。各級飯店抱怨利潤太低，無法營運，以及員工抱怨薪水太低，工時太重時，不但不被允許加價，還被質疑在採購食材時手腳不乾淨。大小飯店在理論上憑收據向政府要錢，但政府付費極不乾脆，有時打折，有時製造理由扣款、罰款，於是各飯店只好各憑本事，製造各種理由再向政府要錢。大飯店（強勢醫院）是政府官員常去之處，自然可以要得比較多。

台灣的制度，是迎合大多數民眾的制度。粗看之下是烏托邦，但深入研究，就知道絕不可能長久維持，所以台灣的健保制度僅供參考，無法模擬。因為台灣系統忽略了「人性」，違反了自由市場「使用者付費」的基本原理。不論日本、南韓以及最近也在開始草擬健保方案的中國大陸，其基本精神都是使用者必須自付一至三成的費用，才能避免浪費。

台灣的醫療援外，以前也曾有佳作。一九七八至一九九〇年間，台灣政府為沙烏地阿拉伯建了兩所五百床醫院，並派駐大規模醫療團去經營。筆者有幸是斷交前，最後一位去赴任的「末代醫師」。後來也有不少派駐非洲各國的醫療團隊，但規模小多了。我國好像也曾為某小國蓋醫院，但品質卻不佳。非官方方面，長庚曾為多國兒童進行整形手術，慈濟則以災難醫療救助見長。我個人曾為越南建立第一座骨髓移植中心，在一九九二至九五年間多次赴胡志明市，並為他們在台灣訓練骨髓移植醫師、護理師等。這種對非邦交國的非官方醫療援助，只能站在人道援助及民間交流立場，不能也不必要求對方以官方立場來回饋台灣。

最近台灣在拉丁美洲的外交板塊有些鬆動，哥斯大黎加成為第一個出走的友邦。過去我國籠絡這些友邦，除了金錢貸款以外，就是蓋政府大樓、蓋公路等等。有時因品質不夠理想，反而拍馬屁拍到馬腿上。這些國家，除了哥斯大黎加有相當不錯的醫療設施外，其他各國除了首都之外，醫療設施與人員都非常不足，也都有一些古巴醫生在此幫忙。我曾隨呂秀蓮副總統三訪此地，因爭取馬雅原住民權益而獲得諾貝爾獎的瓜地馬拉的孟秋女士就告訴我，原住民的醫療非常簡陋。

我不知道為什麼政府一直未有派醫療團赴援的舉動，但我認為，在這些國家建醫院絕對比建政府大樓更能爭取當地民心，讓他們真正對台灣有好感。就像古巴和委內瑞拉的合作方案，台灣可以考慮和古巴協商合作，我們替拉美等國家建醫院及供應醫療設施，再由古巴派醫療人員進駐，提供當地人民夠水準的健康照顧。我們蓋出來的醫院名稱一定要叫作台灣醫院，儀器、藥品也由台灣提供，直接有貢獻於當地民眾。

在全球化時代，台灣醫師可以和古巴醫師合作，進行遠距診療，必要時可將病人接來台灣治療。台灣的資深教授和公衛專家，可以去擔任短期顧問或去各國醫學院巡迴演講。這些也許不一定能鞏固外交，但至少做了好事，比金錢被當地政客中飽私囊，還連累台灣政府要好太多。拉美各國，一國蓋一間醫院，這是最天長地久的功德。這些醫院的品質，只要腳踏實地去做，相信連古巴醫生都會羨慕眼紅，這也是台灣間接與古巴交往之策。古巴卡斯楚和利比亞格達費一樣，都是特立獨行之人。外交，就是盡量和各國建立好關係，而古巴是有影響力的國家。

台灣的鄰國，特別是ＡＳＥＡＮ東協各國，醫療大都不是很進步。古巴與委內瑞拉合作的「開刀奇蹟」專案，台灣其實也可以模仿，甚至不必把病人送到國內來。台灣以雷射治療白內障及近視，病人不必住院，又快又有效。我建議，台灣可以研擬「雷射醫療船隊下南洋」專案，派出三條醫療船，沿著越南、柬埔寨、泰國、馬來西亞、印尼、東帝汶、新幾內亞、汶萊、菲律賓繞一圈，每條船三名眼科醫師，免費專做白內障及近視雷射開刀，一定轟動。每天開三十個，一年服務一萬個東南亞病患，敦親睦鄰，對台灣在東協的聲譽，絕對有幫助；而且可以免去一些遠在他鄉異國開設醫院的麻煩與困難，花費少、補給方便、人員及儀器精簡，效果宏大，非常值得一試！

——本文發表於二〇〇七年七月《財訊》雜誌

病歷電子化的美麗與哀愁

既然「上網購物」已成風氣，「上網就診」將指日可待。而基礎條件就是：先做好「病歷電子化」。這是數位醫療時代的潮流趨勢。

請設想這樣的場景（甲）一位家居屏東的老人，因意識不清被送往居家小鎮地區醫院。病人於三天前曾到北部醫學中心看病，但還來不及複診，醫師取得病人家屬的授權，經由病人的病歷IC卡，由家屬輸入通關密碼，於是病人在北部醫學中心的病歷，包括醫師的記載文字及檢查報告等，全部顯示在電腦螢幕上。

小鎮醫師掌握這些資料後，發現病人血鈣過高，於是先做緊急處理，控制血鈣，病人意識迅速好轉。小鎮醫師也由電腦找到病人的主治醫師姓名，經聯絡上後討論，得知病人應為多發性骨髓瘤，並且腎臟機能已受到傷害，於是在其指示之下，給予大量水分，腎臟機能竟得以回到正常。數天後，病人再回北部醫學中心，由專科醫師給予化學治療。

再設想這樣的場景（乙）病人經由A醫學中心的A醫師告知雙膝關節之退化性關節炎，並建議做人工關節置換。病人希望能有其他專家的看法〔所謂第二意見（second opinion）〕。於是他上了B及C醫學中心的網站，找到了B及C醫師的問診電子信箱，也就是「網路診」。將來醫學中心的主治醫師除了現在面對病人的「門診」外，還可能必須設有「網路診」。

病人先繳費掛號。健保規定下，這種徵詢屬於重複就醫，並不給付，而病人也同意自行付費。然後病人用 e-mail 寫信給 B、C 醫師，並附上 A 醫學中心的檢查影像檔案及 A 醫師的評估報告。B 與 C 醫師依不同收費標準而必須於三日內或一周內以 e-mail 回覆，並自動成為病人電子病歷的一部分。如果醫師覺得資料不足，必須親自檢查病人，則可以再約門診。

不錯，這可能是未來的就診及就醫方式：既然「上網購物」已成風氣，「上網就診」將指日可待。而基礎條件就是：先做好「病歷電子化」。這是數位醫療時代的潮流趨勢。

您會說，目前的醫院行政不是都已經電子化了嗎？不錯，託健保體系之福，台灣的病歷電子化已有相當的基礎，大小醫院，都已經做到掛號電子化、記帳電子化、病人的門診及住院用藥也都已經電腦建檔，並與健保局連線。甚至病人的檢驗資料、影像、報告，以及出院摘要也都建有電腦檔，但目前一、均限於院內查詢；二、主導權都在醫院而非病人手中；三、醫生及護理人員之門診或住院之現場記載文字尚未包含在內。真正的病歷電子化，是所有醫護人員寫下來的一圖一字，病人的檢查資料、用藥紀錄，全部入檔，而且建立全國連線。不論病人在國內的任一家醫院，只要輸入密碼，都可以看得到。

不要以為這是夢想，在古巴，現在所有古巴境內的洗腎病人，就已建立這個系統。在丹麥，這樣的全國化醫療連線也已經做得差不多了。通常小國比較容易建立這樣的系統，而台灣正符合這種「小而美」的國家醫療體質。

如場景Ａ，病歷之全國連線可讓病人得到較迅速的醫療照護，因為大醫院的資料可以「下放」到小醫院，小醫院較過去更能發揮功能。民眾不需要大小事都擠向醫學中心，小醫院醫師的水準提升，士氣提高，醫學中心的醫師不必再有「能者多勞」之怨。最重要的，無形中可以縮小目前醫療資源分配不均的城鄉差距，以及病人就醫的種種社會成本。

同樣的，如果場景Ｂ「上網就醫」成為可行，病人就醫問診既方便又省錢，目前層層向上的轉診制度的必要性也將面臨考驗。再說全國連線的結果，病人就不會在「逛醫院」（hospital shopping）時，在各醫院重複做檢驗或攝影，因此也可以杜絕浪費，醫療成本與社會成本的縮減則是顯而易見。在醫療成本狂飆的今天，能有效縮減醫療成本，又明顯提高醫療效率，如果沒有其他太大缺點，幾乎就讓人無法拒絕！

缺點其實很明顯：「隱私權」！即在病歷電子化，全國各醫院皆可查詢的情況下，如何防止國人病歷資料的外洩。

病歷中文化的議題正如火如荼。我的看法是，如果認知到在數位醫療時代，「病歷電子化」是大勢所趨，那麼，「病歷中文化」也是大勢所趨。

病歷電子化之後，「病歷ＩＣ卡」之於病人，就像病人的「健康存摺」。病歷ＩＣ卡內，也許是一個共通密碼，或者病人可以在每一個醫院設立一個通關密碼。每個醫院只有這個病人在該醫院的資料，而病人本人則擁有他在各醫院的一切資料。就像每個人都會希望看得懂他自己的存摺，每個人也會要求看得懂他的「健康存摺」內的每一個字，因為這是他的「健康人權」，也就是「病歷中文化」的最基本理由。

這是劃時代的變革！

在過去，病人完全不能掌管自己的病歷。病人要複印他自己的病歷，須經醫師同意，直到二〇〇四年四月修正後的醫療法，才明文規定病歷所有權屬於病人，醫療法第七十一條：

「醫療機構應依其診治之病人要求，提供病歷複製本，必要時提供中文病歷摘要，不得無故拖延或拒絕；其所需費用，由病人負擔。」

換言之，「病歷摘要中文化」，在現行法律上已有法源，連修法都不必。

那麼，衍生的問題是，病人之外，有誰可以擁有病人的「健康存摺密碼」？例如，在場景A，如果家屬不知道病人的通關密碼，病人就得不到後來的治療效果了。這決定權屬於病人本人。

病歷電子化後，一定會出現許多心存不軌之徒，利用病歷資料來詐騙或推銷產品。儘管科技上說防火牆如何如何進步，相信屆時一定是私密資料滿天飛。未來的醫療糾紛恐怕會出現「控告醫護人員洩漏病情」。病人也有可能將時時更換密碼。

然而，由於「病歷電子化」有太多好處，以政府及醫療供應者的觀點而言，和「健保財政危機」、「資源平均分配」、「減少醫療浪費」相比，「個人病歷隱私」相對之下變得微不足道了。這是人權工作者的無奈，健康權會蓋過隱私權。我相信「病歷電子化」、「醫療數位化」的時代，很快就會來臨。既然如此，就讓病歷早日中文化吧。醫學名詞保留英文，非醫學名詞用中文來敘述，反而更通暢。「DNA」、「DRAM」需要中文譯名嗎？中、英文夾雜本來就是科學或醫學文字的需要，是全球化與時代進步的結果。要不然，何必把中文直寫改成橫寫呢？

——本文發表於二〇〇九年六月《財訊》雜誌

後記

台灣的病歷電子化，未自不同院區的連線著眼，而自病歷寫作的統一化著手。結果病歷變成「報表」，而非記錄醫護人員思考心路過程，自病歷中讀不出醫護團隊的想法或用心。悲哉！

「病歷中文化」不應是「全有或全無」

「病歷中文化」的議題，熱鬧了一陣子之後，好像已經冷了下來，看樣子在短期內是不了了之了，非常可惜。會出現這種結果，我以具有醫界專業知識的旁觀者角度視之，覺得是因為正、反兩方未能堅守問題的本質而在爭論過程中引發情緒，各趨極端，終致無法妥協而一事無成。這也暴露台灣各種公共議題在討論之後常常陷入難以妥協的困境，以致不能創造進步的癥結所在。

「病歷是否應該中文化？」這個問題的出發點與本質應該是檢討病人人權的一個議題：「醫界過去是否因積習或惰性及過度強調本身專業的方便，而漠視了病患對本身病情的知的權利？如果確實如此，則在病患人權意識高漲的今天，應如何針對此一議題做合理變革，以增進病患人權」。

我想台灣絕大多數的醫師，都會同意目前所有病歷資料，包括出院摘要都用英文書寫，而完全不使用本國語文的作法，對病人來說是不公平的。所以我想台灣的醫師絕大多數都會同意在這項「提升病患對本身病情的知的權利」的基本原則上，做某種程度的變革。

可惜的是，「全有或全無」（All or None）的盲點引發一些偏頗的論點，而導致雙方難以妥協，無法共創進步。

第一個盲點是「病歷」的定義及範圍。

當某些中文化支持者的理由是「以英文寫病歷會導致筆錄不實而虛報健保費」；當部分醫師認為「用中文寫病歷會影響醫療品質」時，他們所指稱的「病歷」，自然是病歷的第一個字到最後一個字。

然而，如果我們回到議題的原始目的：「提升病患對自己病情（包括醫師處置）的了解」時，我想正、反雙方都會同意，絕大多數病人所需要的不是全部病歷，而只是「病歷摘要」。

不久前，曾經有位國人甚為尊敬的政治界大老住院某醫學中心，出院時要求一份「出院摘要」，結果全部為英文及拉丁文天書，他非常不高興，但也莫可奈何。其實，我們的醫療法內有這麼一條相當保障了病患的權益，那就是第七十一條：「醫療機構應依其診治之病人要求，提供病歷複製本，必要時提供中文病歷摘要，不得無故拖延或拒絕；其所需費用，由病人負擔。」可惜很少有病患根據此一條文向醫院要求提供中文版之出院摘要，或要求將重大資料（如手術報告或病理報告）翻譯成中文者。

「病歷摘要」的定義，依我看，則包括病人的「住院病歷摘要」（Hospitalization Summary）、病理報告、手術紀錄，頂多再加上一些重要的影像這些關鍵資料就夠了。如果病人沒有住院，只有多次門診，此時醫師必須特別另寫「門診病歷摘要」（Outpatient Summary），以中文去寫，不會有太大的不方便。至於住院時流水帳似的每日病情敘述，我認為病人其實不用干涉醫師用哪一種文字去書寫，因為重要的將來都會在摘要內。

我在門診常常遇到轉院病人把原醫院的一大疊病歷全部複印，影像全部拷貝。說實話，這只是浪費紙張與金錢，醫師們不可能也不需要逐字去看。除非病患或家屬要打醫療糾紛的官司，否則病家沒有必要去了解病歷上的每一句話。而諷刺的是，如果是為了打官司，在參考國外資料時，病歷資料以英文記載猶勝中文。

醫界團體曾有聲明說：目前「病歷摘要」和醫師告知義務等都是以中文呈現的，其實我的了解並非如此。以目前台灣的醫學中心而言，住院摘要上除了病人基本資料和摘要內容的分段標題外，其他幾乎全是英文。一大本病歷中大概只有具公文效力的文書，如診斷書、各種病人同意書是用中文寫的。倒是台大醫院的初診病歷格式，已經中文化了。

第二個盲點是「中文化」的定義與範圍。

病歷中文化應該並非表示「每一個字都要寫中文」。部分醫界人士極端解釋為「所有專業名詞都要翻譯成中文，極不方便」、「會無法和國際接軌」、「醫療品質會退步」。這樣的說法是情緒語言，偏離了「如何提升病人對病情與治療的了解」的原始論點。「提升病人人權」與「和國際化接軌」，豈會互不相容？

「病歷摘要」大體分成兩部分，我們大可分開來談。A部分是病史的部分，B部分則是以專業檢查及治療為主的部分。通常我們所說的專業用語，大都集中在B部分，A部分雖然也有專有名詞，但比較像英文作文式的敘述及描寫。這一部分以我的經驗，以中文來描述反而比用英文來寫還流暢。經驗上，台灣大部分醫師的英文也還沒有好到出口成章的程度，往往是使用一些慣用的語法。所以A部分若以中文來書寫，應是皆大歡喜。

至於B部分的專業術語方面，以目前的情況而言，「病名」大都已有約定成俗的中文譯名，「檢查步驟」亦然。至於「檢查細目」，我認為可以保留原文，這些絕大部分是英文縮寫或字頭簡寫。有些如GOT、GPT代表肝機能，Cr肌酐酸代表腎臟功能等，用久了，自然像DNA、DRAM或日本的JR一樣，大家自然耳熟能詳，成為本國語言的一部分，這是全球化趨勢。至於藥物名稱，更需要保留英文，才能保留與國際接軌，也才能區分是學名藥還是原廠藥。但各種影像檢查報告或病理報告則應以中文寫出，讓病人可以看懂自己的檢查報告。

換句話，「病歷中文化」應該是強調病歷不必強迫清一色英文，而可以讓中文有存在空間，讓中、英可以夾雜。其實目前醫學生在病房晨會的報告上，或住院醫師病例討論上，雖然病歷是英文，簡報講義也是英文，但口頭報告與討論的表達方式每個人都是中、英夾雜，而且中文比英文多。

病歷中文化，應視為「病歷書寫的白話文運動」。如果住院病歷、門診病歷，醫師們都「手口如一」，以「中英夾雜」的自然方式去寫；醫師們應該可以稱便。只要在病患「住院摘要」的部分，把特定專業名詞翻譯成中文，盡量用中文去書寫，病人一定大為滿意。只要二、三年的過渡時間，讓醫師們習慣專業用語的中譯，讓病患們了解與本身疾病相關的少數英文名詞之後，就可以達到醫師、病患雙贏，而創造出一個提升台灣社會進步的典範實例了。

二〇〇九年七月，我參加了亞太骨髓移植醫學會，因為與會代表都是老朋友了，所以我就做了一個survey。不以英文為官方語言的國家或地區，除了香港因為該地的醫學院大都以英文授課，所以絕大部分香港醫師以英文寫病歷以外，其他國家（包括日本、韓國、泰國）幾乎都以本國母語和英文夾雜去寫病歷。

我的日籍好友，前東京大學醫學院名教授淺野茂隆，退休後轉任早稻田教授。他聽了我的問題，以非常鄭重的語氣告訴我，在八〇年代以前，日本醫師也大都以外文（包括英文或德文）寫病歷，後來為了尊重病人人權，因此大約自二十年前日本已經不再有完全是英文寫的病歷了。而現在最常見的作法就是以日文敘述主文，而醫學名詞則保留英文。八月中，我正好有機會到日本的一所一流大學附屬醫院拜會另一位教授友人。承蒙他的好意，讓我

病 歴 要 約

提出No.　　分野名　.　科　　病院名　大学病院
患者ID.　　患者氏名　　入院日　年　月　日
患者年齢　歳　性別　　退院日　年　月　日
受持期間 自　年　月　日
至　年　月　日

転帰：□治癒　■軽快　□転科(手術　有・無)　□不変　□死亡（剖検　有・無）
フォローアップ：■外来にて　□他医へ依頼　□転院

確定診断名（主病名および副病名）
#1.　びまん性大細胞型リンパ腫 csⅡA
#2.　肥満

【主訴】咳、前胸部痛
　　年12月より咳、倦怠感を認めていたが、　年3月の健康診断ではXp上異常陰影は指摘されなかった。　年5月から労作時呼吸困難、胸部痛を自覚するようになった。　年7月初旬、咳が増悪するため近医を受診したところ、胸部異常陰影を指摘され精査目的に7月14日墨東病院を紹介受診した。胸部CTにて前縦隔腫瘍が疑われたため、7月21日当院呼吸器外科を紹介受診した。即日検査入院となり、CTガイド下に生検を施行した。生検の結果、異型リンパ球のびまん性浸潤を認め、CD3(−)、CD79a(+)、L26(+)でありびまん性大細胞性リンパ腫と診断された。なお入院時のPET/CT上は前縦隔、左鎖骨上窩リンパ節にFDG集積亢進を認めたが、骨髄、髄液中には明らかなリンパ腫細胞の浸潤を示唆する所見を認めなかった。以上からびまん性大細胞型リンパ腫 csⅡAと診断された。
　今回加療目的で8月5日当科入院となった。
【既往歴】齲歯(加療中)　【家族歴】父：肺癌にて死亡
【生活歴】喫煙歴：20本/日×17年、飲酒歴　【アレルギー】なし
【主な入院時現症】
身長 163.0cm, 体重 79.4kg, 血圧 115/72mmHg, 脈拍 82/分・不整,体温 36.9 度, 眼瞼結膜貧血なし, 眼球結膜黄疸なし, 左後頸リンパ節 5mm 大を 1-2 個触れる(圧痛なし、可動性なし), 左肺の呼吸音低下著明、ラ音なし, 心音純, S1~S2~S3(-)S4(-)心雑音なし, 腹部膨隆かつ軟, 圧痛なし, 筋性防御なし, 肝脾触知せず, グル音正常, 下腿浮腫なし
【入院時検査所見】
＜末梢血＞WBC 11800/μl (Band 0%, Seg 76%, Lymph 10%, Mono 6%, Eosino 7%,Baso 1%), RBC 482 万/μl, Hgb 13.6g/dl, Hct 41.5%, MCV 86fl, MCH 28.2pg, MCHC 32.8g/dl, Plt 416 万/μl, Retics 0.9%　＜凝固系＞APTT 31.8sec, PT 9.9sec, PT ＞100%, PT-INR 0.95, FNG-C 375mg/dl, D dimer 3.1μg/ml
＜生化学＞TP 6.3g/dl, Alb 3.6g/dl, TB 0.4mg/dl, BUN 8.2mg/dl, CRTNN 0.6mg/dl, UA 6.1mg/dl, Na 138.2mEq/l, K 4.0mEq/l, Cl 104mEq/l, LDH 971IU/l, AST 24IU/l, ALT 14IU/l, ALP 249IU/l,γGTP 17IU/l, AMY 53IU/l, CPK 81IU/l, TC 145mg/dl, TG 164mg/dl, GLU 141mg/dl, CRP 2.08mg/dl, β2MG 1.76mg/dl, S-IL2R 957U/ml
＜血清＞ガラスバン(-), TPAb(-), HBsAg(-), HCVAb(-)
＜骨髄(8/3)＞骨髄穿刺：slightly hypercellular marrow。 NCC 290800/μl, Mgk 110/μl, POX: n.p., Blast 2.0%, Promyelo 1.2%, Myelo-N 6.8%, Meta-N 9.4%, Band-N 22.2%, Seg-N 18.8%, Segs-E 5.2%, Segs-B 0%, Lymph 12.0%, Aly 0%, Mono 1.2%, Plasma 1.0%, Reticulum 0%, Mast 0%, NBL-Pro 0.2%, NBL-B 0.4%, NBL-P 19.24%, NBL-O 0.2%, Total　500
骨髄生検：正形成性骨髄であり、各成熟段階の造血細胞を認める。異型リンパ球浸潤は認めない。
＜腰椎穿刺(8/5)＞
細胞数 0個/μl、細胞診 異型細胞を認めず
【PET/CT】前縦隔に長径10cm大のFDG集積亢進を示す腫瘤性病変、左鎖骨上窩リンパ節にもFDG集積亢進を示すリンパ節を認める。リンパ腫病変を示唆する所見である。
【ECG】W.N.L.　【胸、腹部X-p】左胸水著明。右下肺野浸潤影あり。CTR評価不能。
プロブレムリスト
#1.　びまん性大細胞型リンパ腫 csⅡA
#2.　肥満
【入院後経過と考察】
#1. 入院後、麻酔科コンサルトの上腰椎穿刺を施行した。脳脊髄液からは悪性細胞を認めず、中枢浸潤は否定的であった。8月6日よりR-CHOP療法(Rituximab:618mg day1, ADR 82.5mg day2, VCR 2mg day2, CPA 1237mg day2,PSL 100mg/日 day1-5)を開始した。リツキサン投与時、顔面から前胸部にかけて膨疹が出現した為、ソル・コーテフ50mg点滴を行い、改善を認めた。8月7日のCXpで左胸水は増量しSpO2 94%(室内気)と低下を認めたが、その後減少した。化学療法による反応性の胸水増量と考えられた。その他明らかな副作用を認めず経過良好であったため8月11日退院した。
#2. BMI 29.8であった。今回の入院中はステロイドにより夕食・就前の血糖上昇は認めたが、200mg/dl以下で経過したため、8/8より血糖値測定は中止とした。
【総合考察】
　本症例はbulky lesionを有する縦隔原発びまん性大細胞型リンパ腫の症例である。Pfreundschuhらは MabThera International(MInT) Trialにおいて、60歳未満、IPI低リスクのDLBCL症例におけるR-CHOP療法のCHOP療法に対する優位性を示したが、中でも長径10cm以上のbulky lesionを有する症例は長径5cm未満の症例と比較して3年PFS、OSともに低いことを報告した(Lancet Oncol　;9:435)。一方縦隔原発大細胞型リンパ腫に対する初回標準療法の優劣は依然明確ではなく、本症例に対しては若年限局期DLBCLに準じR-CHOP療法を施行した。
【退院時処方】
①バクタ　4T/2×②パリエット(10)　1T/1×③酸化マグネシウム　1.5g/3×④レンドルミンD(0.25)　1T/1×⑤プリンペラン(12)頓用

記載者：現病院名　大学病院　氏名
教育責任者：病院名　大学病院　氏名

日本的「病歷日文化」。這是日本某知名大學病院的出院摘要。基本上，每位病人以二頁為原則，主訴、住院經過及重要檢查報告（影像、病理）雖有專有名詞，亦以病人看得懂的文字寫出，只有一些慣用之專有名詞簡寫仍以英文表示。還有，這也是病歷電子化。

copy了一份該醫院一位淋巴瘤（リンパ腫）病人住院摘要實例（已將個人隱私部分先行塗去），我認為這份摘要的寫法足供台灣借鏡，因此取得同意，post於前頁，希望能聽取國內醫師同仁及社會賢達的高見。

——本文部分發表於二〇〇九年十月《財訊》雜誌

後記

台灣病歷電子化之後，中文化好像更遙不可期了!?

幽門桿菌啟示錄

消化性潰瘍在台灣是很普遍的疾病。過去認為消化性潰瘍的成因是因為緊張或勞累或飲食太酸辣導致胃酸過多，造成胃腸黏膜腐蝕，導致潰瘍。近二十年來，拜兩位澳洲科學家的研究，大家才知道「消化性潰瘍其實不是胃酸過多引起的，是細菌引起的」，而這種細菌，就是幽門螺旋桿菌，會在家族間造成傳染，所以「消化性潰瘍是一種傳染病」，因此「治療消化性潰瘍最好的方法不是制酸劑，而是抗生素」；而且「胃癌的產生也跟這種細菌的感染有關」，所以「細菌可以導致胃癌」，故而「使用抗生素可以有效預防胃癌」。證明這些顛覆性觀念的羅賓・華倫（Robin Warren）與巴利・馬歇爾（Barry Marshall）兩位醫師，則因此榮獲二〇〇五年的諾貝爾醫學獎。

華倫是病理學家。一九七九年他研究胃切片樣本，發現其中五〇%有此類形狀特殊的細菌。而其實，早在一八七五年，德國的科學家就觀察到人類胃部表面黏膜中有螺旋菌存在，但無法真正培養出來，百年來不知道有多少病理醫師在顯微鏡下「看到」這種細菌，但也無人注意。直到華倫，才「再發現」之，也是第一次有人懷疑它們才是胃潰瘍的真正「元凶」。

啟示一：「看到」不一定等於「發現」，「用心看到」才能發現。

馬歇爾在一九七九年時還是個年輕的內科住院醫師，他對華倫的說法感到興趣，於是就主動加入負責「培養出這個菌種」，但一直未能成功。有一次，他因為外出旅行而太晚去檢查他的培養皿，結果卻意外看到細菌長出來了，原來這種細菌的培養有兩個特質：一是培養液要酸性，因為它喜歡胃酸；二是長得很慢，所以以前都誤以為沒有長出來而丟棄。

啟示二：成功是九九％的努力加上一％的運氣。

這二位諾貝爾獎得主來自伯斯大學，即使在澳洲都不算前三大，更不是「全球百大」名校。

啟示三：好研究，在於好人才及好念頭。

自一九九〇年後，美國可能因為衛生的改善及抗生素的使用，胃癌的發生率竟然大減八〇％。然而，胃酸逆流所產生的「逆流性食道炎」以及「食道癌」卻大為增加。有人提出假設，認為幽門桿菌對人類有好處：控制胃內酸度，以減少胃酸逆流食道所產生的傷害。這假設雖有不少支持證據，但尚未能完全被接受。

啟示四：「一體兩面，禍福相倚」真是硬道理。

近年來，更有趣的是，證明了幽門桿菌幾萬年來一直和人類長相左右，是人類的「忠實伴侶細菌」。大約有五〇%的人類在胃中感染此種細菌，而大都是終生感染，通常是在家族中經由嘔吐物而相互感染。

目前已經發現有五種幽門桿菌的亞型：非洲二種，歐洲二種，東亞一種。幽門桿菌有一千五百五十個基因，不同亞型其基因的差別可以高達六%。然而有趣的是，這五種亞型的遠祖，和人類一樣，始於東非。五萬八千年前，這個細菌開始自東非擴散，這正好也是人類開始自東非向外大量遷徙之時。換句話說，人類與幽門桿菌皆源於非洲，人類在走出非洲之前就已感染幽門桿菌，兩者幾乎是相依為命的好朋友，一起遷徙，一起變異，因此人類如何地理分布，幽門桿菌也跟著如何地理分布。

啟示五：亙古以來人類最長相左右的朋友叫作「幽門螺旋桿菌」！

例如：亞馬遜的印地安人，其幽門桿菌是亞洲原型，不是歐洲原型，這表示其祖先早在一萬年前就已遷徙至此。而自幽門桿菌的研究也證實，台灣原住民是南島語族的祖先（請參閱42頁〈東方有佳人　遺世而獨立〉）。

啟示六：由人體內幽門桿菌的亞型分布可以刻畫出人類遷徙路線，這就是「細菌考古人類學」。

——本文發表於二〇〇七年三月二十五日第四十九期《非凡新聞e周刊》

左：巴利・馬歇爾（內科醫師）
右：羅賓・華倫（病理醫師）
兩位因發現幽門桿菌而獲得諾貝爾醫學獎的澳洲醫師檔。
（Frances Andrijich 攝）

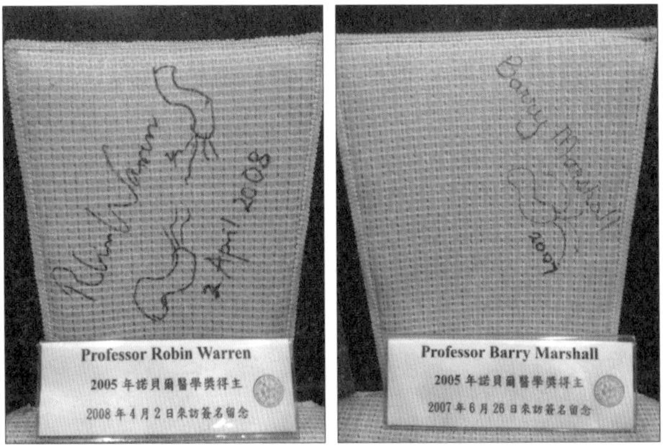

以上照片為為兩位大師分別訪問台大醫學院時，在沙發上留下的簽名及幽門桿菌卡通畫。

美體小舖的大志

我對名牌一向很後知後覺，對化妝品更是沒有什麼觀念。只是「The Body Shop」這個名字實在取得太好了，簡短又兼具意象，所以自從二十多年前在美國的Mall看到之後就印象深刻。後來在台灣也有了「美體小舖」，這個譯名也實在不錯。但也一直要到最近看了《新聞周刊》的報導，才知道在這個「小舖」的背後，竟然也可以擁有這麼豐富的內涵。

「安妮塔．羅迪克專訪」是這篇文章的標題，如果不是美體小舖創辦者的名字正好與美國網球名將羅迪克同名，讓我以為是在訪問這位網球名將的哪一位親戚，我還不一定有興趣看這篇文章呢。

專訪的內容其實很簡單。安妮塔．羅迪克（Anita Roddick），一位英國女性，創業有成，名利雙收。於是，在有點老又不太老的年紀（她今年六十四歲），又知道自己有C型肝炎及初期肝硬化後，她決定賣掉企業，以生命的餘年來全心投入做自己更喜歡的一些更有意義的事。

這樣的心境在六十歲上下的很多人身上都有，不過羅迪克的錢夠多，氣魄夠大，立志去做的事也很有格局，所以給人的感覺就很不同。

她把事業體「美體小舖」賣了一億三千萬英鎊。她不再做一些「肥皂盒子」的泡沫小事，她要做大事，做自己認為的「正義之事」。她捐出三千萬英鎊，成立基金會，去和一些「大而醜陋」的事作戰：不正義戰爭、濫用人權、對婦女的性追蹤等。「我要把我的餘生全部奉獻在愛人類的行動」。

其實安妮塔・羅迪克早就因為對動物的愛心與企業倫理的堅持而成名。「小舖」自創立，就反對以動物實驗測試化妝品，而以其他科技方法代替，更對原料供應商嚴格審核控管，絕不採購經過動物測試的成分。以往為了化妝品動物測試，一年有好幾萬隻小動物被虐殺。

羅迪克積極透過活動宣導，在美體小舖及其企業伙伴的努力呼籲下，一九九八年十一月，英國政府終於頒行化妝保養品業者禁行動物測試的命令。其後，德國與荷蘭等歐洲國家也立法禁止用動物測試化妝品。羅迪克也因此贏得許多國際組織頒獎。二〇〇三年，英國女皇授她「女爵士」頭銜，二〇〇四年，美體小舖榮獲「全英國最被信任的品牌第二名、全世界第二十八名」。

一九九〇年，她成立了一個「邊緣兒童基金會」，以幫助東歐及亞洲的問題兒童為宗旨。她也極重視環境問題。

二〇〇三年，美國入侵伊拉克，對她是個很大刺激。她當時發表看法說，「這是不義的戰爭，是公民自由的侵蝕，讓歐洲人不再嚮往成為美國人」。這個言論，讓《紐約郵報》抓狂，稱她為「恐怖分子同情者」，同時呼籲讀者抵制「美體小舖」產品。於是三年後她乾脆把公司賣了個好價錢，一方面可以讓公司的營運與利益不受影響，一方面讓她可以利用這些錢來堅持她的理想，來全心投入這些「改變社會」的事，「弄髒我的雙手也無所謂」！在《新聞周刊》的訪談中，她有許多話很得到我的共鳴：「人們是愈老愈激進的，至少有一部分人是如此」。「我自出了子宮之後就一直是個行動派，我是六〇年代的一部分，（六〇年代的精神），一直存在我的DNA深處」。

這使我想到，當中共頒布反分裂法時，一位每每大言炎炎的台灣老闆，比羅迪克更年高也數倍有錢，卻為了擴大在大陸的投資而以「考量公司的利益不受到影響」為由，將自己的言行做了一百八十度的大轉彎。台灣企業人的正義與擔當，與英國女人相比，簡直是「番薯籤比魚翅」，真該反省！

——本文發表於二〇〇七年七月二十九日第六十七期《非凡新聞e周刊》

後記

沒想到，我寫了本文後不到五十天，二〇〇七年九月十日，安妮塔・羅迪克逝世，死於肝硬化。

同位素・輻射屋・癌

時間：二〇〇七年底。地點：美國西岸某機場。人物：在下。

好不容易也領到了行李，正要出關，結果才走了幾步路，突然聽到「嗶」的警笛聲，大約十公尺外的一個女性安全人員不怎麼友善地向我揮手，我立刻緊張起來。

「你有同位素，我們得檢查一下。」〔還好我是醫生，否則一定聽不懂同位素（isotop）這個拉丁字。〕她大概看我一臉錯愕的樣子，接著說：「量不高啦，最可能的是你最近曾接受某些醫學治療或檢查，不過我們還是得鑑定一下。」原來她拿著「蓋格輻射測試器」。

我猛然想到，大約三個星期前，我做了鉈201的心臟灌注試驗，於是我把這件事告訴了她，她聽了臉上開始有笑容了。

幾分鐘後，來了一位年輕帥哥，拿著另一個我不懂的儀器，再弄個差不多十分鐘，告訴我：「沒錯，是鉈201，量不多，你可以走了！」

這個經驗令我印象太深刻了。老美的「反恐」，真是做得滴水不漏；而且效率真高，不到半小時，同位素的種類和數量都一清二楚，真太厲害了。二〇〇六年倫敦發生的俄羅斯間諜誤吞價值兩億的釙210輻射中毒的死亡謀殺事件，顯然讓老美心生警惕，注意到「輻射汙染」也是一種恐怖行動，像「炭疽病菌」的傳播汙染一樣，甚至其嚴重性有過之而無不及。

以後我可以寫一篇小說。某國派出一個自殺式恐怖分子，利用一小時的時間，把半衰期很長，輻射性很強的某種同位素，在敵國最大城的車站、機場、大學、百貨公司都撒上一些，再把剩下的容器丟入該城市的上游水源，然後自己也投水自盡，因為反正本人也難逃受到輻射汙染中毒而死，也算是湮滅證據，並擴大汙染效果。

隔幾天，這城市會出現一些怪病，一定弄得人心惶惶，等到真相大白（這可不容易），大概嚇得這個城市至少好幾年沒人敢住。如果這個城市碰巧是個首都，搞不好政府機關都要疏散，那更是全國大亂。不要說這沒有可能，九一一之前誰也不相信會有那樣的事發生！所以老美那樣的戒慎恐懼，是有必要的。何必研發什麼核子彈頭，敢死隊就是輻射性同位素最好的攜帶器（carrier）！不過前提就是要有能力製備或取得「半衰期長，輻射性強」的同位素。台灣的機場安全檢測現在很重視來客有無發燒，將來要不要也檢測來客有沒有攜帶同位素，我想很值得當局思考，而且要趁早培訓這方面的專才，至少要有備無患，這才是現代的戰爭模式，「不對等戰爭」的思維。

在過去十年左右，同位素在醫學上的用途不論是診斷或治療，種類大為增加，人數也大為普遍，所以國人必須多少具備這方面的知識。例如有懷疑冠狀動脈硬化（就是有可能發生心肌梗塞或心絞痛）的病人，在決定是否做冠狀動脈支架或血管繞道手術之前，幾乎都會先做我上述所說的鉈201心臟灌注試驗。以台大醫院來說，一年大概至少做五千例，以整個台灣來說，大概至少五萬人會做此檢查，其他也使用到同位素的檢查，如骨頭掃描，台灣一年至少有三萬例，以及最近很流行的正子攝影（檢測癌症等等）。台灣應該至少每年有十萬人會做放射性同位素檢查，而且大都為成年人，如果換算人口比例，一定高出美國人或日本人許多。將來和我一樣被美國安全人員偵測到「輻射金光閃閃」的台灣人，相信不會太少。最近醫學界也在研究以同位素檢查來診斷帕金森氏症、肝硬化等等，這些新式診斷，其實也是生醫科技的進展與商機。

以放射性同位素來做檢查，強調的是「放射性低，半衰期也快」所以安全性高的同位素，例如鉈201，半衰期是七十二小時，所以三天之後，放射性剩下一半；六天之後剩下四分之一；九天之後，剩下八分之一；十二天之後，剩下十六分之一……依此類推。我的美國機場驚魂發生於檢查之後的十五天，所以身上還殘存三十二分之一的放射量，才會被偵測出來。

以同位素放射出來的量來殺死癌細胞，其來已久，就是「放射治療」或簡稱「放療」。在台灣，不知自何時起，醫生與病人均常以「電療」稱之，有些不明就裡的民眾望文生義，便誤以為是用「通電」來治療。最傳統的放射治療，就是以鈷60來治療。鈷60的半衰期有五年多，換句話說，如果進入體內細胞，還可以作用一段很長的時間，而為了要集中在癌組織不傷害到正常組織，所以不像診斷用的同位素，可以用注射的，甚至必須使用直線加速器等等，來盡量減少對正常細胞的傷害。近年來，這些放射治療更是數位化了，就是「電腦刀」、「螺旋刀」等等，都是病人的福音。

一般來說，這些放射性物質的管理當然是應該非常嚴格的，以免造成輻射汙染。可台灣竟然發生了世界上史無前例的大規模建築用鋼筋被鈷60汙染，這就是一九九二年左右震驚台灣社會的輻射屋事件。

輻射屋事件自一九九二年迄今，十六年了，二十五歲以下的人，可能大都不知道台灣的街頭上曾經出現一百八十五棟以上的輻射建築，一千六百多戶的輻射屋。這些輻射屋大都集中在台北縣市，以及桃園、基隆，有些甚至在都市精華區，估計有近一萬人曾經在輻射屋中居住、上班、上課。這其中除了公家單位、國宅與學校已經拆除重建外，其他大多數輻射屋依然存在，許多民眾進出輻射建築而不自知。這批鈷60汙染的輻射鋼筋的來源，好像是一九八二年左右自國外進口的，到現在好像沒有聽過哪位政府官員因此辭職負責。鈷60的半衰期是五年三個月，所以到一九八六年左右其輻射量剩下四分之一，一九九一年剩下八分之一，一九九六年十六分之一，二〇〇一年三十二分之一，至二〇〇六年為止，大約還有原來的六十四分之一，雖已大幅降低，但尚未成為過去式。

輻射屋事件發生以後，大家最關心的是居民的健康問題，特別是有無癌症之發生或慢性的器官機能障礙。

衛生署委託台灣醫界聯盟基金會，自一九九三年十一月到一九九四年十二月進行的「民生別墅住戶額外輻射線暴露健康危害評估與流行病學調查計畫」，醫學聯盟的結論大致是：一、在輻射屋居住或就讀的學童，染色體的變異確實高出一般民眾。二、對於罹癌率是否增加，則語焉不詳。

有一篇研究主持人二〇〇五年受訪的文章。他表示：理論上，罹癌「機率」會增加，但引起腫瘤或癌症的外在環境因子除了輻射外，尚有多種，也必須考慮個人體質（內在之基因特質），而且在台灣大約有三〇%的人，終其一生可能罹癌。因此，「欲確定某癌症是否由輻射暴露引起，有其困難之處」。這論點，我也同意。然而，輻射屋居民罹癌的年度發生人數，一直未見有正式報告，因此自然也就沒有統計學上的分析，或與一般罹癌率之比較。這不能不令人覺得，數據與資料似乎有所欠缺。

然而，在我的病人之中，就有兩位二十歲以下的白血病或淋巴癌患者，曾經是輻射屋居民。他們發病年代，則在輻射暴露的五至十年之間，倒是相當符合廣島長崎原爆後居民發生白血病或淋巴癌之高峰期。

更令人注意的是，我還有一位中年女性病人，一九八四年至九二年在台北市中心一棟高劑量輻射屋辦公室工作。她在一九九九年到我的門診，診斷為血小板增生，雖然不是血癌，但其實就代表骨髓造血幹細胞的基因突變及細胞異常。到了二〇〇二年，她又檢查出乳癌，並接受乳房切除手術及化學治療。而據她說，在同一辦公室內，她有八個女同事，而這九位女性中，〇一及〇二年就有三位被診斷出乳癌，而且這些人都沒有乳癌的家族史，這難道只是巧合嗎？然而沒有聽說其他輻射屋女居民有明顯增加罹患乳癌的訊息。再說，一九九〇年，新加坡的兩位副總理李顯龍和王鼎昌也在同一星期內都被診斷出淋巴瘤，有時人世間也確實是有這樣的湊巧！

所以這些罹癌的輻射屋居民，一直無法申請到任何國家賠償，而只能無語問蒼天了。

——本文發表於二〇〇八年九月《財訊》雜誌

後記

現在台大醫院已為同位素檢查者出具英文證明，俾供出國時使用。

從反核到反反核的勇氣與偏見

在一九八六年的車諾比事件之後，核電廠被打入敗部，大約有二十年的時間，全世界沒有一座新的核電廠出現。

然而，二〇〇八年十二月二十八日，南韓政府宣布，要在二〇二二年以前投資十二座核能發電廠。荷蘭本來只有一座核電廠（比鄰近的法國要少很多），一九七三年開始運轉，原擬在二〇一三年關閉，現已延至二〇三四年，並且在二〇〇八年九月決定再新建另一個機組。麥肯在選戰時也以核能作為替代能源的主要選項（歐巴馬則以太陽能為號召，但研發之路尚長）。顯然的，在地球暖化危機的議題出現之後，「減碳效果」的考量已漸凌駕於「油價高昂」的考量之上，而核能正是最佳減碳方式。所以南韓就表示「核能發電是最乾淨、最經濟的能源，興建核電廠可以一併解決高油價的難題，並減低溫室效應氣體的排放」。

當初核電廠之所以落入敗部，主要是因為「安全問題」的考量，怎麼現在大家好像不再提起了呢？在過去擁核、反核的衝突中，其實雙方很少就專業的數據去分析。核電的問題有二：其一是核電廠安全性，像是車諾比災變那樣「立即而明顯」的危險；其二是放射性核廢料那種「永遠的貽禍全球及子孫」的難題。在九〇年代台灣反核運動如火如荼的時候，「建立非核家園」幾乎是台灣社會智識分子的共識，「台灣承受不了一次車諾比事件」可說是大家的直覺反應與反對理由，也就遑論核廢料的儲存問題了。那麼，二十年後，新一代的核電廠是否已經進步到安全無虞了呢？

核電是專業的問題，但因為核電專家在此領域內或多或少有利益衝突的問題，因此一般人對專家講的話反而往往會半信半疑。相反地，社運或環保人士的說法對大眾反而更有說服力。因此環保社運人士如果因為科技的進步、時代的變遷而由堅決反核變成擁核，就格外引人注目。這個人，必須有極明確的數據來以今日之我否定昨日之我，也必須有極大的勇氣來面對昔日同志的圍剿，乃至基本人格的質疑。「變」，必須是經驗智慧與勇氣的淬鍊，並非像歐巴馬的揭示那麼輕鬆自然，專業如斯，政治亦如斯。

本文就是要介紹這樣一位由反核變為擁核的人與事。

墨爾（Patrick Moore），加拿大人，一九四七年生，英屬哥倫比亞大學生態學博士。一九七一年，有名的環保組織「綠色和平」（Greenpeace）的共同發起人之一，其後擔任加拿大分會會長九年，以及國際總會會長七年（一九七九至一九八六），可算是綠色和平組織的先驅與大老。一九七一年，綠色和平駕 Phyllis Cormack 號出航抗議美國在阿拉斯加的核爆，他就已經是成員之一。

這樣曾是死硬派的反核領導人，自二〇〇六年起由反核變成反反核，二〇〇六年四月十六日在《華盛頓郵報》周末版寫了一篇〈邁向核電〉（Going to Nuclear），二〇〇七年十二月十日更直接撰文「綠色和平錯了，我們需考慮核電」。他說：「現在最關心地球暖化的環保人士，其實就是最反對核電廠的同一批人，這是很矛盾的。」

我把他的說法綜合如下：一九七〇年代，他認為「核能」就是「核災」的同義字。三十年的演變，他的想法也變了，現在他認為「唯有核能，才能挽救另外一個地球災變：全球暖化」。

「美國六百座火力發電廠每年排出二十億噸或全球一〇％的二氧化碳，以及全球六四％的二氧化硫，二六％的一氧化氮，三三％的汞。美國因一百零三座核電廠每年少排七億噸二氧化碳。現在美國有三〇％是核能電力，七〇％是火力電力，如果能反過來，七〇％核電，三〇％火力電力，那二氧化碳的排放就改善太多了。」

「三哩島事件應該是核電廠安全的明證。因為該核電廠的圍阻體（containment）做得好，所以輻射並未外洩而形成大災難。」而「車諾比災變之所以嚴重，是因為那是早期模型設計不佳，沒有圍阻體」。

「車諾比災變死了五十六個人，然而全世界每年因煤礦災變死亡者五千人以上。」

「有人說：核廢料遺害萬年，但是核能使用過後，其輻射只有原有的數千分之一，而且九五％可以回收使用。」

「有人說：核反應爐一旦遭受恐怖攻擊就完蛋，其實圍阻體有六呎厚，即使一架巨無霸飛機直接衝向核能反應爐，擊向圍阻體，核能反應爐也不會爆炸。」

綠色和平在二〇〇八年十月十日發表了一篇聲明〈Greenpeace Statement on Patrick Moore〉，

第一段就痛擊墨爾不能稱為「環保分子」。

綠色和平表示，墨爾確實在早期是綠色和平的一員，然而一九八六年起，他突然對他過去強力捍衛的每一項議題都改變立場，因為他被金錢收買了，被汙染製造者收買了。因此，墨爾從森林砍伐、鱒魚養殖、核能、塑膠（PVC）製造、基因改造食品乃至採礦的每一項議題，都站在與環保人士相對的立場。

綠色和平認為墨爾在一九九一年成立了名叫 Green Spirit（綠色精神）的顧問公司後，專替一些惡名昭彰的破壞環保的公司開脫說項。包括孟山都及BHP礦業公司等，罵墨爾是「綠色和平的孽子」。

對於墨爾的擁核理由，「綠色和平」提出兩點反擊。

「綠色和平」指出美國政府仍然認為核電廠是恐怖分子的攻擊目標。「綠色和平」認為，一旦產生這樣的攻擊，會造成數以千計的生命因大量輻射立即死亡，以及在核電廠周圍五十英里內的數十萬人有死於癌症之虞。

綠色和平諷刺墨爾的「三哩島事件事實上反證明核電廠安全防護是個成功案例」。綠色和平說，據美國官方估計，認為在三哩島事件仍有一千萬居里的輻射外洩。而一些體制外專家更表示，官方的說法可能低估了，事實上外洩量可能達到一億五千萬居里，因為圍阻體仍有外漏之處。

另外網路亦有諷刺墨爾「鼻子變長」的十大謊言。可見墨爾毀譽交加的兩面。

有趣的是，不論是墨爾或綠色和平，都沒有提到放射核廢料的存放問題，可能是美國或加拿大的領土太大了，又地廣人稀，美加人士對這個問題並不放在心上。

我的看法：核能確有進步，但若說絕對安全，未免言之過早。如果核電廠那麼安全，「綠色能源」的遠景就不會那麼吸引人了。而且墨爾在核能安全上也有些誇大其詞或一廂情願。例如，他說用巨無霸去衝撞核電廠，圍阻體也不會損壞。我真懷疑是否真的做過這樣的試驗！

台灣領土小，所以不論核電廠的安全性或放射核廢料的貯存都有問題，再加上地震以及戰爭威脅，一旦有難，損害將遠超過發生於美、加，而目前談綠色能源或核電外的替代能源則如畫餅充饑。然而條件與台灣很相近而又以講求環保出名的荷蘭，似乎也接受核電了，對擁核派確實是個鼓舞。另一方面，車諾比所在的烏克蘭，最近被俄國「斷氣」。如果沒有水力、沒有風力、沒有充裕陽光的烏克蘭寧可接受「斷氣」之苦，而不思再建核電，也表示核電有其不可克服的罩門。

——本文部分發表於二〇〇九年二月《財訊》雜誌

後記

台灣的反核運動，是一九八七年車諾比事件之後開始的。當時，我也是反核的，然而我必須老實承認，隨著核電科技的進步及地球暖化的日漸嚴重，在大約自二〇〇五至二〇一〇年，我其實是自反核漸漸質疑，隨著科技的進步，堅持「反核」是否正確。所以我寫了這篇〈從反核到反反核的勇氣與偏見〉，藉綠色和平組織會長墨爾的轉變，來點出「擁核」、「反核」的新思考。

而其實在同一個時間點，李遠哲也表達了他的擁核觀點，民進黨內閣也自張俊雄時代的拒絕核四，變為蘇貞昌、蔡英文的允准核四動工。那時的德國也沒有反核。

反核之所以成為大多數人的共識（特別是地震、颱風眾多之國家），是因為二〇一一年三月福島大地震及海嘯導致的毀滅式災難，終於讓世人震懾於大自然破壞力量之無可想像，而如夢初醒。

小心！核廢料就在你身邊

說起來有夠荒謬，台灣鄉下或離島民眾呼喊口號，發動抗爭，拒絕讓核廢料變成自己住家的鄰居，然而在台北街頭，卻有上百棟的「核廢料大樓」，有上萬民眾居住、出入。社會大眾自十五年前就已知道這些「核廢料大樓」的存在，卻見怪不怪。

這些「核廢料大樓」就是我們所熟悉的輻射屋。不是只有「核電廠」才產生核廢料，醫療用途所使用的同位素也會產生核廢料，只因半衰期較短，所以大眾較少去注意其不當處理而造成之汙染。而台灣之輻射鋼筋事件所汙染到的鈷60偏偏是醫療用同位素中半衰期最長的，可達五年多之久，而且汙染量又甚大，有些達安全標準的二千倍以上，相當恐怖。

從台灣輻射屋的處理過程就可以發現，台灣精英分子處理公共事務的心態充滿私心，缺乏公義，令人失望。結果是台灣人民近三十年來陷於「核廢料就在你身邊」的危險。民眾都誤以為輻射屋事件已經落幕，其實不然。這種罔顧人命的作風，不知要伊於胡底？

原子能委員會其實早在一九八五年就已經查獲有輻射屋的存在（就是民生別墅），卻機密封鎖八年，直到一九九二年因本身高層內鬥互相扒糞，民間才得知此訊息。原能會等於故意違背本身的法定職責——防止輻射危害、保障人民健康，真是沒品。

民生別墅事件爆發後，政府查出輻射鋼筋的來源是幸福集團欣榮鋼鐵中心所進口的原料受到鈷60的汙染，於是再追查一九八二至八四年完工的建築，最後登錄列冊的輻射屋高達一百八十五棟，受害戶超過一千六百戶，受害人口一萬人以上。然而，這些輻射建築所使用的汙染鋼筋推測約七千噸，只有銷售出的二萬噸有問題鋼筋的三分之一左右。換句話說，可能還有許多輻射屋建築成了漏網之魚，迄今未查出。

在善後處理方面，汙染建物中，公家單位、國宅與學校差不多都已拆除重建，而對民間的輻射屋，則放任存在，繼續使用。政府沒有一聲道歉，沒有亡羊補牢措施來保障人民健康。唯一得到國賠的是民生別墅，理由並非「政府疏忽而讓輻射鋼筋使用於建築」，而是「政府故意隱瞞，是行政上的錯誤」。換句話說，讓台灣街頭出現一百多棟含核廢料的輻射屋，不是行政錯誤也不必有人負責，而是民眾活該倒楣。

再來是學界登場。十五年以後，我們發現，台灣的學界有能，但卻也沒品。

輻射屋事件發生以後，大家最關心的是居民的健康問題，特別是有無癌症發生或慢性的器官機能障礙。於是，當時的衛生署委託台灣醫界聯盟基金會，自九三年起開始進行「額外輻射線暴露健康危害評估與流行病學調查計畫」。

二〇〇五年，這個小組將研究結果撰文寄到《國際放射生物學》雜誌（*Int. F. Radiat. Biol.*），後來刊登於該雜誌二〇〇六年十二月號，題目是「在輻射汙染建築長期低劑量伽馬輻射暴露下居民之癌症風險（一九八三至二〇〇二）」。

這篇文章的摘要指出：

一、在暴露組的七千二百二十一位住民中，共有一百四十一位暴露組住民罹患癌症，其中九十五位是在二至十年之居住初期居住時發生血癌及其他固態癌症。

二、血癌的發生率（慢性淋巴性血癌除外）有顯著增高。甲狀腺癌發生率則具邊緣性意義增加。

三、其他固態腫瘤發生率只有在初暴年齡三十歲以下者才有較高之現象，在此年齡以上者則不見增加。

結論是：「本結果顯示台灣之輻射屋居民，在長期少量輻射暴露下，某些特定癌症的發生率有增加風險。」

這篇文章又提到：經長期觀察研究，輻射屋之居民，若初暴年齡三十歲以下，即使其累積輻射量不高（年劑量一至五十毫西弗），仍見到：

一、所有癌症之發生率增加（約三・四倍）。

二、所有固態腫瘤之發生率增加（約三・九倍）。

三、乳癌發生率增加（約三・三倍）。

四、甲狀腺／乳癌發生率增加（約二十倍）。

因此輻射屋居民之腫瘤發生確有增加；而輻射累積劑量固然重要，但年齡也是關鍵點，而非輻射劑量。

然而，這樣台灣人民引頸以待的重大結論，研究小組卻從未告知國人。甚至到二〇〇五年，當外界問起輻射屋居民的罹癌是否增加時，其回答仍是含糊以對，模稜兩可：

「……雖然整體會因輻射暴露所引發腫瘤或發生機會或風險的增加，諒不至於增加太多。」甚至反要民眾自求多福：「……既然無法完全將發生腫瘤或癌症的機會或風險降至為零，善後的補救之道就只能定期的健康追蹤檢查，希望能做到『早期診斷，早期治療』，使過度之輻射暴露者能有最佳的健康保障。」

另一方面，研究小組前前後後有十五篇以上輻射屋居民研究的論文發表，其中包括頂尖的*Lancet*等。顯然對這些學者而言，他們注重的是發表文章與人事升遷，輻射屋居民只是他們千載難逢的絕佳研究對象。不論他們是以個人或社運團體之名來承攬這個研究，均對社會大眾有詳盡告知之責任。依這篇論文的一個重要發現，輻射屋居民的罹癌危機，事實上並沒有隨著年代的長久而消失。對台灣還存在的一百多棟輻射屋居民，這是何等重要的訊息，主其事的研究者豈可不告知民眾？

我是到了二〇〇八年年底，才知道有這篇論文的存在。我的第一個直覺反應是，至少輻射屋居民因急性血癌病逝者，應該國賠。然後，我驚覺，台灣現存輻射屋，即使其輻射量已低，仍不適合有三十歲以下之居民長期居住，否則仍有致癌之危險。

這批鈷60汙染的輻射鋼筋是一九八二年自國外進口，鈷60半衰期五年三個月，所以到一九八七年，輻射線剩二分之一，一九九二年剩四分之一，一九九七年剩八分之一，迄今二〇〇九年為止，大約還有三十二分之一的輻射強度，雖已大幅降低，但尚未成為過去式。如果以民生別墅而言，現在仍有安全值六、七十倍以上，對幼兒來說，還是危險得很。

其實，再怎麼說，公家單位的輻射屋十五年前早就拆了，何以民眾的就不必拆？輻射鋼筋之進口與使用，政府難辭其咎，政府應大幅提高拆除補償費用。

二〇〇九年三月十六日，我因緣際會得以參加行政院召開的「中央癌症防治會報」，我把握機會提了一個臨時提案，表示「由國內研究已證明輻射屋居民三十歲以下者，其癌症發生危險性增加。為保障國民健康，建請政府將尚存之一百多棟輻射屋完全拆除」。令人欣慰的是，在當場的首長與專家，無人表示異議，而會議紀錄則記載：「所提意見列入會議紀錄轉請相關主管機關研處，並於下次會議提出進度報告」。

三十年來核廢料一直就在我們身邊，還談什麼「非核家園」，有夠諷刺。只要這些核廢料大樓一天不拆除，政府就沒有盡到照顧人民（不只是居民）健康的責任，而台灣也就不能自詡為進步國家。目前當務之急是催促政府亡羊補牢，盡速讓這些核廢料大樓自台灣的街頭消失！

——本文部分發表於二〇〇九年八月《財訊》雜誌

後記

依原子能委員會之統計，台北市共發現八百五十戶輻射屋，迄二〇〇六年十二月三十一日止，有四百一十九戶仍有輻射劑量，四百三十一戶已無輻射劑量，或年輻射量低於一毫西弗。

數位醫療時代　台灣的機會

醫療技術的數位化，帶來許多臨床檢查及治療的進步。台灣的生技醫療產業，應如何自其中切入？

不知您有沒有注意到這些現象：以前照X光，要洗片子，如果醫師急需要看結果，病人必須等候洗片，然後帶回門診或病房。現在，病人做完X光檢查，這些數位化影像馬上可以傳送到醫師桌上的電腦螢幕，節省了不少時間。如果病人是在急診處，那處理起來當然更有效率，病人的問題可以提早解決。

而且，當這位甲醫師需要會診另一科的乙醫師時，乙醫師也不用親自跑到甲醫師處，因為乙醫師桌上的電腦也可以開啟病人的X光影像結果來做診斷分析。

更方便的，X光影像常須比較病人的現在與過去。過去X光片的時代，必須有很大的空間來儲存病人X光片資料，有不少人力花費在這些儲存、尋找與攜帶。病人如果需要攜帶影像片到其他診所，必須花一大筆錢去拷貝。現在，這些都不再需要了，多爽，因為電腦系統隨時可以開啟舊片來比較，當然一個前提是電腦資料庫的儲存量必須要大。

我的一個朋友，在接受定期健康檢查時，看到「冠狀動脈斷層攝影」，她想起父親是心肌梗塞去世的，姊姊也因有心肌梗塞做了冠狀動脈繞道手術，於是她花了兩萬多元自費接受了檢查。現在的斷層攝影可以由數位化影像立體重組，把病人的冠狀動脈系統顯示出來，就像一顆活生生心臟擺在醫師的面前，冠狀動脈大小支流的形狀、寬度甚至血管的鈣化程度，血管內的狹窄位置及程度，巨細靡遺的出現在醫生的螢幕上。這比過去的冠狀動脈攝影X光片的影像要漂亮清楚多了。醫生向病人解釋，一目了然。更重要的，這是非侵入性檢查。因為這個技術，我的朋友直接接受了心臟冠狀動脈支架置放。

我的朋友完全沒有任何症狀，但是醫學上，當心肌梗塞第一次發作時，就有三分之一的病人會死亡，而她顯然是心肌梗塞的高危險群。如果在以前，必須病人有心臟缺氧症狀，醫生才會為病人先做冠狀動脈攝影。這是一種侵入性檢查，醫師自病人腹股溝或手肘的動脈將導管置入，然後直趨冠狀動脈，病人必須住院，這個手術也具危險性。然而，由於數位化的冠狀動脈斷層檢查，我的朋友不但免掉做一次侵入性檢查之苦，更可貴的，她的支架是「預防性」，不必等到心臟真的出問題再置放，這個差別太大了。

數位化斷層不是侵入性檢查，又可讓病人提早治療契機，由「事後治療」變「事前預防」，對病人而言，好太多了。

以前的癌症放射治療，因為劑量無法集中定點，腫瘤周圍的正常細胞會遭受池魚之殃，不但副作用大，放射治療的施行對象大受侷限，效果也不盡理想。

現在出現「電腦刀」、「螺旋刀」等，這些都是放射治療數位化後的新配備。各醫院引為號召，有如裝備競賽，病人也趨之若鶩。其實，因為數位化的結果，放射劑量可以準確地集中在腫瘤組織上，所以副作用變少，更重要的是以前無法做放射治療的部位，現在也可以做了。如果有缺點，那就是昂貴。

以前有司法案件時，死者必須由法醫師來做司法解剖。以台灣來說，過去或因法醫師太少，或因家屬不願意接受解剖，因此司法解剖的比率一向偏低，而為國人所詬病，甚至造成重大司法案件懸宕未決。現在西歐方面已經興起一股熱潮，死者在司法解剖之前，先做全身之斷層或核磁共振攝影，再數位化重組，與真正解剖的結果兩相比較，常常相去不遠。因此期待將來可以用這個「斷層解剖」或「虛擬解剖」來應用在法醫學上，尤其是槍彈於體內之彈道路徑，各種內、外傷等，最有價值。

我在一九九八年為林滴娟案赴中國遼寧的海寧，那時家屬堅拒開腦鑑定，所以我就提出以斷層來取代解剖，誤打誤撞成了這種「斷層解剖」的最早範例。又例如三一九案中案的陳義雄，當時雖未能解剖，但如果做了數位化的全身影像檢查，至少我們可以知道他是生前還是死後落水，有沒有其他內傷，那麼目前的種種爭議就可以減少很多。

所以，數位化技術有可能在未來大大改變司法解剖鑑定的程序與風貌。數位化醫療時代的來臨，真是當今人類一大福音。未來的問題是，如何降低費用。因為新科技自然是昂貴的，例如傳統的放射治療一個部位只要二至五萬元左右就夠了，但數位化之放射治療則一個部位的收費動輒十萬元起跳。

除了數位化之外，未來的醫療趨勢將是微小化、個人化，以及國際化（國際化也者，國際醫療旅遊是也）。數位化、微小化、個人化的醫療儀器，都需要強大的電子及資訊技術的基礎，這正好是台灣的強項。台灣在終端產品上也許無法與奇異、西門子和飛利浦這種國際大廠競爭，但台灣的強項是，在全球供應鏈上掌握「全球倚賴的關鍵環節」，生產「供應鏈上小而美，但不可替代」的重要產品，而不是去製造那些大而昂貴的終端產品。

例如現在已有台灣廠商研發出世界第一流的數位化X光機，廣受好評。又如，數位化時代的另一重要項目是「儲存」，將來的病歷儲存顯然也會走向數位化。在高齡化世代，未來將依賴各種遠距照護系統，這些資料的儲存也須數位化。儲存系統將是數位化時代的一種「關鍵環節」，也是台灣可以著力之處。

有人會問，這些數位化影像儀器會不會有「山寨版」？我認為不太可能。因為這些儀器是「機構」使用，而非「個人」使用。而每個機構買了一台之後就得用好多年，所以儀器數量通常不會太多。而且因為售價昂貴，購買機構要求的是品質好、耐用，而不是在售價上計較。

數位化醫療時代來了，台灣的電子業與生技業應該抓住新趨勢思考如何結合，來創造與數位化醫療相關的「小而美，但無可替代」的關鍵新產品。如果與純粹生技，需要臨床試驗，安全性難卜的藥物製造比較起來，這種資本少、風險低、回收快的新世代產業，顯然是踏實多了。

——本文發表於二〇〇九年五月《財訊》雜誌

解決少子化的唯一祕方

我自二〇〇三年十月寫〈西方之死〉，呼籲台灣要嚴肅面對老年化及少子化的問題，之後又寫了〈楢山節考〉及〈少子化大臣〉（見拙著《生技魅影》）。政府也確實對少子化愈來愈重視，措施也愈來愈實際。

例如，經建會一直到二〇〇五年十二月底對人口政策的說法，猶表示要「以質代量」，要「分配教育資源，藉人口素質大幅提升，取代生產力不足的問題」，公開說「生一個諸葛亮比生一個臭皮匠好」。但到了二〇〇七年，已開始正視「如何提升生育率」了。經建會主委表示，將以「排除生孩子障礙」為主軸。他認為台灣少子化的主因在於照顧幼兒有困難，且養育成本高。部分婦女因生育而被迫退出職場。因此，政府規劃給予女性勞動者安心生產的環境，包括育嬰、產假津貼以及幼兒托育整合等政策，政府在二〇〇七年編列一百三十九億元預算。

一旦政策實施，三名子女家庭每月可領育嬰津貼二萬三千元。政府也規劃「育嬰留職津貼」，公務員每月一萬六、勞工一萬五千元左右。

政府的目標是盼望十年後總生育率自一．二人（二〇〇五年更下降為一．一人）回升為一．六人。十年所需總預算為二千三百七十一億元。

這真是大手筆！然而，我卻反而愈來愈悲觀。像日本雖然政府也投下鉅資，甚至早已設有「少子化大臣」，但迄今成果乏善可陳。我開始覺得，少子化的問題是無解的。因為已開發國家共存的「少子化」問題，是人類社會演進的結果再結合個人本位主義所造成的必然趨勢，不是政府誘導政策所能扭轉的。「少子化」對國家利益有傷，對個人利益不但無害，反而可能是正數，那麼除非國家以公權力施展高壓強迫政策，或有朝一日讓民眾基本上的觀念變革，政府的政策只能做到稍稍減輕少子化的嚴重程度，但是要回復到人口平衡狀態，幾乎是不可能的。即使政府達成十年目標，回升為總生育率一・六人，只是「嚴重少子化」改善為「中度少子化」而已。根據內政部統計，二〇〇四年台灣高齡婦女總生育率（平均每位高齡婦女一生所生嬰兒數）台灣為一・二人，全球為二・八人，台灣甚至比已開發國家平均一・六人要低得多，原因值得探討。

我一直不認同「現代夫妻不願生小孩的原因，最主要是養小孩太貴」的說法。這或是原因之一，但這是次要的，是女性為掩飾不願為小孩放棄事業（這才是主要原因）所提出來的表面說辭。三、四十年前，台灣國民所得只有現在的五分之一，又沒有兒童健保，每家可以養三個以上的小孩；而現在養一個小孩勉強可以接受，養二個小孩就有困難，絕非「經濟」上養不起，而是「時間」上養不起。為什麼沒時間養小孩，因為大家庭制度崩潰，育兒時間成本提高；再加上女性為了兼顧家庭與事業，所以育兒時間反而減少，在這樣的社會觀念與家庭結構之下，再加上科技的進步使生育可以完全操控，新生兒哪有可能增加？

過去在農業時代，個人不能單獨完成農耕，因此「家」是國家社會組成單位，大家庭男主生產、女主居家，都有其必要。個人有責任去延續「族系」、「宗法」，所以有「不孝有三，無後為大」之詞，傳宗接代，是生物本能，也是個人責任。但到了工業時代，一個人就可以生存、跑單幫，於是個人本位主義興起，「個人」代替家成為社會基本組成單位。

當「一個人拎著一只皮箱」就可以建立自己的事業時，大家庭就成了是非紛爭之處，而非合作生產之需，於是大家庭的制度逐漸崩潰，小家庭幾乎已完全取代大家庭；而且隨著人類地位的建立與財富的取得是依靠知識、管理、創新而非孔武有力，女性獨立自主的觀念，女性不再依靠男性的時代宣告來臨，於是女性走出廚房，走出家庭創造事業，「生兒育女」不再是女性之唯一責任或成就。「男女平等」的觀念由是而生，這對個人而言是好事，但對族群的繁衍而言，則相對受到影響。

在以「家」為單位的時代，家人自然要同一姓氏，所以妻子必須要冠上丈夫的姓氏，否則就不成為一個「家」。到了個人本位大於家本位的時代，丈夫與妻子開始不一定同姓。在這一點，台灣也好，中國也好，竟然不約而同更走在美國與歐洲之前，當然更走在最保守的日本之前。現在的台灣，婦女冠夫姓的幾乎是絕無僅有了；在美國，強勢如希拉蕊也要在其「羅德罕」之後冠上「柯林頓」。歐洲也仍然保留婦女婚後改用夫姓，只是「替代型婚姻」愈來愈多，非婚生子女占全國之半，自然冠的是女性的姓氏。因此歐洲「家」的觀念一大半是「替代性婚姻」的組合，相當特別。

在這樣的個人本位主義盛行，無須傳宗接代，有國家老年福利及退休金的年代，在台灣許多年輕一代的觀念中，生孩子簡直是自找麻煩而已。我的一個堅持不生小孩的朋友說，現在不需「養兒防老」，而需「老年防兒」——防止到老了兒子還賴你吃你用你，特別是在這種大學畢業生薪資下降，全國財富增加只集中在前二〇％老年富人，八〇％的人及年輕一代愈來愈窮的時代。沒有子女而覺得寂寞嗎？養條狗、養條貓更善體人意。現代人生孩子的意義是：「我倆愛情的結晶與見證」，而非傳統的「傳宗接代」，或「延續我的DNA」。以生物及種族觀點而言：「能延續我（家族）的DNA，才是生命的意義，才是成功」。老蔣說：「生命的意義，在創造宇宙繼起的生命」。英文的說法，人死後，由子女「繼承」，用的字是 succeeded，「成功」之意；表示有人繼承，就是成功。換句話說，在生命最後一刻，如果無人繼承，就不算成功。但現在台灣年輕女性，至少三分之一不理這一套，而寧可不婚；或婚而不育，認為自己的事業成功就是成功，不在乎有無兒女繼承。也因為台灣不太有這個「繼承」等於「成功」的觀念，所以台灣少子化的現象比歐美嚴重。

日本人遠比台灣人有宗族觀念，從他們皇室的繼承制度和社會仍有入贅制度就可得知。日本經驗告訴我們，「經濟補助」不是解決少子化的有效方案。目前雖然成功遏止了生育率逐漸下降的趨勢，由一・二回升為一・三左右，但要回升到一・六以上，我認為十年之內不太可能。而且日本還出現「分娩難民」的新問題，讓少子化問題雪上加霜。

最近，日本女作家新井一二三為文提到：因為少子化，日本產科醫師人數愈來愈少，偏遠地區的綜合醫院紛紛取消產科，孕婦產檢須遠路跋涉，即使有產科醫院，也因值班醫師太少，無法負荷，必須轉診。有些醫師勉力去做，結果不幸遇上高危險妊娠，反而挨告，婦產科醫師兔死狐悲，紛紛離職，且後繼無人。於是日本孕婦挺著大肚子卻找不到人接生。

日本的今天幾乎可以確定就是台灣的明天。以我服務的台大醫院來說，在我當住院醫師的年代，內、外、小兒、婦產是四大科，內科與婦產科招收的住院醫師比，約是二至三比一。在台大醫院只有舊大樓一千床的時代，每年有八、九個婦產科住院醫師，現在台大醫院近二千床，每年招收二十五至三十名內科住院醫師，而婦產科只有四名，約為六比一；比眼科還少。而且，這些醫師將來大部分會選「婦科」而捨「產科」，產科已成夕陽醫學。

新井一二三指出，日本許多女性醫師因為晚上值班及出診太多，自己生育兒女都倍感困難，再加上病人權利意識高漲，醫療糾紛倍增，醫生有隨時被訴的壓力，因此不少醫師當了母親以後就離開職場。新井說，從女醫師離職的理由可看出日本少子化的根本原因：要家庭就無法繼續工作，要工作就無法經營家庭。

在少子化的日本，要生小孩卻找不到醫師，因為醫師為了生育小孩而離開醫院了。然而在女性意識遠為強烈的台灣，當女醫生面臨生小孩與事業的抉擇時，大部分會選擇事業，捨棄小孩；當女學者面臨結婚生小孩及升等寫論文的選擇時，她們選擇的會是論文。我所知道的某大學，某系有八對夫婦檔，十六人一共只有兩個小孩。我不相信每月一萬六千元的留職停薪津貼，會使兩個小孩增加為十個。小孩少不是錢的問題，是職場的拚鬥問題。

目前日本婦女的職場環境要比台灣好一些，日本有「育兒休假制度」、「再僱用制度」，有保障「育嬰留職停薪假」的權力，二〇〇〇年初提出一千二百億日圓的「育兒減稅方案」，日本婦女在育兒期間可領工作時之四〇%薪水，但即使如此，日本生育率之回升仍然極其有限。法國婦女總生育率早在長期下降之後，二〇〇〇年緩步回升，二〇〇四年為一・八人。法國女性在生育第三胎及以上有二十六周產假，並保證獲得八四%工資。經建會有意師法，擬議中，是勞工大約每月可領一萬五千元，公務員一萬六千元左右，這已經是政府少有的魄力了。然而對台灣多私人中、小企業而言，顯有困難。更何況這樣的條件，能扭轉多少不婚女性去結婚或誘導多少生了第一胎的婦女去生第二胎，我覺得無法太樂觀，因為自生育率一・一%變成一・六%是約五〇%的成長率，而這樣的政策，我估計能有二五%的成長率就不錯了（一・一%變一・四%）。

真正要大幅改善，必須學新加坡大量進口廉價外傭；當台灣一半以上的家庭可以用美金一、二百元之月薪去請到外傭，讓女主人能專心發展事業，或許才能根本解決少子化，讓生育率提升三分之二到一・八%成為可能。

——本文發表於二〇〇七年五月《財訊》雜誌

利用「台灣多樣性」特色發展觀光

如果我們攤開地圖，會發現台灣在這個地球上何其獨特，會了解為什麼葡萄牙人會驚呼「福爾摩沙」。地球在北回歸線經過的陸地，不是崇山峻嶺（中南半島與亞洲大陸交接處），就是荒原沙漠（阿拉伯半島、撒哈拉、墨西哥沙漠）。較適合人類生存的地方，在這個緯度上的，只有中國大陸的兩廣地區，印度中部，然後就是與大陸一水之隔的亞洲台灣與美洲古巴兩大島。

有趣的是，南半球也幾乎雷同。在南回歸線上的，也大部分是荒原沙漠，包括澳洲北部、非洲南部貫穿莫三鼻克南部、南非聯邦北部、波札那與納米比亞，中美洲墨西哥北部沙漠，不是鳥不生蛋的荒寂區域，就是愛滋肆虐的貧窮國度，少有綠油油、動植物生氣盎然之區。唯一的例外是非洲東南大島的馬達加斯加。

簡言之，在這個緯度上，大都是亞洲、美洲、非洲的高山、荒原或沙漠，而不屬於各大陸的主流文明發展區域。在這個緯度上，動植物生態較繁榮的，正好是分別處於這三個大陸東南隅的三大島：台灣、古巴、馬達加斯加。而馬達加斯加大部分是一、二千公尺高原，古巴大部分是一千公尺以下平原及丘陵，台灣雖然最小，但有雄偉高山、有寬闊平原，再加上奇特的歷史背景，成為最美麗、最具景觀、生態與文化多樣性的島嶼。

小小台灣，卻擁有可說是全球最大的地理高度落差，上窮四千公尺的中央山脈，下達三、四千公尺深海。這是全球最壯觀的海陸落差之一，然而台灣仍有三分之一面積是大平原，成為世界人口最稠密的島嶼。玉山不僅是東亞最高峰，也是全球所有島嶼、半島與次大陸的最高峰，更是離海洋最近、離城市最近、交通最方便的四千公尺大山，這樣的優越地理條件，全球僅見。

台灣的城市更是世界上最得天獨厚的城市。台灣五大城市台北、台中、高雄、台南、基隆都有山、有河、有海，甚至近在咫尺之處就有溫泉。台灣城市居民是全世界最人在福中不知福的市民，可以搭公車就完成包括爬山、洗溫泉、看海的一日遊；誇張一些的還可以搭船去離島玩一趟再回來。

這在世界大城市並不多見。像在東京舉目不見山，維也納望穿沒有海，芝加哥開車五小時看不到山，飛機二小時看不到海，更不知溫泉為何物。外國人心目中的101，最獨特的不是其高度或建築式樣，而是一公里外就有綠油油的青山，可以在山上近看101，大自然與高科技相映成趣。

台灣的海岸線及海域，更是充滿了驚奇。沙岸、岩岸、懸崖、峭壁，加上淺灘、深海、大洋、河口濕地、珊瑚礁，各種不同的海陸生態、海洋世界。十九世紀來台的西方生物學者，愛死台灣了，郇和、萬巴德就是一例。最近台灣的海洋研究者一口氣發表了近百種美麗的深海生物，也都是台灣獨有。

過去五十年，國民黨政府因為恐共心病而形同封鎖海岸，阻絕了台灣人對海岸與海洋的親近，台灣人不善游泳，更不會潛水。台灣四面環海卻沒有藍色公路。台灣的海洋資源一直未能利用，包括海洋深層水的開發。五千年前縱橫南太平洋水域的台灣（見〈台灣帶給世界的禮物〉），十六世紀大航海時代海洋立國的台灣，後世子孫竟然只能在海邊戲水釣魚，真是難以想像的「退化」，可不止退步而已。

所以台灣的觀光資源是瑞士的高山之美（可惜台灣少雪，但有溫泉）加上荷蘭的平原、鮮花和海岸（台灣的蝴蝶蘭，絕不輸鬱金香，而海岸之美有過之），再加上全球首屈一指物種生態的多樣性，以及文化上的多采多姿，包括南島語族文化及華人文化和各台灣統治國歷史遺跡，台灣是個名副其實的世界寶島。然而台灣的觀光，一直沒有很成功，原因是沒有能好好利用我們的「台獨資源」。外國人來台灣，主要仍在台北過夜，然而台北龍山寺自然比不過京都金閣寺或巴黎聖母院，中正廟也比不過林肯紀念堂，只有故宮還能撐一下場面，但又不能真正代表台灣。

那麼，台灣人應如何來善盡利用這些「多樣性資源」呢？我覺得現在正是機會。

全球化之後，有些舊時代的事物正以新的面貌浮現，例如說，博弈產業。

過去的「賭博」，是接近犯罪行為的，而現在不但「去汙名化」成為「博弈」，甚至還進一步「產業化」，這當然讓老一輩的人有些不習慣。然而，當「博弈產業」讓澳門的居民平均所得每年增加二八％，ＧＤＰ甚至一舉超過香港，房地產大漲五倍，連保守的新加坡和馬來西亞也紛紛跟進開放賭場時，台灣博弈政策的舉棋不定及博弈條款遲遲不過，就顯示了台灣政府的觀念跟不上全球化。

隨著時代的演進及經營手法的改變，博弈業早已不是龍蛇雜處之地（美國的拉斯維加斯還號稱是治安首善之地），而是像度假村一樣的娛樂產業。這就好像三十年前，中學生去逛撞球室要記過，打撞球是不良少年的同義字；而現在，觀念與形象全然改變，可以當選國手成為明星或英雄，可以靠職業賽周遊列國，名利雙收。同樣的，有規模、有管理的博弈產業，是西方人的旅遊與排遣方式。由「賭博」變「博弈」，不是去汙名化漂白而已，而是實質境界與管理的提升，包括跨國的經營管理，和表演娛樂事業密切結合，為國家帶來觀光遊客，與商業活動及展覽等互蒙其利。

台灣由於國際觀與教育觀落後，猶停留於過去「業精於勤，荒於嬉」的想法，然而那是過去「士、農、工、商」時代的思維。現代已是商業掛帥，特別是「跨國企業」掛帥了。過去國民黨的高官之子，現在不是在跨國財團做事，就是自己設投資公司。中共的太子幫也不少是如此。古代所謂「嬉」，就包括現在的打球、溜冰、演藝事業等。全球化時代反倒是「嬉」的時代，大家喜歡休閒、運動及追星。而「業」，指的應是團隊產業，而不再是個人學問而已，所以重視的是創意，是管理，而不再是古代的死背或苦讀。可怕的是，台灣的教育與考試方式仍然脫離不了這樣的古董概念。

新加坡本來是連嚼口香糖都禁止、還維持鞭刑的國家，為了因應中國崛起，產業拚不過中國的現實壓力，本來是全面嚴格禁賭的新加坡，都很快轉變思維，和全球博弈事業鉅子、美國金沙娛樂場的老闆艾德森簽約。

其實艾德森也和台灣接洽過，但台灣政府直到不久之前仍在「道德」的思緒打轉，最近好不容易下了決心，經建會透露，要在全國低收入的四個縣（我猜是金門、澎湖、雲林、台東）設置賭場及開放賽車、賽馬。但一則台灣的執行效率比起外國實在牛步化；二則博弈條款尚未通過，將來有得等，就怕等得先機盡失，或者等得被國內利益團體綁架，像十年前的月眉遊樂區一樣，一夕間豬羊變色，經營者由國際著名團隊變為國內不自量力的利益團體，搞得全盤皆輸，也賠上了全民的利益，要知道機會是一去不復返的。

如果能結合博弈產業及國際旅遊醫療，真是可以相輔相成，充滿潛力。例如，日本人來台，可以瞻仰以前日本人及有一半日本血統的鄭成功留下來的古蹟，然後洗洗溫泉，再吃個痛快，順便整型、雷射治療近視等；西方人來台，有故宮、原住民文化可看，有墾丁等海域可玩，順便接受內視鏡手術，關節置換及心臟手術等；中國人來台，有日月潭、阿里山、蔣介石及金門可以緬懷，順便接受最進步的防癌體檢、腦血管檢查、心血管檢查。

各國遊客各取所需，然後等結合台灣多樣性及各地景觀特色的博弈特區成立後，全部到賭場共襄盛舉。例如澎湖的海底古城一旦能成為觀光景點，再加上賭場，澎湖的國際知名度可以爆紅。全世界迄今為止也未有結合溫泉與賭場於一處，而台東有此條件，又有原住民景點，這對日本人有致命吸引力。目前國外遊客來台大都侷限於台北一地，將來應可隨博弈產業而擴展到全島各有特色的遊樂區，台灣的觀光產業可倍增，可以遠勝新加坡。

台灣要發展觀光旅遊，缺點在於拙於管理及語言不夠國際化。既然台灣的觀光飯店，未來的博弈園區，可能都是外國專業經理人在經營，我建議台灣多聘請一些外國專業人士來觀光局當顧問，擬計畫，甚至到各風景區去當管理人員。也可以考慮引進一批菲律賓護士來補強台灣的觀光醫療旅遊。

而台灣人如果一、二十年後英文能和新加坡人或印度人幾乎一樣好，能講能讀就好，口音不必標準，那麼台灣的國際競爭力一定能大幅提升。我認為台灣自小學一年級就應該開始上英文，甚至痛下決心，真正做到以英文為第二官方語言，才能應付全球化的挑戰。

——本文發表於二〇〇七年六月《財訊》雜誌，原標題為「利用『台獨』特色發展觀光」

後記

最近聽說連日本的安倍首相都到新加坡考察博弈了。如果連日本都接受博弈產業，台灣人的態度大概會丕變吧。而我認為以當今之勢，台灣最適合發展博弈的地點不是澎湖，不是馬祖，不是金門，不是綠島，而是貢寮核四廠！是何理由，有心人該會會心一笑吧！

「不法良品」收購中心

二〇一二年四月「美牛事件」令台灣與美國雙方鬧得不甚愉快之時，在一個餐敘上，在座一位有學問、有品味、有操守的老朋友如是說：「如果法律同意，我很希望開個公司，把某些被政府列為不合格而要銷毀的好東西低價購入，然後再賣給民眾。公司會把這些貨品不合格的理由詳細說明，購買者則簽署『被告知同意書』保證自食自用，如果日後罹患了當初這些貨品銷毀理由的疾病，公司可以支付合理賠償金，但不得有法律訴訟。」

我猜到他指的是不久前政府銷毀七千公斤美國牛肉之事。我也聯想到當年的銷毀走私進口的「有毒（致癌）大閘蟹」事件。我馬上大樂說，那我也來加入投資。

危險？香菸、機車又如何

這位朋友當過實際檢疫工作負責人，在藍綠政府都當過中央級官員，更是學會理事長級人物。他講這些話，自然是有感而發。語氣也許是開玩笑，但出發點絕不然。換句話說，在我們這些醫藥界人士眼中，有些東西，明明是「良品」，但卻「不法」。於是我笑說，這公司可以稱為

「不法良品收購中心」。

我也常遇到病人問：「醫生，我看報導說某某東西吃多了會致癌。」我總一笑置之，因為依照那些研究報告的作法，好像當作我們在一個月內，每周每天每餐吃的，都是同樣的食物。如果一一採信，什麼東西都不用吃了。

我們的政府或政黨的邏輯常常很奇怪，台灣人洗腎比率高居世界首位。其中有不少人是因為吃了來路或成分不明的中草藥而腎臟衰竭。這些應是可避免的，但卻未見我們的政府或政黨展示魄力，對中草藥的進口或走私，進行全面調查或深入檢討。

又以自美國進口的貨品來說，我們進口了多少明知會致癌致病的美國香菸（何況還有二手菸問題），何不向美國建議進口了牛肉，就少進口香菸？

再以國內自己生產的熱賣品來說，長年吃檳榔會致口腔癌，種檳榔會導致嚴重的水土流失問題，眾人皆知，又有哪位大官或立委做「禁止販賣檳榔」或「限制栽種檳榔」的呼聲。

台灣摩托車意外事故奇高，許多人因而喪生。在解決問題的作法上，政府只要求騎士戴「安全帽」及嚴禁「酒駕」，這也太消極了吧！

第一手的食品添加物，若新陳代謝慢，或無法排出易沉積體內（如塑化劑）或常常食用（如米油鹽糖），確須嚴加控管。但若為偶一食之，新陳代謝快，易排出體外的二手毒（經由他種動物再入人體），如此錙銖必較，真有必要嗎？再與車禍傷亡相較，真的就是「能見秋毫之末，而不見輿薪」了。

「不法良品」vs.「合法劣品」

不知從哪個時候起，民眾被教導成面對藥品不問作用而先問「副作用」，而藥廠與醫院則被冠以「應善盡告知（副作用）之責任」。

於是許多健康食品或草藥藉此偏頗觀念而大發利市。民眾只因其標榜「少副作用」卻不問是否有效，而掏出大把鈔票。其實真相是：未做過嚴格檢驗或臨床試驗，所以副作用「不知」，而不是「沒有」。更糟的是常常在效果方面還誇大其詞。結果檢驗愈詳細的商品或藥品愈吃虧，也造成「不法良品」vs.「合法劣品」的奇怪現象。

這幾天，看到立法院的演出，我也感慨良多。立法院俱為才俊之士，理論上應該依個人見解獨立行使投票權。但在台灣，或為個人選票，或為政團利益，只好壁壘分明，否則會被視為「自走炮」。政治人物風光與無奈的交織，我個人也早深刻體會。

一九九六年的國大修憲會議中，我擔任反對黨不分區國大代表。我依據黨內先輩在「台灣憲草」的理想而提出修憲案：「總統選舉應該兩階段絕對多數」。結果當時的執政黨因為這是反對黨所提出，就反射性決定封殺。連我所尊敬的一位執政黨憲法學者上台說明反對理由，都與他的平時言論大異其趣。

執政黨萬萬沒想到，我的自家在野黨團的評估是：這不符合「現階段」本黨利益，也決定不支持，而且告訴我，我是「不分區代表」，必須服從黨團決議。我那時還很嫩，只好順從，結果是我和三十位以上的本案連署人，無一舉手贊成。於是這個符合世界潮流與台灣長期利益的提案，竟成了零票贊成的荒謬結果。我現在想起來，真是汗顏。這也是「良品」，但不被通過的「不法良品」！

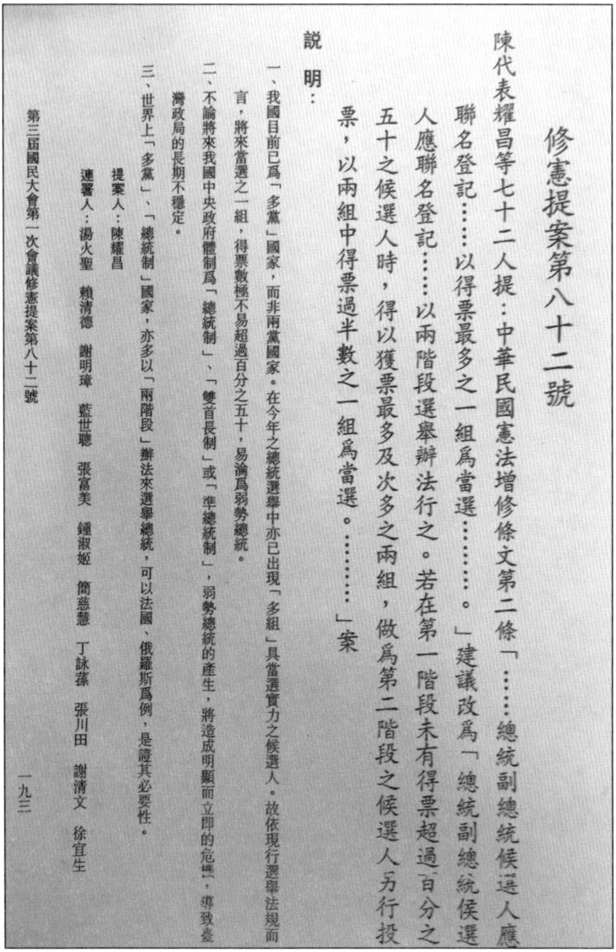

修憲提案第八十二號

陳代表耀昌等七十二人提：中華民國憲法增修條文第二條「……總統副總統候選人應聯名登記……以得票最多之一組爲當選……。」建議改爲「總統副總統候選人應聯名登記……以兩階段選舉辦法行之。若在第一階段未有得票超過百分之五十之候選人時，得以獲票最多及次多之兩組，做爲第二階段之候選人另行投票，以兩組中得票過半數之一組爲當選。……」案

說明：

一、我國目前已爲「多黨」國家，而非兩黨國家。在今年之總統選舉中亦已出現「多組」具當選實力之候選人。故依現行選舉法規而言，將來當選之一組，得票數極不易超過百分之五十，易淪爲弱勢總統。

二、不論將來我國中央政府體制爲「總統制」、「雙首長制」或「準總統制」，弱勢總統的產生，將造成明顯而立即的危機，導致臺灣政局的長期不穩定。

三、世界上「多黨」、「總統制」國家，亦多以「兩階段」辦法來選舉總統，可以法國、俄羅斯爲例，是證其必要性。

提案人：陳耀昌

連署人：湯火聖　賴清德　謝明璋　藍世聰　張富美　鍾淑姬　簡慈慧　丁詠蓀　張川田　謝清文　徐宜生

第三屆國民大會第一次會議修憲提案第八十二號　一九三

1996年第三屆國民大會第一次修憲會議，我依「台灣憲草」提出的修憲案，符合世界潮流與政治學原理，卻被國、民兩黨一起封殺。這讓我體會到政治的本質。

更妙的是，兩年後二〇〇〇年的總統大選，果然反對黨以三九%的選票當選了。所以另一方面，我不能不佩服黨團先見之明的「睿智」決定。政治的微妙真的不是天真學者所能參透的。

所以，立法院或黨團以表決所通過的，不一定是好的「良品」；不通過的，不一定是不好的，也有「不法良品」。我終於想通：這就是政治。

——本文部分發表於二〇一二年六月《財訊》雜誌

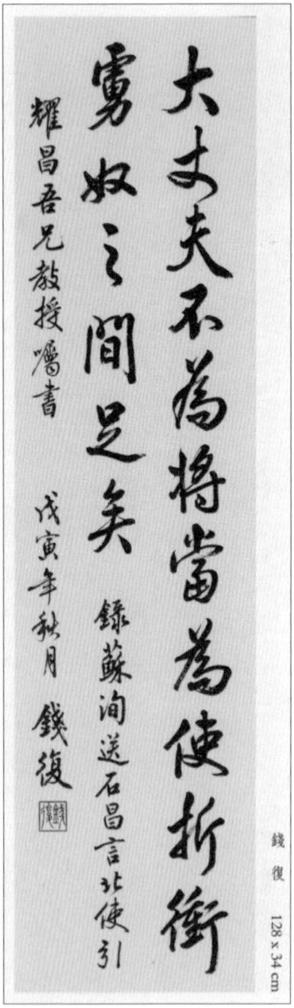

1998年在國民大會開會期間，我去海寧處理林滴娟事件。歸國後，國大錢復議長送我的墨寶。這句高中國文教科書內的話，曾讓我不想念醫科而念文史或外交。

必麒麟街頭的獨白

現在，我站在新加坡市中心的 Pickering Street 街頭，心中有個感慨。新加坡華人大概不知 Pickering 有個中文名字叫必麒麟。必麒麟是蘇格蘭人，一百四十九年前的一八六三年來到台灣，是早期（若不計荷治時期）來台從商和探險的西方人士。他通曉中文及閩南語，甚至念過四書五經，多次進入原住民區及中央山脈。他在台灣七年，那時台灣的涉外事件中，幾乎都有他的角色。

在台過大於功　星洲立功留名

一八六七年羅發號事件中，他因有功於清廷，台灣總兵劉明燈特別為他取了一個榮耀的名號「必麒麟」。才第二年，他卻成為引發樟腦戰爭的禍首，導致英國炮艇轟毀了安平的熱蘭遮城。今日以我台南子弟觀點，簡直罪莫大焉。因此，他在台灣名聲響亮，而過大於功。卻不料他後來到了南洋，立了大功而名留星洲。書上說，他擔任華人護民官，調停華人幫派的火併與衝突，掃蕩苦力買賣及兒童賣淫，並因此遭忌而被襲重傷。可是他晚年最懷念的還是台灣，寫了一本

《Pioneering in Formosa》，台灣有中譯本，成為台灣的珍貴史料，和郇和齊名。

郇和（Swinhoe）是當年英國駐台灣的第一任領事，也是當時「台灣生物權威」，他發表了二十三篇有關台灣人類學及動物學的論文，更記載了福爾摩沙二百零一種鳥類，台灣原生鳥類有一、二十種以他的名字命名。可惜他早死，要不然會有更多「福爾摩沙學」的研究成果。高雄壽山當年的英國打狗領事館官邸之建造，也與他有關。

同一年代或稍後對台灣人有貢獻的，例如把西方現代醫學帶入台灣的教士，包括馬雅各、馬偕、藍大衛等，大家則較為熟悉。又如住北部的Dodd（陶德），是公認的台灣烏龍茶種植及外銷始祖，也留下不少描述台灣原住民及生態的著作。當年的西方商人，有好奇心及研究精神，且能圖能文的真不少。

很諷刺的，現在回顧起來，台灣本土調查的功臣們，幾乎都是老外。先是西方人，再來是日本人。台灣原住民的人類學、風俗及考古學的系統性調查，幾乎都是日本人開始做的。若完全以殖民者的角度去詮釋，對這些功在台灣的外籍學者實在太不公平。奇怪

的是，自一八七五年沈葆楨開山撫番到一八九五年日本占領台灣，整整二十年，沒有中國官吏、中國學者做過這樣的探測分析。而日本人一占領台灣，立刻出現伊能嘉矩、鳥居龍藏、森丑之助等行遍深山的民俗人類學者，真是耐人尋味。其後又有森於菟、金關丈夫、國分直一、鹿野忠雄等的多脈相傳。其他像奉獻台灣醫學教育五十年的台灣總督府醫學校校長堀內次雄等諸多醫學教授及農漁業專家等，都是功在台灣。他們的成就，雖然不若八田與一營造水利的立竿見影，卻同樣令人景仰及懷念。特別是森丑之助，可說是為了台灣原住民而殉死！

由於 Pickering Street 讓我想到台灣的街道，以外國人命名的，印象中早期只有羅斯福路與麥克阿瑟公路，他們並未長居台灣，以他們兩人為名，其實有濃濃的政治意味，也有個人交情的緣由（老蔣與麥帥）。然而把畢生心血獻身於台灣的外國人應該不少吧，比起必麒麟其實在新加坡並非那麼久，而能博得以他名字為街道名稱的榮譽，這些幾乎終身貢獻台灣的外國人士應該也值得我們去紀念。很高興後來淡水有了馬偕街，台南有了巴克禮公園，去年台南也有了八田路（八田與一），這些都代表台灣人飲水思源的心情。

本土生態史料　老外功不可沒

我們所想到的台灣現代科學開拓者，大都是西方教士，或日本學者，這當然是歷史因緣。也正是如此，才能解釋台灣人一方面厭惡日本的殖民統治及皇民化，一方面卻又對一大批獻身台灣的日本人衷心感激，念念不忘。日本福島地震時，台灣之踴躍捐輸，反射了兩國民間多年累積之深厚情誼，而不是刻意去營造的外交拉攏。

如今台灣的街道，有些以KMT（國民黨）人名命名的，他們甚至未到過台灣，對台灣的功過也像霧又像花。例如台北市林森南北路的林森，或雨農路的戴笠。然而即使到今日，台灣人大度地接受了。那麼，何妨也大方地把一些地名授予某些對台灣近乎生死與共且有貢獻的外籍人士，他們是超脫於政治與統治情懷之外的。除了八田與一，例如像為了台灣原住民而投海自盡的森丑之助，又如在台灣總督府年預算五千萬日圓的時代，卻能爭取到五千四百三十萬日圓預算來建設烏山頭水庫；後來死在故鄉福岡，而要求把自己埋葬在台灣的明石總督。台灣人如果遺忘了這些人名，就太無情了。

我站在新加坡街頭，望著 Pickering Street 的街牌，想著：「必麒麟，你真走運。」

——本文部分發表於二〇一二年十月《財訊》雜誌

3D台灣

我們從小就知道：台灣是面積三萬六千平方公里的「小島」。其實，其中有些玄機，因為三萬六千平方公里是地圖上的平面台灣，真正的3D立體台灣，其表面積要比這個三萬六千平方公里大太多了。

我去了兩趟荷蘭之後，這個感覺尤其強烈。荷蘭面積四萬一千平方公里，但幾趟火車奔馳來回，就好像把荷蘭看得差不多了。固然是因為荷蘭火車四通八達，但主要是荷蘭全境平原一覽無遺，缺少台灣那種「尋幽訪勝」的感覺。荷蘭面積雖比台灣略大，但如果要算「土表面積」，荷蘭一定比台灣小，我相信3D台灣的「土表面積」絕對在四萬一千平方公里以上。荷蘭是一覽無遺的西方辣妹，台灣是含羞半掩面的東方仕女。

這個「土表面積」的概念，其實是我自醫學上的「體表面積」概念衍生而來。例如病人接受化學治療時的劑量給法，往往不只看病人的體重或身高，而是參考病人的身高加體重所換算出來的「體表面積」。如果荷蘭和台灣是兩位年紀相若的青年，荷蘭是一百九十公分，七十公斤，台灣雖是一百七十五公分，但有九十公斤。則台灣的體表面積二・〇平方米，荷蘭的體表面積反而只有一・九二平方米。

荷蘭一片平原，台灣則多高山與澗谷。台灣的山區道路常出現九彎十八拐，於是地圖上短短直線距離的一公里，我們真正體驗到的常是五公里以上的美景與迥異的林相。又如一個山坡上的梯田或果園，也許平面地圖上是五百平方公尺，但真正在地籍圖上可能是八百平方公尺。而地籍圖所丈量的，才是實際上的大小。我希望有人可以把全國地政單位所登記的每一筆私人、公家的地籍資料上的土地面積全部加起來，或可算出真正的3D台灣「土表面積」，那會很有意思。

我們看東亞的日本四島，以及東南亞海域的印尼、大馬及菲律賓，甚至包括加勒比海的萬千島嶼，以面積一萬平方公里以上的大島來說，像台灣出現三千公尺高的中央山脈貫穿全島，幾乎把島嶼分成兩半者，絕無僅有。婆羅洲最高峰神山有四千一百公尺高，但婆羅洲面積達七十三萬平方公里，是日本、德國、義大利等的兩倍大，英國的三倍大，不像個島嶼，倒比較像次大陸。非洲沿岸的馬達加斯加也有其特殊的生物種類，但該島基本上是個高原島嶼，最高峰也只有二千七百公尺。

瑞士、尼泊爾、不丹，高山深谷，湖泊縱橫，土表面積不遜台灣，但卻缺乏平原，高低落差不算大，而且沒有海岸，遠不如台灣的多采多姿。

台灣極可能是全世界3D（土表面積）／2D（面積）之比率最大的海島。玉山可算是「全球海島的第一高山」。玉山若要擠入新世界七大奇景票選時，台灣真應該打出這樣的招牌。

葡萄牙人稱台灣為「福爾摩沙」。葡萄牙水手見過的明媚島嶼，數以百計，何以獨稱台灣為「美麗島」？我認為台灣贏在有平原，有高山，有高土表面積，讓全島除綠意盎然外，更表現出獨特的立體與層次之美。我有幸搭帆船由花蓮至烏石，在二一公里的外海上，親睹了台灣東海岸之美，體會了當年驚呼「Ilha Formosa」的葡萄牙人的興奮感。住在台灣的人能享受這種心靈洗禮的卻少之又少，太可惜了。

——本文發表於二〇〇九年九月二十七日第一八〇期《非凡新聞e周刊》

密特朗、杜爾、凱瑞——健康政治倫理學

問：標題的三位政界人士有何共同之處？

答：他們都是前列腺（攝護腺）癌症患者。

一九九二年，密特朗首度公開承認，他自一九八一年就任法國總統不久後即診斷出前列腺癌，而且一開始就已有轉移，所以未能開刀，而斷續接受化療及放射治療。政敵鼓譟，要他下台，他理直（不直？）氣壯曰：「我用我的頭腦，而不是我的前列腺來治理法國！」再硬撐兩年才下台，成為拿破崙三世以後任期最長的法國元首。十三個月後去世。

一九九六年，美國總統大選，共和黨推出杜爾。其實杜爾早在一九九一年就診斷出早期前列腺癌而開刀，至一九九六年無復發現象。在腫瘤醫學中，「五年不復發」幾乎等同「痊癒」，因此，杜爾的健康狀態並未構成話題。

凱瑞則是在二〇〇二年二月一次健檢抽血後，證實有早期前列腺癌。當時他還是所謂「民主黨七矮人」之一，住院開刀後發表了一篇繼續從事競選的訊息。兩年後，他脫穎而出。上個月，《紐約時報》的社論要他公布健康狀況。而凱瑞之父在二〇〇〇年也是死於前列腺癌。

密特朗當年一瞞十一年，令人嘆為觀止，而這件事還餘波盪漾。他死後幾天，照顧他二十五

年（一九六九至一九九四）的古伯樂醫師（Claude Gubler），寫了一本《大祕史》（*The Great Secret*）記載這段經過。書中說，密特朗到了執政晚期，每天九點半、十點才上班，而且幾乎整天躺在床上，「他不太工作，因為任何事都引不起他的興趣，除了自己的病情以外。」

密特朗是一九九六年一月八日去世的，不到十天，一月十七日，古伯樂醫師的書就出版了。當天密特朗家屬馬上向法院提出告訴，要求禁止該書發行，理由是該書洩漏醫療祕密，觸犯隱私權；巴黎法院馬上召開緊急會議，第二天宣布查禁，但已有四萬本賣出。同一天，法國醫師公會也認為，古伯樂醫師有違醫學倫理而議處之。理論上可以禁止古氏繼續執業，但公會並未做成此決議；而古氏也很帶種，其後就自行放棄執業。依照法律，古氏還面臨最高三十萬法郎的罰鍰，以及一年的牢獄之災，但巴黎法院除了禁止出書外，不了了之。事實上法國的社會與議院在這個議題上有極激烈的辯論：法律是否應該硬邦邦的維護醫療隱私權？如果掌權者可能因健康因素而無法勝任職務時，民眾是否有被告知之權利？兩者如何取得平衡與交集？成熟的社會如何在此問題中尋求共識？因為當年密特朗也信誓旦旦表示其健康狀況完全透明，而其實卻以國家最高機密處理。

當年小羅斯福、甘迺迪在競選總統時對健康情形似乎也有所隱瞞，但時代不同了。《紐約時報》在未來選舉中較可能支持凱瑞，因此現在他們對凱瑞的詢問與不護短，彰顯了美國媒體善盡責任的一面；但萬一凱瑞未能坦誠公布呢？密特朗與古伯樂的公案，很諷刺的是，政治人物要求醫師遵守醫學倫理，而醫師則要求政治人物不能一味堅持醫療隱私權，至少在死後，應對社會公布真相。當醫學倫理碰到政治倫理而產生矛盾，法國、美國與台灣，政界、醫界與其他社會人士，看法會歧異？會一致？誰來當裁判？

法國社會對病人隱私權的尊重，會讓台灣醫師汗顏到需要三條毛巾。台灣對於病人種種醫療相關人權的保障與公民認知，有待大幅提升。

而《紐約時報》的文章使我們想到，過去台灣三次總統大選，候選人很少對國人公布他們的健康狀況。在位元首有例行健檢，資訊較多，但其他候選人均高深莫測，雖然表面上都很健康。但是大多數癌症除非到了晚期，看來都是健康的。又如台灣最近兩屆的縣市長選舉，各有一位（雲林、花蓮）在當選不久之後就出現晚期癌症，忙著治療，且都造成必須補選。由他們的病情追溯，這兩位縣長在為選舉奔波之時，早已罹重症而不自知。其實只要選前簡單的抽血、X光及超音波，一個上午的健康檢查，就可以偵測出來，說不定還可以早期發現而得救。縣市長補選即可，正副總統則茲事體大，影響歷史。

年底立委選舉將屆，各候選人之間的戰事已啟，寄語各地英雌好漢，在割他人喉嚨之前，先檢視一下自己會不會被潛藏體內的癌細胞割喉。

四年後的總統選舉也一瞬即至，未來候選人除了申報財產外，是否也有必要申報健康狀況，請社會賢達思之。

——本文發表於二〇〇四年五月十一日《中國時報》「名家專論」專欄

李顯龍、王鼎昌、胡笙——健康、政治與天命

問：標題的三位政界人士有何共同之處？

答：他們都是惡性淋巴瘤患者。

一九九二年，新加坡的二位副總理，王鼎昌與李顯龍，竟然在同一周內都被診斷出淋巴瘤，全球震驚。

先談淋巴瘤。淋巴瘤是癌症中少數只用化學治療就可治癒的，但也非常多元：在高度惡性淋巴瘤，往往來勢洶洶，雖然化療頗見效，但很快復發，以後便藥石罔效，一、二年內就不治。相反的，在低度惡性淋巴瘤，病人幾無症狀，但化療效果卻不佳；病人與癌症可以和平共存一段長時間，然後癌細胞開始翻臉（惡性度增加），病人節節敗退，拖個五到十年，還是投降。這兩種淋巴瘤，鮮能治癒。

李顯龍屬於中度惡性淋巴瘤，雖然也一定要和癌細胞鬥個你死我活，但治癒率頗高。以普通化療，大約有三〇至四〇%的機會就此永不復發；即使復發，再嘗試自體造血幹細胞移植，也還有不錯的痊癒機會。李顯龍年方四十，但已眾所皆知是新加坡未來政權接班人，他的病情顯然會影響到新加坡的歷史。

李顯龍是堅強的。他沒有像許多癌症患者一樣，就此「看破」，擇健康而棄大業；他兩項都要。

李顯龍是聰明的。他沒有像密特朗一樣隱瞞病情；相反的，他把危機化為轉機。他不但不逃避媒體，反而時常開記者會或在醫院穿著病人衣服接受訪問。我在台灣報紙上見過一張他接受化療的照片——頭髮都掉光了，但神采奕奕，別具英氣。他的病反而成了他最好的公關，替他塑造了堅毅開明的形象與品牌。

王鼎昌那年五十六歲，他的淋巴瘤屬低度惡性，如前所述，只需口服一些極輕的化療藥物即可，不會因此影響工作或外觀。因此，他反而在一九九三年更上層樓，當選總統。新加坡是內閣制國家，總統位尊權輕，也正適合王氏。一九九九年，王鼎昌任滿，在民間甚孚眾望。二〇〇二年，他還是死於淋巴瘤，原先照顧他的妻子，反因大腸癌先他而逝。

約旦國王胡笙在一九九五年得了淋巴瘤，我無從得知他是中度惡性還是低度惡性，但總之到了九八年病況變壞，乃長住美國梅約診所，接受了七個月的化療，包括一次自體造血幹細胞的移植，但未成功；一九九九年一月底，他又接受了第二次移植，但在接受超大劑量化療後，尚未及打入造血幹細胞，龍體即已無法承受，出現肝、腎衰竭，眼見回天乏術，火速運回約旦，二月五日駕崩，享年六十有三。他在位四十六年，逃過好多次刺殺，卻逃不過淋巴瘤的魔掌。

所以李顯龍是幸運的。只有少數人在一個療程的化療後就完全痊癒；像賈桂琳・甘迺迪・歐納西斯也是此病，六個月就放棄治療投降了。

李顯龍的病已十二年不復發（註：若至二〇一四，則已二十年以上），早已脫離陰影，現今世界無人會懷疑他的接班能力或正當性。他生為李光耀之子，是劍橋高材生，又戰勝病魔，大難不死，是新加坡的「天公仔兒」。他的接班，當在三年內。他是睿智的，台灣應盡早爭取他對台灣的了解與支持，我希望雙方的「天公仔兒」能早日建立友誼與互訪。

胡笙以六十高齡，接受第一次骨髓移植猶可，在極短時間接受第二次，依我的專業觀點，幾乎是明知不可為而為之；因為第二次移植之成功率通常只有一〇%左右，而不成功往往便成仁。胡笙若在第一次移植而癌症復發後認了，留得青山在，能拖多久算多久，才是正著。他也許另有苦衷，竟逆勢而為，孤注一擲。

那何以李顯龍會痊癒而胡笙不會，我以為，這就是「天命」。在我的骨髓移植行醫生涯中，有些病人明明情況奇差，但竟然痊癒；有些病人看似樂觀，偏偏失敗，真所謂「千算萬算，不如老天一撇」。但也絕非聽天由命；我常常告訴我的癌症病人，要「盡其在我，成事在天」。

同樣罹患淋巴瘤，李顯龍戰勝了癌症，更塑造了形象；王鼎昌穩紮穩打，再登高峰；胡笙硬拚，輸了。擁有權力者，顯然不到最後一刻，是不會輕易放棄權力的。但所謂「天命在茲乎？」政治，有時要看天命的，您同意嗎？

——本文發表於二〇〇四年五月十八日《中國時報》「名家專論」專欄

蕾蒂齊雅妃 vs. 雅子妃

這幾天好像是歐洲皇室的結婚潮。英俊挺拔的王子，如玉樹臨風般屹立，有道是：

宮廷、舞會、教堂，
禮服、綵帶、勳章，
馬車、紅毯、新郎，
萬民夾道，美嬌娘在身旁。

這些歐洲君主立憲國家的王儲們，真是世界上最好命的人！他們的皇家祖先，很睿智地在當年放棄了政權，而保留了特權，讓子子孫孫永享富貴榮華，而幾乎不必承擔國家責任。如西班牙，波旁王朝雖然當年為強人佛朗哥所廢，但竟然能在數十年後復辟，足見全民擁戴。而可貴的是，內閣制因而產生，既避免了流血革命，也建立了劃時代的議會政治。

日本君主立憲之路很特別，日本的皇室是「萬世一系」，但長久以來，大權旁落，結果反而因禍得福。在日本走向民主的過程，大家要剷除的大石頭，不是皇室，而是幕府；當年日本有識之士，為了倒幕，反要保皇。

同樣是君主立憲，但是全世界的人都有一個共同感覺，日本的皇室成員，比起歐洲，明顯不快樂多了。雖然「大東亞戰爭」不無相關，但我覺得，主要是來自日本皇室的保守性格與價值觀所致。

先比較一下各國太子妃。荷蘭王妃是阿根廷平民，不具顯赫家世與學歷；丹麥王妃是澳洲平民，是位律師；在日本，如果皇太子要娶外國平民，大概要面臨當年英國愛德華八世（溫莎公爵）的困局，而以日本的禮教，我不相信日本皇室會「不愛江山愛美人」，而猜測是「國家責重美人輕」。

蕾蒂齊雅，就是三天前結婚的西班牙王妃的名字。她是西班牙王室數百年來首次迎娶的平民女子。她是女主播，曾有一次婚姻紀錄，又有裸照風波。這樣的條件，將來要母儀天下，在日本，是難以想像的。但兩天前的婚禮，西班牙舉國歡騰，蕾蒂齊雅真幸運，沒有當年溫莎夫人的難題。

雅子，是日本太子妃，哈佛高材生，出色外交官，在各國太子妃中，傲視群倫。入宮之後，夫妻也很恩愛。但舉世皆知，她非常、非常不快樂，原因是，她生不出皇孫，而全日本延續天皇「萬世一系」的重任，幾乎全部肩負在她身上，壓力重大，導致身體微恙，外交官出身卻無法出席歐洲王儲的婚禮。其實日本的皇子們也鮮少像歐洲王子那麼開朗奔放，他們有教養、有學問，是台灣許多家長期待的「乖小孩」，但就是缺乏燦爛的笑容。

日本皇室要求的「高學歷」、「高門第」也常是台灣許多家庭所要求於子女者。我們常見台灣的家長斤斤計較於子女的分數，卻不關心子女對該課程的興趣，而事實上，「創造力」、「開放心態」才是身為現代世界公民最需要的元素。日本的皇室與人民，並非沒有這樣的認識，但就是跳脫不了舊日宗法制度，雅子妃才會這麼慘，日本才會這麼累。

而最近發生於西班牙的一件事，一定讓雅子更羨慕蕾蒂齊雅。西班牙王儲甫新婚，尚未出現生不出皇孫的問題，但西班牙執政黨已高舉「男女平等」的大旗，主張修憲，讓未來的小王子、小公主有平等的王位繼承權。換句話說，未來不論蕾蒂齊雅的第一胎是男、是女，就是西班牙王位第一繼承人，所以蕾蒂齊雅完全沒有生男生女的壓力。

「男女平等平權」已經是二十一世紀天經地義的普世價值，日本卻為了要不要修憲讓女性也能當「天皇」，而成為全國頭痛的問題。希望西班牙真的能修憲成功，在王位繼承上男女平等。如果日本也能接受這樣的觀念，日本皇室一定快樂多了；也讓深受日本影響的台灣，在男女平等的觀念上可以進一步提升。

——本文發表於二〇〇四年五月二十五日《中國時報》「名家專論」專欄

科學・政治・大同

「卡西尼—惠更斯」號太空船，在歷經七年的太空旅行之後，終於到達目的地，即將展開為期四年土星的探索任務。這使我想起著名的《科學》期刊，每年年底都要選出一個「年度科學突破」（Break Through of The Year），而二〇〇三年他們選出的正是「天文學」，頌揚西方科學家在整體天文學的重大成就。

科學就是如此奧妙，研究範圍可以大至無垠的宇宙，小至基因、分子、原子。綜觀台灣各大學或中研院或國家型計畫，到處是「分子」、「基因」，說句開玩笑的話，讓台灣人的眼界愈來愈小了。而台灣好像沒有天文學系，只有中央大學設有天文學研究所；一般人只有在流星雨及彗星出現時，才會對台灣的天空有興趣，我們年輕一代口中的星座亦屬於算命學而不是天文學的範疇。

登月已是歷史。看一下美國人最近一連串的太空計畫，那氣勢是何等磅礡。

航海家一號、二號在一九七七年發射，到了二〇〇三年十一月，航海家一號已經航行了一百三十五億公里，而逸出太陽系；航海家二號已成為第一個飛越天王星、海王星的太空船。二〇〇三年九月，太空船伽利略號在飛行十四年，發現了二十一個木星的新衛星後，進入木星氣層而解體。二〇〇四年一月，美、英的太空船先後登陸火星；六月卡西尼號開始探測土星；可能在下半年，美國太空探測船更將出發前往離地球最遠的冥王星，大約在二〇一四年才能到達。西方在太空科學上的作為，已超越東方人的想像境界。太空科學是東、西方研究落差最大的科學，「乃覺五十年」。

更可貴的是，西方這種花鉅資，甚至是犧牲生命的太空探測，雖然間接促進了武器的進步，但本質上，除了了解一些宇宙新知外，並無實際用途，雷根時代所謂「星戰計畫」，已成為小說（fiction）而不是事實（fact）。這就是台灣最欠缺的「基礎科學」研究精神，「因為山在那邊」，只為求知而為，而不是事事講求「技術轉移」、「經濟效益」。而西方政府與民間皆有此見識，令人感佩。

不過很意外的是，最近美國的科學評論也出現了一些像「科學研究不要加入意識形態」、「政治不要操縱科學研究」等聲音。這些主要是針對當今美國政府對胚胎幹細胞研究的保守態度而來，其實不少歐洲政府也持相似立場，這與西方的宗教背景，特別是天主教有很大的關係，有些科學家乾脆外移到英國或新加坡。二〇〇三年十月間，聯合國甚至為了是否徹底禁止全球胚胎幹細胞研究而投了一次票，如果不是正好一票之差，可能全世界的幹細胞研究現在都已經喊停了。因為連雷根夫人南茜都公開贊成胚胎幹細胞的研究，希望未來用以治療老年癡呆症之可能性，日前民主黨凱瑞就借題發揮說：布希與其閣員是有史以來美國最「反科學」的政府之一。科技政策難得成為美國大選的議題。

在台灣，因為特殊的歷史沿革，讓許多學界中人也免不了要深涉政治，這是很無奈的。一九八九年我赴東京大學研究，日本人在實驗室幾乎是不眠不休的，而有趣的是在忙裡偷閒時，這些日本最高學府的醫師們都埋首於漫畫書，而我看的是當年台灣的黨外雜誌。在我停留東京的六個月，日本換了三個首相，竹下登、宇野宗作、海部俊樹；在台灣，這一定是熱門話題，在日本，大家反應漠然，一副事不關己的樣子。我起初很奇怪，為什麼日本朋友如此「膚淺」，有一天我頓悟，大家對政治毫不關心，專心做本業，正表示制度良好，政治清明！那一陣子正是日本泡沫經濟的顛峰，也讓我有「這就是大同世界」的歆羨；雖然後來奧姆真理教事件以及日本經濟萎縮打破了我的錯覺，但我依然希望，台灣的下一代可以不必為政治問題而神傷。「人人不問政治，是謂大同。」

——本文發表於二〇〇四年七月六日《中國時報》「名家專論」專欄

向胡錦濤先生進一言

寫這樣的文章，我承認，我對胡先生是很有些期待的。

胡先生的經歷中，有一項很特殊，為其他國家領導人所無。他的身體一度不很好，在西藏得了高山症，幸運恢復健康，且就在此長期休養期間為鄧小平看上成為隔代接班人。在我行醫經驗裡，病人如果自大病中重生，常會變得悲天憫人，成為具使命感的奉獻者。政治人物有此特質，可超脫野心與格局，成為偉大政治家。胡先生出身清華，歷經文革，上台後對內親民作風，SARS時果決明斷，外交上講求人和，我相信他一定思考過他的歷史定位。文革就像柏楊所說的「第二代瓶頸」，中共政權既然走過文革，應可成為長命朝代。如果毛澤東等於「開國」，鄧小平等於「定國」，江澤民等於「富國」，那麼胡先生呢，選擇「文治」？還是「武功」？

當年我為林滴娟案赴中國，發現大陸各界對台灣很用心，台灣各種統計數字琅琅上口，可惜對台灣人民的思維卻霧裡看花！中國大陸常誤信一些台灣邊緣分子的言論，故對台灣人民的想法與作法常流於一廂情願、誤判情勢或解讀錯誤，引起兩岸不必要的緊張。絕大多數台灣人民所求者唯二：國際空間發展（但不必然宣布台獨），內部民主改革（包括修改舊憲法），皆不傷兩岸現況；泱泱中國，若能包容，自能得台灣人民之心，此繫於領導人一念之間。我建議胡先生廣邀台灣民間領袖，聽取意見，真正了解台灣，作為決策參考。台灣民間各行業各層面人才很多，見解和國際觀遠勝政黨人士，胡先生倘大膽起用他們參與國家管理甚至決策，則大陸得利，台人歸心，胡先生得諾貝爾獎如探囊取物。當年秦國強盛，舉用外人是最重要因素，百里奚、范睢、商鞅、張儀、李斯，原來皆非秦人。小國不敢用外人，其理甚明；大國應有其宏觀及氣魄。不戰而能用台灣人，勝於戰而不能食台灣米；收台人之心，不取台人之地，方可讓全球近悅遠來。「一中前提」是當年中國崛起國際前之舊思維，於今觀之，實作繭自縛耳。兩岸若能訂立和約，合作雙贏，當不輸「歐盟」。

所以胡先生應以「文治」來留名歷史。文治，以現代語言來說，就是「民主、法治、人權」。再借用五月三十日《亞洲週刊》的話：「國家權力不再只靠船堅與炮利，也不僅在於經濟上的龐大力量，而是在於文化、信息及道德上的訴求，是否能夠贏得全球的人心，形成無形的軟權力……中國不僅在經濟上對全球開放，也必須在人權標竿上與國際規範接軌。」此方為中國大陸當務之急，胡先生之第一優先。

胡先生應可執政十五年左右。經濟的中國已經站起來了，胡先生若能把握時間讓人權中國、法治中國、民主中國也一步一步站起來，將成為流芳萬古的「治國」聖王胡錦濤，而非功敗垂成的戈巴契夫。鄧先生指定的接班人建立了民主中國，則其歷史地位不再為「六四」所累。而台灣呢？兩岸合作自是上策，而主動權操之大陸。中策則是兩岸各行其是，繼續冷戰與軍備競賽，他國竊喜。下策呢，三年之病非一朝之艾，請胡先生勿「吃緊弄破碗」，否則兩敗俱傷，胡先生地位堪虞。文治是一分努力一分收穫，武力則充滿不確定性。面對歷史，須有德川家康式的耐心，因為歷史是一隻行動緩慢的巨獸。深刻去想，現階段台灣與大陸的分治其實是歷史一個美麗的偶然，但非必然，對兩岸人民來說都不是壞事。況「天下合久必分，分久必合」，若有了民主中國及民主台灣，我輩責任已盡，將來兒孫自有選擇，不是嗎？

——本文發表於二〇〇四年七月二十七日《中國時報》「名家專論」專欄

先從「大麻醫藥化」做起

如果我能對台灣的醫事法律提出一些前瞻性建議的話，我會提出三點：一、為醫師提出「醫療糾紛除罪化」。二、為癌末病人提出「自殺協助尊嚴死」。也就是媒體所說的副總統候選人林瑞雄「贊成安樂死」的「驚世之論」。但「安樂死」一詞定義不明，易引起誤解，應正名為「尊嚴死」。三、為一般民眾提出「大麻醫藥化」。

其實，在二〇〇八年紅黨的政見中，我算是率先提出「大麻除罪化」的主張。而二〇一二年「台灣國民會議」再度提出。所以我也把我的思考過程提出來。目前台灣的法律「持有或吸食大麻」有罪。為什麼有罪？因為大麻是毒品。為什麼大麻是毒品？因為吸食大麻對中樞神經有影響，會產生幻覺、心神恍惚等。這也是美國、聯合國及一般保守國家的看法。

但是吸食大麻在荷蘭等開放國家，在「集中管理」的前提下已經合理化。何以西歐國家也大都寬鬆視之？因為這些比較自由派的人士認為把大麻認定為毒品，有些過度解釋。因為大麻可以作為精神鬆弛劑，又較不會上癮，只要能集中管理不影響他人，有何不可？如果會致癌的菸草和檳榔是合法，那麼大麻更有合法的理由。荷蘭、西班牙等國家都已證實，大麻除罪化後，吸毒率反而減少。

二〇一一年六月二日，由全球知名前領袖所組成的「毒品政策全球委員會」則表示，全球毒品戰爭已失敗，不如將「最不像毒品」（這五個字是我加上的）的大麻合法化，有助減少毒品及相關暴利和社會問題。這些委員會成員包括聯合國前祕書長安南、巴西前總統、哥倫比亞前總統和墨西哥前總統。但這些人士大部分為毒品氾濫的國家領導人。

台灣的官方則一向認為，台灣的毒品氾濫並未到達所謂「兩害相權取其輕」而需放寬的程度，所以堅持反對開放。

有趣的是司法界及警界。我曾以「廢除死刑」、「大麻合法化」這二個議題去和他們聊天，結果大部分反對「廢除死刑」，但也大部分贊成「大麻除罪化」。兩界人士大半同意把吸食大麻當作犯罪有些小題大做；而過去與現在都花了太多時間、精力，甚至空間在這種「大麻小事」，對真正的打擊犯罪反而產生排擠效應。

用於癌末患助止痛

荷蘭的「大麻除罪化」，基本上是建立在民眾的守法自律與政府的嚴格管理。以此標準，台灣民眾一向慣於強調「自由」，不強調「自律」，在守法精神上並不理想，因此，我認為在台灣要「大麻除罪化」，條件非常不足。而且台灣社會心態保守，也不易完全接受。我建議台灣學習加拿大的作法，先同意「大麻醫藥化」。

現在許多醫藥上的癌痛止痛劑，以嗎啡類為主。但臨床上我見過不少國人對此類藥物極為敏感，不用則極痛，用一些就出現副作用，此時大麻不失為一種值得考慮的替代品。且既然用於癌末病人，則使用期間不會太長，自然無上癮之憂。

幾年前加拿大通過「大麻醫藥化」，加拿大政府找了一個廢礦場，由政府來栽種發配，病人若有需求時，可以向醫師要求處方（加拿大與台灣相似，有健保制度），但私人依然不能持有，以免落入黑市買賣。但加拿大的醫師配合度不高，理由是他們不知道要開多少劑量，因為教科書上找不到，也沒有什麼臨床試驗的依據。我認為這方面，台灣醫界人士可以集思廣益，研究出一套合理辦法。

「台灣國民會議」出來登高一呼，精神上我完全支持，但作法上我建議先嘗試「大麻醫藥化」的緩衝作法。「會議」諸君若能開風氣之先，讓大家重新思考，讓台灣往自主開放社會更進一步，也是功勞一件。

——《蘋果日報》二〇一二年一月十三日

後記

大麻的管制，二〇一三年底起，在美國也開始鬆動了。目前大麻除罪化的，包括科羅拉多、華盛頓、奧勒岡及阿拉斯加等州；醫療合法化的，有加州、紐約州、麻州等十州以上。

Let's Go Dutch

這幾年我愈來愈感覺到兩件事。第一，西歐的價值觀與美國漸行漸遠。當年美蘇對抗時代，歐洲人樣樣被美國牽著走的時代早已過去。近二、三十年來，西歐人士對國家、戰爭、死刑、婚姻、家庭、死亡、同性戀、麻醉藥物等議題的看法，有不少重新省思後的新理念，遠比美國要來得更合情理、更多人性化、更少宗教化，而影響也日益擴大。例如，六月八日，連菲律賓也宣布廢除死刑，走在美國之前。

第二，台灣的歸國學人絕大部分來自美國，他們常在踏入社會就業時就已離開台灣多年，而回台灣時，常未經幕僚階級就直接擔任該領域之高層，也立即面臨他們在美國時也少能應對的國家級決策選項。有成就的學者歸來台灣貢獻鄉土，我們自然歡迎有加。但是他們欠缺對台灣社會發展歷程的理解，也欠缺台灣的基層經驗，且因為美國經驗根深柢固，面對台灣的公領域問題時，習慣用所謂「美國式」的思考，於是乎兩者之間就出現了落差。這些都屬於狀況落差，絕非東方價值觀與西方價值觀的衝突。

首先是規模上的，因為美國的領土與人口比台灣大太多，而美歸學者習慣將美國模式套用於台灣，往往就有些大而無當，讓台灣小孩穿了美國大衣。一個很好的例子就是像和信醫院黃達夫院長對竹北生醫園區的評語：「不是圖利，是不自量力」。

其次有些美歸學者的金錢觀念是以「美元」去感受的，當有機會掌握公家預算大權時，若再加上一些歸國學人的優越感，在擬定專案或計畫時，往往不知不覺中會用美國經驗及美元價值來做規劃，於是他們覺得合理的花費在本土學者專家看起來有時就敢怒不敢言，例如近幾年來某些由美歸學者所主導的國家型研究計畫。恕我直說，包括以前在竹北生醫園區規劃的「質子治癌中心」；或目前計畫中單一功能性的「國家臨床試驗醫院」（類似美國的 NIH Hospital）；或是「BioBank Taiwan」等，對台灣而言，都是有若「別墅」，華麗有餘，但績效與優先性有待商榷。因為台灣科技預算的餅本來就不大，同樣的計畫或花費，在美國不是問題，在台灣則會占掉很大的公共資源百分比。再者台灣沒有本土先進大藥廠，有些計畫在美國是必然的，在台灣則可能徒然為外人作嫁。我以為，NHII（全國病歷電子連線），可以救健保財務，杜絕浪費，才是真正當務之急。

因此，我愈來愈覺得，我們應該把欽慕的眼神自美國分一些到歐洲。有些事項我們更適當的學習對象，也許是歐洲的進步小國；而不是領土、人口、眼界、經費、人才、技術都與台灣不成比例、超前太多的美國。日本的風土人情與台灣相近，在政策擬定上也是好的學習對象。但有時日本的格局對台灣而言，也似乎高了一些，不是樣樣適合。而如果要在西歐國家找一個幅員近似台灣，而水準稍高於台灣的國家，以作為學習標的，那麼，荷蘭會是一個不錯的選擇。

我常常開玩笑說，如果當年鄭成功沒有到台灣來，荷蘭人應有可能長期統治台灣。那麼現在的台灣，有可能是成為「印尼共和國」的一部分，或是獨立成為一個與中國大陸搭不上邊的「福爾摩沙民主國」。以當年荷蘭在巴達維亞設有專屬長官，台灣也有專屬長官來看，應該是後者；而人種大概是原住民、漢人加上不算太少的荷蘭血統的混合，連語言都可能是羅馬拼音式的台語，在世界上自成一格。

有趣的是，荷蘭雖然已經離開台灣很久了，至今荷蘭對台灣仍懷有特別的感情。最近，當年向鄭成功投降的荷蘭台灣長官揆一的第十五代孫女偕同父兄來到了台灣，準備長期在台做研究，並有出版著作之打算。她說，揆一回到荷蘭後，愈來愈感念鄭成功對他的寬厚，不但對「國姓爺」的敵意全消，而且在臨終時遺命後人，當思有以報答台灣。而他的後人在三百四十五年後做到了，這多麼溫馨、多麼感人。揆一家族與鄭成功陣營都表現出人性高貴的一面。

也才在五月下旬，荷蘭前總理范阿格特（Andreas van Agt），也到了台南四草大眾廟，當年鄭成功軍隊登陸台灣之地，祭拜荷蘭殉亡將士遺骸。台南人的古意與厚道，把這些英魂的遺骸聚而葬之，三百四十五年後的今天仍保存得相當完整。我們看到荷蘭前總理老淚縱橫，依台灣習俗擲筊向亡靈致敬。古今台灣與古今荷蘭，在歷史的時空中交會，才發現到，原來歷史的印痕是永遠刻在雙方心中，也展現在雙方的日常生活中，是永遠無法磨滅的情愫與緣分。

例如，我們稱呼對方這個國家為「荷蘭」（Holland）。然而，如果我們多注意一下，在聯合國，在目前的世界杯足球賽中，他們都不叫荷蘭，而叫「尼德蘭」（Netherlands）；然而在華人世界中，台灣和中國大陸都稱之為「荷蘭」，這是怎麼一回事呢？

荷蘭，是現在尼德蘭十二省中的兩個省份之名，叫北荷蘭及南荷蘭，位於尼德蘭西海岸的中心，阿姆斯特丹、鹿特丹、海牙等大城都位在這兩個省份之內。一六二四年，來到當今台南建城的是荷蘭人，那時還未完成尼德蘭獨立建國（一六四八）的事實；一六六一年，他們與國姓爺交手戰敗時，國名已應叫「尼德蘭」，但華人已叫慣了「荷蘭」一詞，就此因襲沿用。現在如果在荷蘭旅遊，稱呼這兩省以外的人為「荷蘭人」，其他省份的尼德蘭人可會有些不爽的。

至於 Dutch，是「荷蘭語」或「荷蘭人」的口語稱呼，而從來未有一個叫 Dutch 的國家；就好像 Viking 是維京人，但從未有 Viking 的國家一樣。

荷蘭人在他們的祖先離開台灣之後，現在又以另外一種面貌回到台灣。最欣賞台積電的外資，叫作「飛利浦」；執台灣的外商保險業之牛耳者，是「安泰人壽」；在台北樹立最大的看板，也相當支持台灣公益事業的，是「荷蘭銀行」，這些都是荷蘭的跨國公司。台灣軍隊唯二較新的潛水艇是荷蘭製造的；荷蘭鄉間也布滿了台灣製的腳踏車。想一想，西歐國家中與台灣關係最密切的，好像正是荷蘭。

荷蘭面積三萬三千八百平方公里，人口一千六百五十萬，平均壽命七十九歲（男七十六．四，女八十一．七）。是全世界領土、人口最近似台灣的已開發國家，最適合台灣作為學習對象。國民平均所得三萬多美元，約為台灣的兩倍出頭。經濟成長率一．一％，經援外國年約四十億美元，國防費用占ＧＤＰ之一．六％，失業率六．五％。在西歐，社會主義政黨有一定的勢力，所以社會福利不會太差。

現代荷蘭給世界的印象是田園美麗、運動普及、思想前衛、政治安定，非常正面，我們很少看到有關荷蘭的負面消息。聯合國國際法庭的所在地正好位在荷蘭海牙，也為荷蘭增添了「正義」與「法治」的形象。荷蘭在二戰中雖在德軍占領之下，卻表現了最大的勇氣，包庇了最多的猶太人。在戰後，他們則承續了先祖哲學家「最偉大的無神論者」斯賓諾莎（比鄭成功小八歲，幾乎是同一時代）的風騷，引領著世界個人主義與自由主義的思潮。他們對私領域很包容，但能創造出一個很寬容但又均衡、少有衝突的社會。

荷蘭是第一個承認同性戀婚姻的國家，有合法的「紅燈區」。荷蘭女王在新年祝詞中，還會感謝妓女對社會的貢獻，包括穩定社會和減少疾病傳播。荷蘭全國的愛滋病病毒帶原者約兩萬名左右，這樣的比例，在西方世界算是低的。台灣在「同性戀」、「娼妓」兩個議題上態度均極為保守。在愛滋病帶原者的統計數字方面，台灣也許稍優於荷蘭，但台灣近年來愛滋病有漸增之虞，且有不少統計方面的盲點。

荷蘭在婚姻制度上的開放也是全球有名的，「替代婚姻」盛行。但以二〇〇四年來說，他們平均每位女性生一．六六名小孩，比台灣好太多，約四〇％為「替代婚姻之子」。在醫學上，荷蘭「安樂死」的法律在全球最為前衛；而有關大麻等「軟性毒品」之公開販售，以東方人眼光看來，尤其驚世駭俗。但有趣的是，以世界戰後思潮看來，荷蘭之今日，往往是一、二十年後已開發國家之主流思潮。

荷蘭有進步工業、有精緻農業（花卉王國）、有健康國民形象、環保自然也做得不錯；也許是有這些扎實基礎，才配得上這些前衛思潮。讓我們到荷蘭去，向他們學習一些吧！

——本文發表於二〇〇六年七月《財訊》雜誌

後記

向台灣的無名英雄世代（約生於一九一五至一九二五）致敬

本書付梓前，覺得「作者小語」中沒有感謝到生我育我的父母親，心有憾焉。他們是對台灣貢獻最多、享受最少的一代。於是我匆匆補寫了這一篇，向我父母及他們那一代的台灣人致敬。

執筆寫我父母之時，就想到了爸媽的結婚照。我始終認為這種傳統新娘身披白紗，執著拖垂到地上的捧花的照片美極了，也比現代婚紗照要來得正式而端莊（見下圖）。

這張照片拍攝於一九四八年，離一九四五年只有三年。那時家父陳永芳醫師自日本九州大學畢業三年，家母林瑞嬌藥劑師自日本今明治藥科大學畢業五年。

爸爸陳永芳醫師與媽媽林瑞嬌藥劑師的結婚照（攝於1948年）。

他們甫出社會，就正逢台灣歷史上的大變局。由於統治者更迭所帶來的語言、法制、歷史、文化的全面劇變，六百萬台灣人突然發現他們必須去重新學習一種新語言，適應一種新意識形態與歷史觀，這真是現今大眾所完全無法想像的「全面變天」。

特別是大約一九一五至一九二五年之間出生的世代，那時二十至三十歲，已經步出校門，很難再回去把「國語」學好；卻又太年輕，尚未打好事業基礎。於是他們在日後遭受的衝擊最大。但也是他們這一代在如此惡劣的環境之下，打拚了三、四十年，創造了台灣的經驗奇蹟，奠定台灣民主社會的根基。他們這一代對台灣貢獻最多，卻又來不及享受，把成果全留給了下一代。

那一代的台灣人是極其勤奮的，每一家父母都是自早工作到晚。爸爸的診所在台南市區的鬧街上，每天早上七點多就有病人到來。那時候台南市沒有醫學中心，至少南台灣的醫療是真正的「家庭醫師制」。我曾經這樣寫過我父母的行醫生涯：

「爸爸的光本醫院，在台南極富口碑。爸爸一本服務鄉梓之心，病患終日不絕，全年僅休一天半，即農曆年陪伴媽媽回鳳山省親之時。我們四位兒女的兒時記憶就是，爸爸永遠在診間看病人，媽媽則在家中藥局調劑包藥，兼與病家建立醫病關係。醫生館如 7-ELEVEn，隨到隨看。爸爸還常常提著厚重醫師包，騎腳踏車或坐三輪車到病人家『往診』。三餐從不能照時間，電影永遠無法從頭看到完，半夜被病人敲門聲驚醒更是常事。」

因為爸爸餐餐枵腹，天天過勞，五十五歲那年因十二指腸潰瘍穿孔而開刀。而手術中的輸血，竟讓他染上肝炎病毒，二十年後因肝硬化而過世。

在這樣的忙碌日子中，自我初中三年級起到高二，爸爸每天早上六點半叫我起床，然後坐在收音機旁邊，陪著睡眼惺忪的我聽完半小時的鵝媽媽趙麗蓮空中英語教學。那一代的台灣人都刻苦勤奮，他們不希望下一代過苦日子，但希望下一代保存他們的勤奮。因此我們這一代自小被教導，不可輕易浪費時間，不可無所事事，要充分利用時間做事。我之能在工作上班之餘寫成二十多萬字的《福爾摩沙三族記》，是我自小被訓練，所以在桌上可以寫，在車站、車上、機場、機上也都可以寫；而不能寫的時候，至少也可以構思。他們又承續了日本教育的好禮及守法，有所為，有所不為。

他們那一代教導我們要「自我管理」，要盡本分，要內斂，而不是要去通過××評鑑，要取得××資格；強調自我修養，而不是上台表演。這是我們這一代與現在台灣小孩世代不同的地方。也是我迄今強調「職業道德」、「企業良心」，而不屑各種管理、評鑑之因。雖然我也許不合時宜。

爸爸在四十五、六歲開始就茹素。他虔信宗教，不分道佛。他小時候住在台南沙淘太子宮的廟口旁。他是老大，小時候必須幫忙祖母「絞麻繩」以補家計。後來，他說，想好好念書時就躲入太子廟內。苦學成功之後，認為是在太子爺的庇佑下方有此成就。因為出身貧苦，當了醫生之後，收費低廉，有求必應，也因此病人極多。

由於家父的信仰，我自小浸潤於台南的廟宇文化。我大學的時候，他突然買了全套台灣商務印書館版的文言《資治通鑑》，讓我大吃一驚，我對歷史的愛好原來其來有自。而我母親的嫁妝則有半書櫃的日文岩波文庫。是潛移默化也好，基因遺傳也好，總之，三、四十年後終於現形在我身上。

順便一提，我們家與三太子的深厚淵源，讓我堅信我的來台祖先是鄭成功的兵將。不一定是陳澤，但也不會是小卒，否則不會落籍台南府城，而沒有去台南縣或高雄縣的屯墾區。而且我祖父老家在離赤崁樓不遠的西門路旁，那是明鄭時期的「博愛特區」與「西門町」。

我也不能證明我的第一代台灣媽是荷蘭女性，但我的曾祖母名叫「番婆」（見下圖），應是西拉雅平埔。我祖父是一八九五年生，所以曾祖母大約生於一八七五年，正是清廷「開山撫番」之際。那是台灣高山原住民夢魘的開始，也是平埔人的沒落黃昏。在十九世紀末到二十世紀初，台灣平埔迅速消失。那最後一代的平埔人，大概都已盡

我家的神主牌。我的曾祖母「吳氏番婆」可能是有漢姓的平埔西拉雅族。她應該生於1875年左右。有趣的是，更早的女性祖先，如林氏鶯娘、王氏織女，反是很典型的漢人女性姓名。

量掩飾自己的平埔出身，因此後代子孫常有平埔血脈而不自知，或不願提。

二〇一三年媽媽的告別式，我這樣寫著：

「媽媽出身鳳山望族，出嫁前是高雄女中化學、數學老師兼教務主任。她是知青加文青。她有手風琴，有婚前參加省訓團的書，有半櫃子的岩波文庫……」

「媽媽的名氣，讓當年的台南黨外市長葉廷珪先生來邀她擔任台南市女中（初中）的校長，媽媽甚為心動。後來沒有接受的理由，除了不忍犧牲照顧家庭，竟然也因為她的國語很菜。這也是當年板蕩時代，台灣知識分子的哀怨之一。由於政府的更替，她與子女在閱讀及思考上，竟然使用不同的兩種語言，成了兩代間知識與經驗傳承的斷層，也造成她長期日常生活的種種不便，彷如另一形式的社會文革，媽媽對此感受極為深刻。她標榜台灣尊嚴，又喜愛日本文化，而對日本軍人好戰、兩蔣威權體制皆有微詞。她寄情於病患服務及相夫教子，但掩不住對官方失望，對現狀無奈……」

爸爸媽媽見證了台灣百年近代史，自日本時代、世界大戰、白色恐怖，乃自黨外運動。他們在我小時候三令五申要我不要參與政治，到了晚年，卻拖著老去的身軀，綁著布條，參與社會運動，在街頭上跟在年輕人的後面吶喊。

一九一五到一九二五年出生的這一代，幾乎都非常認命，默默工作，默默奉獻。他們小時候被日本統治，二、三十歲以後受國民黨統治，從來沒有想過當市長、當部長、當將軍。因為他們不管如何努力，除非依附國民黨，不然一輩子也不可能做高官。他們是最不為自己著想的一代，最大的慰藉是看著下一代能出人頭地，比自己好。他們完全犧牲自我，以成就台灣。

謹以此文，向一九一五至一九二五年出生的台灣無名英雄世代致敬。靠著他們的打拚與犧牲，為下一代創造了機會，台灣才能經濟起飛，奠定民主，在國際上揚眉吐氣。除了第一代華路藍縷的開台先祖，他們是台灣近四百年來最偉大的、最有貢獻、最值得尊敬的一個世代。

作者小語（下）

本來希望這本書在我退休前出版，但我對文字的龜毛，「一書既出，駟馬難追」，三挑四改之後，就拖了下來。

過去半年的退休日子，並不比退休前空閒，反而覺得擺脫了 full time job 之後，時間更有彈性，有更多的夢想待開發完成。再回想到二〇一三年那一段說長不長、說短不短的抗癌日子，更感謝上蒼能重賜我健康的身體，希望在未來七至十年之間能完成兩大心願：

一、身為醫者，希望能自對病人的「一對一治療」，進入「一對眾製藥」。我很幸運，在臨退休之際，與林泰元老師共同研發的胎盤幹細胞專利，可望獲得青睞，完成「技術轉移」。更希望不負期待，更進一步與技轉公司共同打拚，成功製造出台灣第一個有品牌「細胞藥物產品」（cell medicine product）。一則醫更多的病，救更多的人；二則為台灣的「細胞治療」產業創立新局，進入國際。

二、繼《福爾摩沙三族記》之後，希望能完成「台灣命運三部曲」，以台灣原住民與外來民族的互動為主題。第一部是與西方人，第二部與日本人，第三部與清廷。退休後，有空就寫第一部《傀儡花》，已完成粗稿。希望二〇一五年能順利推出。

先大膽說出這兩大心願，以示破釜沉舟之心，鞭策自己完成。

第一本台灣史小說能入圍2012台灣文學獎，給我很大的鼓舞，決心繼續寫下去。

INK PUBLISHING

Canon 29

島嶼DNA

作　　者　陳耀昌
總 編 輯　初安民
責任編輯　鄭嫦娥
美術編輯　陳淑美
校　　對　陳耀昌　呂佳真　鄭嫦娥

發 行 人　張書銘
出　　版　INK 印刻文學生活雜誌出版股份有限公司
新北市中和區建一路249號8樓
電話：02-22281626
傳真：02-22281598
e-mail:ink.book@msa.hinet.net
網　　址　舒讀網 http://www.inksudu.cc

法律顧問　巨鼎博達法律事務所
施竣中律師
總 代 理　成陽出版股份有限公司
電話：03-3589000（代表號）
傳真：03-3556521
郵政劃撥　19785090 印刻文學生活雜誌出版股份有限公司
印　　刷　海王印刷事業股份有限公司

港澳總經銷　泛華發行代理有限公司
地　　址　香港新界將軍澳工業邨駿昌街7號2樓
電　　話　852-2798-2220
傳　　真　852-2796-5471
網　　址　www.gccd.com.hk

出版日期　2015年 6 月　初版
2021年 8 月 18 日　初版十一刷
ISBN　978-986-5823-87-0
定　　價　499元

國家圖書館出版品預行編目(CIP)資料

島嶼DNA／陳耀昌作. -- 初版.
-- 新北市：INK印刻文學, 2015. 06
464面；14.8×21公分. -- （Canon；29）
ISBN 978-986-5823-87-0（平裝）
1. 言論集
078　　103013335

舒讀網